华南国际知识产权研究文丛

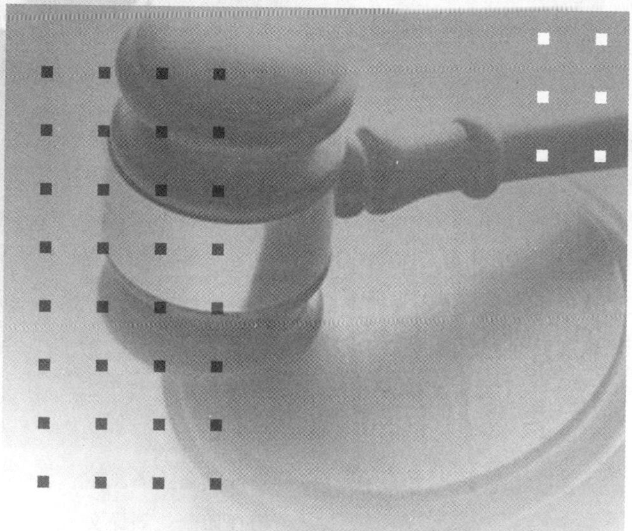

广东涉外知识产权典型案例解析 2021—2022

赵盛和　曾凤辰　常廷彬　叶昌富　向明华／编著

知识产权出版社
全国百佳图书出版单位
—北京—

图书在版编目（CIP）数据

广东涉外知识产权典型案例解析．2021－2022/赵盛和等编著．—北京：知识产权出版社，2023.3

ISBN 978－7－5130－8631－8

Ⅰ.①广… Ⅱ.①赵… Ⅲ.①涉外经济—知识产权—民事诉讼—案例—广东 Ⅳ.①D927.650.345

中国国家版本馆CIP数据核字（2023）第002791号

内容提要

本书以2021年度和2022年度广东涉外知识产权十大典型案例为评析对象，以案例入选的理由以及案例所确立的裁判规则等为重点，对案例进行评述和分析，进而展现广东乃至我国涉外知识产权司法保护方面取得的成绩和面临的问题。

责任编辑： 王玉茂　章鹿野　　**责任校对：** 潘凤越

封面设计： 杨杨工作室·张冀　　**责任印制：** 刘译文

广东涉外知识产权典型案例解析（2021—2022）

赵盛和　曾凤辰　常廷彬　叶昌富　向明华　编著

出版发行：	知识产权出版社有限责任公司	**网　址：**	http：//www.ipph.cn
社　址：	北京市海淀区气象路50号院	**邮　编：**	100081
责编电话：	010－82000860转8541	**责编邮箱：**	wangyumao@cnipr.com
发行电话：	010－82000860转8101/8102	**发行传真：**	010－82000893/82005070/82000270
印　刷：	三河市国英印务有限公司	**经　销：**	新华书店、各大网上书店及相关专业书店
开　本：	720 mm×1000 mm　1/16	**印　张：**	19.5
版　次：	2023年3月第1版	**印　次：**	2023年3月第1次印刷
字　数：	300千字	**定　价：**	99.00元

ISBN 978－7－5130－8631－8

总　序

党的十九大报告明确指出："创新是引领发展的第一动力，是建设现代化经济体系的战略支撑。"知识产权制度通过合理确定人们对于知识及其他信息的权利，调整人们在创造、运用知识和信息过程中产生的利益关系，激励创新，推动经济发展和社会进步。随着知识经济和经济全球化深入发展，知识产权日益成为推动世界各国发展的战略性资源，成为增强各国国际竞争力的核心要素，成为建设创新型国家的重要支撑和掌握发展主动权的关键。

广东外语外贸大学作为一所具有鲜明国际化特色的广东省属重点大学，是华南地区国际化人才培养和外国语言文化、对外经济贸易、国际战略研究的重要基地。为了更好地服务于创新驱动发展战略、"一带一路"倡议的实施及科技创新强省的建设，广东外语外贸大学和广东省知识产权局于2017年3月共同组建了省级科研机构——华南国际知识产权研究院。研究院本着"国际视野、服务实践"的理念，整合运用广东外语外贸大学在法学、经贸、外语等领域中的人才和资源，以全方位视角致力于涉外知识产权领域重大理论和实践问题的综合研究，力争建设成为一个国际化、专业化和高水平的知识产权研究基地和国际知识产权智库。

为了增强研究能力，更好地服务于营造法治化、国际化的营商环境，研究院决定组织编写"华南国际知识产权研究文丛"。该文丛以9+2城市群这一特定区域内的知识产权情况为研究对象，对区域内具有涉外因素的知识产权创造、保护和运用等情况进行深入研究，为提升9+2城市群乃至全国知识产权创造、保护和运用水平，促进社会经济文化的创新发展，提供智力支持。

该文丛是内容相对集中的开放式书库，包括但不限于以下三个系列。

《广东涉外知识产权年度报告》系列丛书。其以广东省涉外知识产权的司法和行政保护，广东省企业在国外进行知识产权创造和运用等情况作为研究对象，立足广东，涵盖国内和国际两个市场，从整体上研究我国知识产权的创造、保护和运用情况，为进一步完善我国的知识产权法律制度，提高行政机构的知识产权管理和服务能力，提升知识产权的司法和行政保护水平，增强企业在国内和国外两个市场进行知识产权创造、应用、防范和应对知识产权风险的能力，进而为推动我国“一带一路”倡议、“走出去”等国家政策的实施，提供智力支持。

《9+2城市群知识产权研究报告》系列丛书。其以香港、澳门、广州、深圳等11个城市的知识产权情况为研究对象，全面深入研究各地的知识产权制度以及知识产权创造、保护和运用等情况，力求推动城市群内部的知识产权交流与合作，增强和提升城市群知识产权创造、保护和运用的能力和水平。

《广东涉外知识产权典型案例解析》系列丛书。其以华南国际知识产权研究院每年评选出的“广东十大涉外知识产权案例”为研究对象，深入解读典型案例所确立的裁判规则，分析涉外知识产权司法保护中的经验和不足，以推动我国知识产权司法保护工作的发展，增强我国企业、个人防范和应对知识产权诉讼的能力。

我们期望并且相信，经过各方的共同努力，该文丛必将成为知识产权研究的特色、精品佳作，为知识产权创造、保护、运用、管理提供高质量的智力指导。

是为序。

石佑启

2019年7月10日

前　言

案例来源于实践，是生动具体的法治。在我国法律实践中，典型案例的引领、示范、指导作用日益凸显。因此，在华南国际知识产权研究院成立伊始，笔者就将评选和发布广东涉外知识产权十大典型案例列为研究院的工作重点之一，每年定时评选和发布典型涉外案例。至今，研究院已经完成了2016年度、2017年度、2018年度、2019年度、2020年度、2021年度广东涉外知识产权十大典型案例的评选和发布工作。考虑到这些案例所具有的较高典型意义，为进一步挖掘案例的价值，笔者决定对评选出的典型案例作进一步的“深加工”——进行较为详细的解析，出版《广东涉外知识产权典型案例解析》系列丛书。

笔者认为，包括知识产权诉讼在内的各类民事诉讼的功能不仅在于个案的纠纷解决，还在于确立规则；不仅在于追究个案的公平正义，还在于为国家经济社会的发展保驾护航。在知识产权民事纠纷案件中，涉外案件虽是“小众”的，但其作为一面“镜子”，映像巨大，意义非凡：

其一，作为知识产权创造、运用的“镜子”，可以在一定程度上反映我国在知识产权创造、保护和运用方面取得的成绩和存在的不足。涉外知识产权纠纷案件绝大多数是国外企业、个人以我国企业、个人为被告提起的维权诉讼。通过分析和研究这些案例，可以让我国企业和个人发现知识产权创造、保护和运用方面面临的风险和存在的不足，“有则改之，无则加勉”，防范知识产权风险，推动企业健康发展。

其二，作为知识产权保护的“镜子”，可以反映我国知识产权司法保护的能力和水平。对外部而言，涉外知识产权案例作为代表，可以反映我国知识产权司法保护的能力和水平；就内部来说，涉外知识产权案例作为我国知识产权审判的重要组成部分，与非涉外知识产权案例一起，可反映我国知识产权司法保护的实际情况。

需要特别指出，虽然所选案例为广东法院审理的涉外知识产权案件，但基于广东知识产权审判在我国所具有的重要地位，其具有较强的代表性，因此，其所反映的情况均非地方和局部性的，而是全国和全局性的。

本书是《广东涉外知识产权典型案例解析》系列丛书的第四册，所解析的案例来自研究院评选、发布的第五届、第六届广东十大涉外知识产权案例。本书的作者为赵盛和、曾凤辰、常廷彬、叶昌富、向明华五人，具体分工如下：案例 1、5、6、17 由赵盛和博士解析，案例 2、4、14、16 由曾凤辰博士解析，案例 7、8、10、18 由常廷彬教授解析，案例 3、9 由叶昌富教授解析，案例 11、12、13、15 由向明华教授解析。

囿于学识、能力和时间等方面的限制，本书的内容还存在一些不足之处，敬请各位读者批评和指正。笔者将会在今后的工作中更加努力，不断提高本系列丛书的编著质量，以更好的作品回馈各位读者和社会。

作者

2022 年 10 月于广州

CONTENTS 目录

第一部分　涉外专利权纠纷

第二部分　涉外商标权纠纷

第三部分　涉外著作权及其他纠纷

1

第一部分　涉外专利权纠纷

1　从属权利要求保护范围的确定以及裁量性赔偿的适用

——哈里斯股份有限公司诉株式会社 PDT 侵害发明专利权纠纷案

裁判要旨

原告主张的权利要求 10 为从属权利要求，其引用了独立权利要求 1。虽然独立权利要求 1 被宣告无效，但该案专利在权利要求 10 的基础上被维持部分有效，故仍然应当依照权利人主张，将从属权利要求的附加技术特征以及其引用的权利要求共同作为确定是否落入权利人所主张的保护范围的依据。

被诉侵权人应当对现有技术抗辩的成立承担举证责任。被诉侵权人主张现有技术抗辩并提供了日本的专利技术文献，但其并没有提供符合中国法律规定的中文翻译文本，法院无法对该文献是否全部公开了权利人所主张的被诉侵权产品落入权利要求 10 的保护范围的全部特征进行比对。权利人也认为该专利技术文献没有中文翻译文本，不符合法律规定的形式要件，不能作为现有技术抗辩的比对文献。由于被诉侵权人未能提供符合法律构成要件的现有技术比对文件作为其抗辩的事实基础，且权利人拒绝对此进行比对，故法院对于被诉侵权人的现有技术抗辩依法不予采纳。

综合专利类型、侵权行为性质、侵权持续时间、技术贡献率、合理开支等因素，为强化知识产权保护，维护权利人的合法权益，在权利人提供证据并能够进行合理说明的情况下，为营造良好的营商环境，通过加大判赔力度彰显司法对知识产权保护的坚决态度，法院对权利人要求被诉侵权人赔偿经济损失以及合理费用合计300万元的诉讼请求全额支持。

入选理由

为强化知识产权保护，维护权利人的合法权益，在权利人提供证据并能够进行合理说明的情况下，为营造良好的营商环境，通过加大判赔力度彰显司法对知识产权保护的坚决态度，法院对权利人要求被诉侵权人赔偿经济损失以及合理费用合计300万元的诉讼请求全额支持。

案例索引

一审案号：广州知识产权法院（2019）粤73知民初1374号

基本案情

原告：哈里斯股份有限公司（以下简称“哈里斯公司”）

被告：株式会社PDT（以下简称“PDT公司”）

一审诉请

哈里斯公司向法院提出诉讼请求：（1）判令PDT公司立即停止侵害哈里斯公司专利ZL201410267474.2的发明专利权，包括立即停止制造、销售、许诺销售被诉侵权产品的行为；（2）判令PDT公司销毁全部侵权产品、半成品及制造侵权产品的模具；（3）判令PDT公司赔偿因其侵权行为给哈里斯公司造成的经济损失以及为制止、调查PDT公司侵权行为所支付的合理支出共计人民币300万元；（4）请求PDT公司承担该案的诉讼费用。

一审判决

广州知识产权法院认为，该案属于侵害发明专利权纠纷。哈里斯公司是该案专利的权利人，依法享有其专利权，任何组织或者个人未经许可不得实施该专利，否则要依法承担相应的民事责任。结合双方当事人的诉辩意见，该案的争议焦点在于：（1）被诉侵权产品是否落入该案专利权的保护范围；（2）PDT公司的现有技术抗辩能否成立；（3）关于该案的民事责任承担问题。

一、被诉侵权产品是否落入该案专利权的保护范围

《中华人民共和国专利法》（以下简称《专利法》）[1] 第五十九条第一款规定，发明或者实用新型专利权的保护范围以其权利要求的内容为准，说明书及附图可以用于解释权利要求的内容。《最高人民法院关于审理侵犯专利权纠纷案件应用法律若干问题的解释》第七条规定，人民法院判定被诉侵权技术方案是否落入专利权的保护范围，应当审查权利人主张的权利要求所记载的全部技术特征。被诉侵权技术方案包含与权利要求记载的全部技术特征相同或者等同的技术特征的，人民法院应当认定其落入专利权的保护范围；被诉侵权技术方案的技术特征与权利要求记载的全部技术特征相比，缺少权利要求记载的一个以上的技术特征，或者有一个以上技术特征不相同也不等同的，人民法院应当认定其没有落入专利权保护范围。

该案中，哈里斯公司主张保护权利要求10。权利要求10为从属权利要求，其引用了独立权利要求1。虽然权利要求1被宣告无效，但该案专利在权利要求10的基础上被维持部分有效，故法院仍然应当依照权利人主张，将从属权利要求的附加技术特征以及其引用的权利要求共同作为确定是否落入权利人所主张的保护范围的依据。根据证据保全、现场勘验及技术比对，并结合双方当事人以及东莞市德普特电子有限公司的陈述意见，法院将该案专利

[1] 该案例中所指《专利法》为2008年修正的版本。

划分成各个技术特征，并对被诉侵权产品与之对应的技术特征进行比对。权利要求1可进行如下划分：（1）一种薄板状物加工装置，对薄板状的被加工物进行加工；（2）其特征在于，所述薄板状物加工装置具备搬送搬出单元及加工单元；（3）该搬送搬出单元具有保持被加工物的被加工物保持部，并具有搬送及搬出被加工物的移动体；（4）该加工单元对由该搬送搬出单元交接的被加工物进行加工；（5）所述加工单元具备加工台，该加工台具有分别能够保持被加工物的多个保持机构；（6）所述被加工物保持部具有与所述保持机构对应的多个被加工物保持机构；（7）所述加工台具备台架、可拆装地安装在该台架上的保持基台；（8）所述台架以能够选择性地安装多种保持基台的方式设置。权利要求10附加技术特征部分可划分为：所述搬送搬出单元具有供移动体移动的轨道，所述薄板状物加工装置具备沿着所述轨道配设的多个所述加工单元。

对于第一个技术特征，被诉侵权产品属于一种薄板状物加工设备，现场展示的被诉侵权产品正在进行平板显示屏的生产，属于对薄板状的被加工物进行加工，二者技术特征相同，双方当事人对此予以认可。对于第二个技术特征，被诉侵权产品具备搬送搬出单元及加工单元，二者技术特征相同，双方当事人对此予以认可。对于第三个技术特征，被诉侵权产品的搬送搬出单元具有保持被加工物的被加工物保持部，并具有搬送及搬出被加工物的移动体，二者技术特征相同，双方当事人对此予以认可。对于第四个技术特征，被诉侵权产品的加工单元对由该搬送搬出单元交接的被加工物进行加工，二者技术特征相同，双方当事人对此予以认可。对于第五个技术特征，被诉侵权产品的加工单元具备加工台，该加工台具有分别能够保持被加工物的多个保持机构，二者技术特征相同，双方当事人予以认可。对于第六个技术特征，被诉侵权产品包含加工物保持部具有与所述保持机构对应的多个被加工物保持机构，二者技术特征相同，双方当事人对此予以认可。

第七个技术特征属于双方当事人争议的焦点问题。法院经现场勘验，发现被诉侵权产品的保持机构上安装有三个长方体手机屏幕大小的治具，上述治具安装在加工单元上（详见附件一，如图1－1所示）。东莞市德普特电子有限公司的技术人员应法院要求对治具以及治具下面的覆盖板进行拆卸，展现出加工台，其上安装有台架，前后两侧各通过四个螺栓将基台与台架固定连接（详见附件二，如图1－2所示），被诉侵权产品包含加工台、台架、可拆卸地安装在该台架上的保持基台，二者技术特征相同。可拆卸安装是指能够拆卸安装即可，说明书能够对此予以印证，台架与保持基台通过螺栓进行连接安装，这一事实本身能够证明“可拆卸地安装”这一技术特征，二者技术特征相同。

图1－1　附件一：被诉侵权产品图片

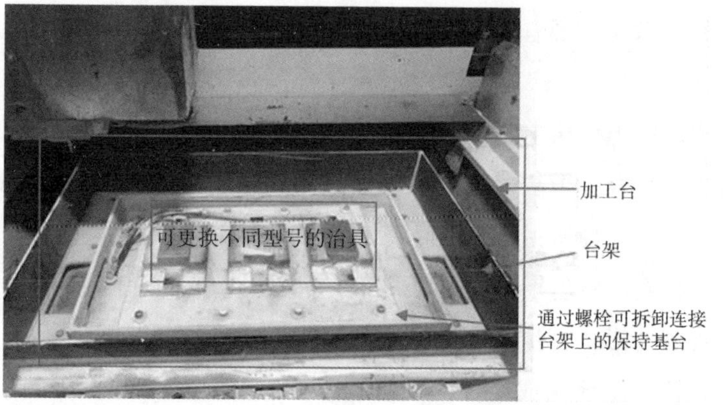

图1－2　附件二：被诉侵权产品拆装后图片

第八个技术特征属于双方当事人争议的焦点问题。根据勘验现场的照片（详见附件二，如图1－2所示）可知，被诉侵权产品的保持基台上设置有多个可拆卸的治具，可根据不同需求对治具的型号进行更换，以适应型号大小不同产品的生产，台架能够选择性安装多种保持基台，故被诉侵权产品具有“台架以能够选择性地安装多个保持基台的方式设置”这一技术特征，二者技术特征相同。

对于权利要求10的附加技术特征，通过现场勘验以及证据保全，被诉侵权产品包含搬送搬出单元具有供移动体移动的轨道，薄板状物加工装置具备沿着轨道配设的多个加工单元，二者技术特征相同，双方当事人对此均予以认可。

综合上述比对结论，被诉侵权产品的技术特征包含哈里斯公司所主张的全部技术特征，落入该案专利权的保护范围。

二、PDT公司的现有技术抗辩能否成立

依照《专利法》第二十二条第五款规定，所谓现有技术是指申请日以前在国内外为公众所知的技术。所谓现有技术抗辩，是指被诉侵权产品落入专利权保护范围的全部技术特征，与一项现有技术方案中的相应技术特征相同或者无实质性差异的，或者所属技术领域的普通技术人员认为被诉侵权技术方案是一项现有技术与所属领域公知常识的简单组合的，应当认定为被诉侵权人实施的技术属于现有技术。现有技术抗辩能否成立，被诉侵权人应当对此负担举证责任。

该案中，PDT公司主张现有技术抗辩并提供了日本的专利技术文献，但其并没有提供符合中国法律规定的中文翻译文本，法院无法对该文献是否全部公开了哈里斯公司所主张的被诉侵权产品落入权利要求10的保护范围的全部特征进行比对。哈里斯公司则认为该专利技术文献没有中文翻译文本，不符合法律规定的形式要件，不能作为现有技术抗辩的比对文献。由于PDT公司未能提供符合法律构成要件的现有技术比对文件作为其抗辩的事实基础，且哈里斯公司拒绝对此进行比对，故法院对于PDT公司的现有技术抗辩依法不予采纳。

三、关于该案的民事责任承担问题

依照《专利法》第十一条第一款规定，发明和实用新型专利权被授予后，除该法另有规定的以外，任何单位或者个人未经专利权人许可，都不得实施其专利，即不得为生产经营目的制造、使用、许诺销售、销售、进口其专利产品，或者使用其专利方法以及使用、许诺销售、销售、进口依照该专利方法直接获得的产品。

被诉侵权产品属于大型生产线，由PDT公司在韩国生产后拆解为部件，通过模块化运输到中国的目的地后，由PDT公司委派技术人员进行安装调试。由于机器是在韩国生产、拆解，并在中国境内通过组装成为被诉侵权产品，哈里斯公司起诉被诉侵权产品构成侵权也是针对经过组装后的产品。PDT公司在中国境内将被诉侵权产品的部件进行组装后的生产线设备，包含了哈里斯公司所主张的涉案专利的全部技术特征，也就是说，涉案专利的全部技术特征被组装后的被诉侵权产品所覆盖，故PDT公司的组装行为属于专利法意义上的制造行为，故哈里斯公司主张PDT公司存在制造行为的诉讼请求成立。由于被诉侵权产品是由东莞市德普特电子有限公司通过购买方式从PDT公司获得，故PDT公司存在销售行为。对于哈里斯公司所主张的许诺销售行为，因就PDT公司在展会上展示的被诉侵权产品与东莞市德普特电子有限公司所购买的是否属于同一产品并未进行技术比对，不能确定PDT公司许诺销售的产品是否落入专利权保护范围，故哈里斯公司的该主张并无相应证据予以证明，应当承担举证不能的法律后果。PDT公司未经许可，为生产经营目的，制造、销售被诉侵权的产品，没有符合法律规定的不侵权或者不赔偿的情形，其应当承担停止侵权、赔偿损失的民事责任。对于哈里斯公司请求判令销毁全部侵权产品、半成品，因其并未能提供证据证明，且哈里斯公司在庭审中也承认其是推定存在，并不能提供证据证明其确实存在，故对于哈里斯公司的此项请求，法院依法不予支持。

依照《专利法》第六十五条规定，侵犯专利权的赔偿数额按照权利人因被侵权所受到的实际损失确定；实际损失难以确定的，可以按照侵权人因侵权所获得的利益确定。权利人的损失或者侵权人获得的利益难以确定的，参照该专利许可使用费的倍数合理确定。赔偿数额还应当包括权利人为制止侵权行为所支付的合理开支。权利人的损失、侵权人获得的利益和专利许可使用费均难以确定的，人民法院可以根据专利权的类型、侵权行为的性质和情节等因素，确定给予一万元以上一百万元以下的赔偿。

根据《最高人民法院关于审理专利纠纷案件适用法律问题的若干规定》第二十条第二款规定，《专利法》第六十五条规定的侵权人因侵权所获得的利益可以根据该侵权产品在市场上销售的总数乘以每件侵权产品的合理利润所得之积计算。侵权人因侵权所获得的利益一般按照侵权人的营业利润计算，对于完全以侵权为业的侵权人，可以按照销售利润计算。该案中，哈里斯公司主张以 PDT 公司的侵权获利主张赔偿损失，并主张参照其销售专利产品的销售价格每台 300 万元人民币计算，考虑该案专利的利润率为 20% ~30%，并考虑该案专利对利润的贡献率来确定诉讼请求。对于哈里斯公司主张赔偿经济损失以及合理费用合计 300 万元人民币的诉讼请求，法院予以全额支持，理由如下：

一是专利类型。该案专利属于发明专利，市场价值相对较高，应用范围较为广泛，需要强有力的司法保护。二是侵权行为性质。PDT 公司实施制造、销售侵权行为，被诉侵权产品对涉案专利构成相同侵权，制造属于源头侵权，且属于大型生产线，被诉侵权产品的销售价格较高。根据该案查明的事实，被诉侵权产品销售价格为 50 万美元，与专利产品的价格相当，专利产品与侵权产品的功能相同，处于同一竞争市场，两者的利润应当大致相当，或者由于侵权产品省去研发成本，利润还会高于专利产品。三是侵权持续时间较长。根据该案查明的事实，被诉侵权产品的销售、制造时间至少从 2017 年持续至 2019 年，侵权持续时间相对较长，挤压哈里斯公司的市场占有份额，会造成竞争市场较大损害。四是技术贡献率较大。该案专利技术方案属于被诉侵权产品的核心部分的技术方案，对于被诉侵权产品的贡献率较高，应当从高确定赔偿金额。五是合理开支。哈里斯公司为维权进行大量工作，委托律师进行维权，需要支付相应的维权费用，且已经提供证据证明其合理开支。

综合上述因素，为强化知识产权保护，维护权利人的合法权益，在权利人提供证据并能够进行合理说明的情况下，法院认为哈里斯公司所主张的赔偿数额实属合理，并非明显不当，为营造良好的营商环境，通过加大判赔力度彰显司法对知识产权保护的坚决态度，法院予以全额支持。PDT 公司在该案中仅提出不侵权抗辩，对于哈里斯公司所主张的赔偿数额没有进行反驳，也未能提供相关证据证明哈里斯公司主张的赔偿数额存在畸高。法院综合考虑上述因素确定该案赔偿金额。

综上所述，广州知识产权法院判决：（1）PDT 公司自该判决发生法律效力之日起立即停止制造、销售侵害哈里斯公司专利号为 ZL201410267474.2、名称为“薄板状物加工装置及薄板状构件的制造方法”的发明专利权的被诉侵权产品的行为；（2）PDT 公司自该判决生效之日起十日内赔偿哈里斯公司经济损失及合理费用共计人民币 300 万元；（3）驳回哈里斯公司的其他诉讼请求。

案例解析

该案是一个典型的发明专利侵权纠纷案件，双方争议的焦点涵盖了这类案件所涉及的三个方面的主要问题：一是专利权保护范围如何确定；二是被告提出的现有技术抗辩是否成立；三是损害赔偿金额如何确定。现结合该案，对这三个方面的问题作简要的分析。

一、主权利要求无效而从属权利要求有效时专利权保护范围的确定

根据《专利法》第五十九条第一款的规定，发明或者实用新型专利权的保护范围以其权利要求的内容为准，说明书及附图可以用于解释权利要求的内容。但问题是：权利要求有独立权利要求和从属权利要求之分，在从属权利要求引用了独立权利要求，而相应的独立权利要求被宣告无效的情况下，该从属权利要求还能否作为权利人主张权利的依据？由于从属权利要求用附

加的技术特征，对引用的权利要求作了进一步的限定，[1] 这就意味着从属权利要求的技术特征多于其所引用的独立权利要求。相应地，在其所引用的独立权利要求被宣告无效的情况下，该从属权利要求仍然可能有效，而只要该从属权利要求有效，权利人自然可以主张保护该从属权利要求。

该案中，哈里斯公司主张保护权利要求 10。权利要求 10 为从属权利要求，其引用了独立权利要求 1。虽然权利要求 1 被宣告无效，但该案专利在权利要求 10 的基础上被维持部分有效，故法院仍然应当依照权利人主张，将从属权利要求的附加技术特征以及其引用的权利要求共同作为确定是否落入权利人所主张的保护范围的依据。

二、现有技术抗辩的举证责任分配及域外证据的形式要求

关于举证责任的分配标准[2]，我国司法实践采纳了大陆法系通说观点——法律要件分类说（规范说）。对此，《最高人民法院关于适用〈中华人民共和国民事诉讼法〉的解释》（2020 年修正）第九十一条规定："人民法院应当依照下列原则确定举证证明责任的承担，但法律另有规定的除外：（一）主张法律关系存在的当事人，应当对产生该法律关系的基本事实承担举证证明责任；（二）主张法律关系变更、消灭或者权利受到妨害的当事人，应当对该法律关系变更、消灭或者权利受到妨害的基本事实承担举证证明责任。"在专利侵权诉讼中，原告主张被告侵权，其应当对被告构成侵权的基本事实承担举证责任；而在被告提出诉讼时效、现有技术等抗辩主张的情况下，其实际上是提出了原告主张的权利受到妨害或者已经消灭的不同于原告主张事实的新主张，则被告应当对其提出的权利受到妨害或者权利消灭这一主张的基本事实承担举证责任。如果被告不能举证证实其提出的抗辩主张的，则应当承担相应的不利后果。《专利法》第六十二条规定："在专利侵权纠纷中，被控侵权人有证据证明其实施的技术或者设计属于现有技术或者现有设计的，不构成侵犯

---

[1] 参见《中华人民共和国专利法实施细则》第二十条第三款。

[2] 《中华人民共和国民事诉讼法》使用了"举证责任"的表述，但一些司法解释使用了举证证明责任的概念，而我国民事诉讼法学界通常使用证明责任的概念。

专利权。”该条实际上也明确规定：在专利侵权诉讼中，被告应当对其提出的现有技术（设计）抗辩承担举证责任。

该案中，PDT公司针对原告的侵权指控，提出了现有技术抗辩。为证明该抗辩主张，被告提供了日本的专利技术文献。显然，这些专利技术文献属于书证的范畴。对于书证，《中华人民共和国民事诉讼法》（以下简称《民事诉讼法》）第七十三条规定：“书证应当提交原件。物证应当提交原物。提交原件或者原物确有困难的，可以提交复制品、照片、副本、节录本。提交外文书证，必须附有中文译本。”《最高人民法院关于民事诉讼证据的若干规定》第十七条亦明确规定：“当事人向人民法院提供外文书证或者外文说明资料，应当附有中文译本。”该案中，由于被告并没有提供符合中国法律规定的中文翻译文本，导致法院无法对该证据进行审查和判断，无法作为认定事实的依据，依法应当承担举证不能的不利后果。

三、裁量性赔偿的适用及考量因素

知识产权的特征之一在于其客体的非物质性❶，这就决定了在确定知识产权侵权损害赔偿数额时，无法像物权侵权那样可有一个明确而具体的标准，这也就产生了知识产权诉讼中知识产权损害赔偿数额如何确定的难题。依照《专利法》第六十五条规定❷，确定侵犯专利权的赔偿数额的方法有四种：一是按照权利人因被侵权所受到的实际损失确定；二是实际损失难以确定的，可以按照侵权人因侵权所获得的利益确定；三是权利人的损失或者侵权人获

❶ 王迁．知识产权法教程［M］．5版．北京：中国人民大学出版社，2016：4-6.

❷《专利法》于2020年修正后，该条被调整为第七十一条，修改后的第七十一条规定：“侵犯专利权的赔偿数额按照权利人因被侵权所受到的实际损失或者侵权人因侵权所获得的利益确定；权利人的损失或者侵权人获得的利益难以确定的，参照该专利许可使用费的倍数合理确定。对故意侵犯专利权，情节严重的，可以在按照上述方法确定数额的一倍以上五倍以下确定赔偿数额。权利人的损失、侵权人获得的利益和专利许可使用费均难以确定的，人民法院可以根据专利权的类型、侵权行为的性质和情节等因素，确定给予三万元以上五百万元以下的赔偿。赔偿数额还应当包括权利人为制止侵权行为所支付的合理开支。人民法院为确定赔偿数额，在权利人已经尽力举证，而与侵权行为相关的账簿、资料主要由侵权人掌握的情况下，可以责令侵权人提供与侵权行为相关的账簿、资料；侵权人不提供或者提供虚假的账簿、资料的，人民法院可以参考权利人的主张和提供的证据判定赔偿数额。”

得的利益难以确定的，参照该专利许可使用费的倍数合理确定；四是以上方法均难以确定的，人民法院可以根据专利权的类型、侵权行为的性质和情节等因素，确定给予一万元以上一百万元以下的赔偿。从司法实践来看，第四种确定赔偿数额的方法最为常见，其在我国一般被称为法定赔偿，但从本质上来说，是法官对损害赔偿数额的"酌定"，是对知识产权的一种司法定价。❶

虽然法律规定了四种确定知识产权损害赔偿数额的方法，但基于现实生活的复杂性，有的时候，上述方法实际上无法解决所有的问题。例如，在有的案件中，权利人无法提供充分的证据证实其实际损失、侵权人的实际获利以及许可费情况，但已有的证据可以证实，权利人的损失或者侵权人的获利实际大于法定赔偿 100 万元的最高限额。显然，法官在这种情况下无法直接适用上述四种方法确定损害赔偿的具体数额，而应当在结合已有证据的基础上，充分运用其司法裁量权，在法定赔偿限额之外酌定具体的赔偿数额，这种确定知识产权损害赔偿数额的方法被称为裁量性赔偿。

裁量性赔偿是我国法院在司法实践中探索出的一种计算知识产权侵权损害赔偿数额的方法。2013 年 10 月，最高人民法院召开"人民法院加大知识产权司法保护力度的有关情况新闻发布会"，提出要提高损害赔偿计算的科学性和合理性，并发布了八起知识产权司法保护典型案例，其中包括宝马股份公司诉广州世纪宝驰服饰实业有限公司侵害商标权及不正当竞争纠纷案。根据介绍，该案是人民法院依法加大恶意侵权行为惩处力度的典型案例。在赔偿数额的确定方面，在现有证据证明侵权人的侵权获利远远超出当时《中华人民共和国商标法》（以下简称《商标法》）（2013 年修正）规定的 50 万元法定赔偿最高限额的情况下，考虑到侵权人属于组织化的大规模侵权、主观恶意明显、侵权时间长、范围广、获利巨大等因素，二审法院没有采取法定赔偿的方式确定损害赔偿数额，而是根据案件具体情况运用裁量权酌定赔偿数额，全额支持了权利人的诉请。❷

---

❶ 林广海．市场价值视域下的知识产权侵权赔偿［J］．知识产权，2016（5）：20－24.

❷ 张先明．最高人民法院公布八起知识产权司法保护典型案例［N］．人民法院报，2013－10－23.

该案中，哈里斯公司主张以 PDT 公司的侵权获利主张赔偿损失，并主张参照其销售专利产品的销售价格每台 300 万元人民币计算，考虑该案专利的利润率为 20% ~30%，并考虑该案专利对利润的贡献率来确定诉讼请求。但因其提供的证据不足以证实 PDT 公司的实际获利情况，故法官没有直接按照侵权获利的方法确定损害赔偿数额，而是综合考虑侵权人获利等各方面的因素，突破法定最高赔偿 100 万元的最高限额，全额支持了原告提出的 300 万元的诉讼请求。

2 功能性特征的认定及其保护范围

——艾弗芮丹尼逊有限公司与东莞市一马五金塑料制品有限公司侵害发明专利权纠纷案

裁判要旨

功能性特征，是指相对于结构、组分、步骤、条件或其之间的关系等，通过其在发明创造中所起的功能或者效果进行限定的技术特征。人民法院应当结合说明书和附图描述的功能或者效果的具体实施方式及其等同的实施方式，确定技术特征的内容。

入选理由

由于我国在《专利法》[1]《专利法实施细则》中并未对“功能性特征”进行定义，仅在司法解释以及《专利审查指南》中对其进行了规定，为避免专利行政审判与司法保护出现矛盾的情况，法院在既往个案中关于功能性特征的观点总持保守、审慎的态度。该案在对功能性特征的认定和功能性特征与具体技术方案的侵权认定上均具有一定的典型意义，同时也解答了司法实践中关于针对一审程序并未主张但在二审程序中首次提出的相关抗辩是否应予

[1] 该案例中所指《专利法》为2008年修正的版本。

审理之问题，具有较高的参考价值。

案例索引

一审案号：广州知识产权法院（2018）粤73民初934号

二审案号：最高人民法院（2019）最高法知民终561号

基本案情

上诉人（一审原告）：艾弗芮丹尼逊有限公司（以下简称“艾弗芮公司”）

上诉人（一审被告）：东莞市一马五金塑料制品有限公司（以下简称“东莞一马公司”）

一审诉请

艾弗芮公司向一审法院起诉请求：（1）判令东莞一马公司停止制造、许诺销售、销售侵权产品的侵权行为；（2）判令东莞一马公司销毁生产侵权产品的专用设备；（3）判令东莞一马公司赔偿因其侵权给艾弗芮公司造成的经济损失100万元；（4）判令东莞一马公司承担艾弗芮公司为该案维权而支付的服务费、侵权调查费和其他合理开支共254446元。

一审判决

一审法院认为，关于被诉侵权产品的弹簧是否为涉案专利权利要求1记载的“平衡体”的问题，根据涉案专利权利要求1的记载，平衡体是用于支持模块的，而被诉侵权产品的弹簧位于模块的后方，起到了支撑和平衡模块的作用；同时，根据被诉侵权产品操作手册第四章“操作”第4.6操作ANDM机器记载，胶钉机工作时要先用力压下主机，装订完成后，弹簧将主机弹回上升至原位，可见其主要工作原理为在胶钉机工作时通过弹簧的伸缩带动模块上下运动；虽然被诉侵权产品还设有推杆，但该推杆的主要作用是配合弹簧更稳定地对模块进行上下移动。根据上述分析，被诉侵权产品的弹簧就是平衡体。被诉侵权产品具备与权利要求 1 记载的全部技术特征相同的技术特征，故其落入涉案专利权利要求 1 的保护范围。

将被诉侵权设备所实施的技术方案与涉案专利权利要求 4 记载的全部技术特征进行比对。被诉侵权产品设有一安装支架，该支架包括推杆及弹簧包围的支柱部分，并与连接主机、底座和料卷安装轴连接，支架底部通过四个螺钉安装在底座上。涉案专利权利要求 4 并未限定安装支架的形状和结构，而被诉侵权产品的安装支架呈特定形状，该特定结构的安装支架与涉案专利权利要求 4 记载的安装架相比，前者属于下位概念，后者属于上位概念。因此，二者该项对应技术特征相同，落入专利保护范围。

将被诉侵权设备所实施的技术方案与涉案专利权利要求 5 记载的全部技术特征进行比对，被诉侵权产品设有料卷安装轴，该料卷安装轴与安装支架连接。可见，被诉侵权产品具备与涉案专利权利要求 5 记载的全部技术特征相同的技术特征，故其落入涉案专利权利要求 5 的保护范围。

关于制造、销售行为。东莞一马公司庭审时承认被诉侵权产品由其制造、销售。结合该案公证书、被诉侵权产品实物等证据，一审法院确认被诉侵权产品由东莞一马公司制造、销售。关于许诺销售行为。该案公证书显示东莞一马公司在其官网展示有被诉侵权产品的图片并详细介绍有产品参数，其官网还显示有公司名称、地址、电话、传真、联系人及联系人手机号等具体联系方式，故其前述行为构成许诺销售行为。

关于侵权责任承担。东莞一马公司构成侵权。对于艾弗芮公司主张的判令其停止制造、销售、许诺销售被诉侵权产品的行为，一审法院予以支持。关于销毁制造被诉侵权产品专用设备的主张，被诉侵权产品是由多个零部件组装而成，并非一体成型，艾弗芮公司并未说明制造该设备需要何种专用设备，亦未提交证据证实东莞一马公司有制造被诉侵权产品的专用设备，故一审法院对此不予支持。

综上，一审法院判决：（1）东莞一马公司停止制造、销售、许诺销售侵害艾弗芮公司名称为“塑料紧固件分发系统”、专利号为 ZL02814812.6 的发明专利权的产品；（2）东莞一马公司赔偿艾弗芮公司经济损失20万元；（3）东莞一马公司赔偿艾弗芮公司为该案维权而支出的合理费用共计104470元；（4）驳回艾弗芮公司的其他诉讼请求。

二审判决

最高人民法院认为，根据双方当事人的诉辩意见和当庭陈述意见，该案在二审阶段的主要争议焦点问题是：（1）对东莞一马公司当庭主张“模块”为功能性技术特征的理由是否应予审理；（2）被诉侵权产品的技术方案是否落入涉案专利权保护范围。

一、对东莞一马公司当庭主张“模块”为功能性技术特征的理由是否应予审理

东莞一马公司在该案一审阶段以及二审开庭之前均未主张过“模块”为功能性技术特征，其在二审开庭时首次提出该主张，存在不当之处。然而，首先，（2018）最高法民申739号裁定已经明确认定涉案专利权利要求1的“从紧固件备料卷盘当中分发塑料紧固件以便将两个或两个以上物件结合在一起的模块”特征，系通过其在发明中所起的功能进行限定的技术特征，为功能性特征。上述对涉案专利权利要求技术特征的认定，应当作为该案裁判的依据。其次，“模块”是否为功能性技术特征，属于对涉案专利权利要求保护范围进行解释的范畴，即使双方当事人均未提出异议，人民法院也可以依职权予以认定。最后，东莞一马公司系该案中的被诉侵权人，且该案一审已认定其构成侵害涉案专利权，二审程序是东莞一马公司请求救济的法定终审程序，对其主要抗辩理由进行审理具有一定合理性。综上所述，虽然东莞一马公司于二审当庭首次主张“模块”为功能性技术特征确有不当，但综合考虑该案中在先生效裁判的情况、权利要求解释的必要性以及被诉侵权人的终审救济机会，且庭审时双方当事人均已对该问题发表了意见，故法院将在认定“被诉侵权产品的技术方案是否落入涉案专利权保护范围”时对该问题予以评述。

二、被诉侵权产品的技术方案是否落入涉案专利权保护范围

《最高人民法院关于审理侵犯专利权纠纷案件应用法律若干问题的解释》第四条规定，对于权利要求中以功能或者效果表述的技术特征，人民法院应当结合说明书和附图描述的该功能或者效果的具体实施方式及其等同的实施方式，确定该技术特征的内容。《最高人民法院关于审理侵犯专利权纠纷案件应用法律若干问题的解释》第七条规定，人民法院判定被诉侵权技术方案是否落入专利权的保护范围，应当审查权利人主张的权利要求所记载的全部技术特征。被诉侵权技术方案包含与权利要求记载的全部技术特征相同或者等同的技术特征的，人民法院应当认定其落入专利权的保护范围；被诉侵权技术方案的技术特征与权利要求记载的全部技术特征相比，缺少权利要求记载的一个以上的技术特征，或者有一个以上技术特征不相同也不等同的，人民法院应当认定其没有落入专利权的保护范围。《最高人民法院关于审理侵犯专利权纠纷案件应用法律若干问题的解释（二）》第八条规定，功能性特征，是指对于结构、组分、步骤、条件或其之间的关系等，通过其在发明创造中所起的功能或者效果进行限定的技术特征，但本领域普通技术人员仅通过阅读权利要求即可直接、明确地确定实现上述功能或者效果的具体实施方式的除外。与说明书及附图记载的实现前款所称功能或者效果不可缺少的技术特征相比，被诉侵权技术方案的相应技术特征是以基本相同的手段，实现相同的功能，达到相同的效果，且本领域普通技术人员在被诉侵权行为发生时无需经过创造性劳动就能够联想到的，人民法院应当认定该相应技术特征与功能性特征相同或者等同。

该案中，艾弗芮公司请求保护涉案专利权利要求 1、4、5。权利要求 1 请求保护一种从紧固件备料卷盘当中分发塑料紧固件以便将两个或两个以上物件结合在一起的系统，其特征在于，所述系统包括：（1）从紧固件备料卷盘当中分发塑料紧固件以便将两个或两个以上物件结合在一起的模块；以及（2）用于支持所述模块的平衡体。

（一）关于涉案专利权利要求中的“模块”技术特征

对于“从紧固件备料卷盘当中分发塑料紧固件以便将两个或两个以上物件结合在一起的模块”技术特征而言，（2018）最高法民申739号裁定认定，系通过其在发明中所起的功能进行限定的技术特征，为功能性特征，故需结合涉案专利说明书和附图描述的该功能或者效果的具体实施方式及其等同的实施方式，确定该技术特征的内容。

具体到涉案专利说明书，其中记载了发明的两种具体实施方式，系统10和系统310，分别对应说明书附图1和附图21。根据附图显示的信息以及附图的文字说明可知，两种具体实施方式中的“模块”均包含“可回缩缝针防护组件”这一具体技术内容。同时，说明书强调“可回缩缝针防护组件的特定结构和功能起到本发明主要特征的作用”，并且具有提高操作人员安全性、防止缝针弯曲和/或折断、起到缝针止动件作用等“期待的效果”。上述技术手段与技术效果，与涉案专利“防止操作人员无意接触该对缝针的尖锐针尖”的发明目的相呼应。综上所述，作为功能性特征，涉案专利权利要求中的“模块”应当被解释为包含“可回缩缝针防护组件”的具体技术内容及其等同的实施方式。

而在被诉侵权产品的技术方案中，相应的缝针针尖是始终裸露在外的，即被诉侵权产品的“模块”并不具备“可回缩缝针组件”这一具体技术特征；裸露在外的缝针针尖无法实现涉案专利提高操作人员安全性、防止缝针弯曲和/或折断等技术效果，故也不属于与“可回缩缝针组件”等同的实施方式。因此，被诉侵权产品的技术方案不具备涉案专利权利要求1中的“从紧固件备料卷盘当中分发塑料紧固件以便将两个或两个以上物件结合在一起的模块”技术特征，未落入权利要求1的保护范围。权利要求4、5直接或间接引用权利要求1，是权利要求1的从属权利要求，其保护范围比权利要求1更小且未对该“模块”作出进一步的描述或限定，故被诉侵权产品的技术方案也未落入权利要求4、5的保护范围。

（二）关于涉案专利权利要求中的“平衡体”技术特征

对于“用于支持所述模块的平衡体”技术特征而言，首先，“平衡体”

本身没有描述出具体的结构，本领域技术人员无法仅通过阅读权利要求即可直接、明确地确定实现其功能或者效果的具体实施方式；其次，涉案专利说明书中没有对所述“平衡体”的具体结构作出明确的定义，本领域也没有关于“平衡体”具体结构的通常含义，故所述“用于支持所述模块的平衡体”也是通过在发明中所起的功能进行限定的技术特征，为功能性特征，应当结合说明书和附图描述的该功能或者效果的具体实施方式及其等同的实施方式，确定该技术特征的内容。

具体到涉案专利说明书中的两种具体实施方式，即系统 10 和系统 310 的技术方案中，“平衡体”均包括了一盒形壳体以及一绳链。绳链卷绕于壳体内，可将绳链自由端从壳体中拉出并使其远离。在没有拉力的情况下，绳链以回复方式将自由端拉回到壳体。“平衡体”位于“模块”上方，绳链的一段与“模块”直接连接，用以支持“模块”。因此，作为功能性特征，涉案专利中的“平衡体”应当被解释为：在空间上位于“模块”上方，在结构上包含盒形壳体与卷绕于壳体内的绳链，绳链可从壳体拉出和回复拉回的具体实施方式及其等同的实施方式。

而在被诉侵权产品的技术方案中，相应的“用于支持所述模块的平衡体”是弹簧，在结构上并不具备盒形壳体和绳链的结构，在空间上位于“模块”的后方。弹簧包围安装支架的支柱部分并不与“模块”直接连接。弹簧与涉案专利中的平衡体具有不同的结构、空间位置和工作机理，不属于基本相同的技术手段，不是等同的实施方式。因此，被诉侵权产品的技术方案不具备涉案专利权利要求 1 中的“用于支持所述模块的平衡体”技术特征，未落入权利要求 1 的保护范围。权利要求 4、5 直接或间接引用权利要求 1，是权利要求 1 的从属权利要求，其保护范围比权利要求 1 更小且未对该“平衡体”作出进一步的描述或限定，故被诉侵权产品的技术方案也未落入权利要求 4、5 的保护范围。

鉴于被诉侵权产品的技术方案未落入涉案专利权保护范围，艾弗芮公司的上诉请求不能成立。对艾弗芮公司在二审阶段提交的用于证明维权合理支出的证据，法院亦不再评述。

东莞一马公司于二审当庭首次提出“模块”为功能性技术特征的理由。虽然经审理其理由成立，但是其提出时机存在不当之处，法院酌定由其负担该案一审部分案件受理费和二审全部案件受理费。

被诉侵权产品的技术方案未落入涉案专利权保护范围。一审判决认定被诉侵权产品的弹簧对应于涉案专利中的平衡体，并进而认定被诉侵权产品具备与权利要求记载的全部技术特征相同的技术特征，从而落入涉案专利权利要求的保护范围，属于认定错误，法院依法予以纠正。

综上，最高人民法院判决：（1）撤销广州知识产权法院（2018）粤73民初934号民事判决；（2）驳回艾弗芮公司的全部诉讼请求；（3）二审案件受理费13649.76元，由东莞一马公司负担。

案例解析

该案是一起侵害发明专利权纠纷案件，争议焦点为：（1）对被告于二审开庭时才提出的争议技术特征为功能性特征的主张是否应予审理；（2）被诉侵权产品是否落入涉案专利权的保护范围。现结合该案，对功能性特征的认定及其保护范围再作简要的分析。

专利权是绝对权、对世权。为保障第三人的行动自由，必须对专利权，特别是其客体进行公示。发明专利与实用新型专利的保护范围通过权利要求书进行公示。权利要求书这种法律文件由一项以上的权利要求构成。更准确地说，发明专利与实用新型专利保护范围的公示是通过一项项权利要求实现的。权利要求界定了受到专利权保护的技术方案。权利要求通过一个个的技术特征，对受专利权保护的技术方案予以界定。如果专利的主题是一种产品，则其技术特征是该产品的各个构成要素；如果专利的主题是一种方法，则其技术特征是该方法的各个步骤。一项权利要求的各个技术特征都是产品的构成要素或者方法的步骤。对于各个构成要素或者步骤，一般是对其具体结构特征作出进一步的界定。但随着实践的发展，出现了通过构成要素或者步骤在整个受保护的技术方案中所起的作用或者所产生的效果对构成要素或者步骤作出进一步界定的做法。由此而产生的新型技术特征即是“功能性特征”。功能性特征之所以会产生，是因为申请人“希望如此撰写的权利要求能够覆盖实现其所述功能的所有方式，从而使其权利要求具有更宽的保护范围。”[1]功能性特征是被允许的，但纯功能性的权利要求则是不被允许的。“纯功能性的权利要求”指的是“整个权利要求仅仅写出整个发明的发明目的或者所产生的效果，完全没有记载为实现所述目的达到所述效果而采用的技术手段。”[2]换言之，一项权利要求中有部分技术特征采用功能性技术特征的写法是被允许的，但仅仅以其功能或者效果来界定受保护的技术方案则不被允许。

依《最高人民法院关于审理侵犯专利权纠纷案件应用法律若干问题的解释（二）》第八条第一款的规定，所谓“功能性特征”，是指对于结构、组分、步骤、条件或其之间的关系等，通过其在发明创造中所起的功能或者效果进行限定的技术特征，但本领域普通技术人员仅通过阅读权利要求即可直接、明确地确定实现上述功能或者效果的具体实施方式的除外。

在认定一个技术特征是否构成功能性特征时，不能仅考虑描述该技术特征的文字含义。一个从文字上看似功能性特征的技术特征可能并非功能性特征。在“陆某诉临海市利农机械厂、吴某某、李某某、张某某侵害实用新型专利权案”[3] 中，最高人民法院指出，如果技术特征中除了功能或者效果的限定之外，同时也限定了与该功能或者效果对应的结构特征，并且本领域技术人员仅通过阅读权利要求书即可直接、明确地确定该结构特征的具体实现方式，该具体实现方式可以实现该功能或者效果的，则这种同时使用“结构”与“功能或者效果”限定的技术特征并不属于功能性特征。易言之，“对于包含有特定功能、效果的技术特征，本领域技术人员仅通过阅读权利要求即可直接、明确地确定实现该功能或者效果的具体实施方式的”[4]，不属于功能性特征。

---

[1] 尹新天. 中国专利法详解［M］. 缩编版. 北京：知识产权出版社，2012：456.
[2] 尹新天. 中国专利法详解［M］. 缩编版. 北京：知识产权出版社，2012：458.
[3] 最高人民法院（2017）最高法民申 1804 号民事裁定书。
[4] 最高人民法院（2018）最高法民申 1018 号民事裁定书。

依据《专利审查指南》第二部分第二章第3.2.1节的规定，功能性特征这种写法的应用是受限制的、应予避免的。“只有在某一技术特征无法用结构特征来限定，或者技术特征用结构特征限定不如用功能或者效果特征来限定更为恰当，而且该功能或者效果能通过说明书中规定的实验或者操作或者所属技术领域的惯用手段直接和肯定地验证的情况下，使用功能或者效果特征来限定发明才可能是允许的。”

当功能性特征关系到申请专利的技术方案是否满足新颖性与创造性要件或者被诉侵权技术是否具备功能性特征构成待决案件争议焦点时，功能性特征保护范围的确定问题就会凸显出来。在功能性特征的保护范围上，国家知识产权局与法院存在分歧。依《专利审查指南》第二部分第二章第3.2.1节的规定，对于权利要求中所包含的功能性限定的技术特征，应当理解为覆盖了所有能够实现所述功能的实施方式。但依《最高人民法院关于审理侵犯专利权纠纷案件应用法律若干问题的解释》第四条的规定，对于权利要求书中以功能或者效果表述的技术特征，人民法院应当结合说明书和附图描述的该功能或者效果的具体实施方式及其等同的实施方式，确定该技术特征的内容。在法院看来，功能性特征的保护范围仅及于说明书和附图描述的该功能或者效果的具体实施方式及其等同的实施方式。之所以如此，是因为“将‘功能性特征’的保护范围解释为包含实现该功能、效果的全部实施方式，将导致专利权的保护范围与专利的创新程度和公开内容不相匹配，不可避免地会给后续的改进和创新带来不应有的限制，给科学技术发展和经济社会进步带来负面影响。”[1] 应当说法院的标准更为合理。

根据法院的标准，功能性特征的保护范围由两部分构成：一个是该功能或者效果的具体实施方式，另一个是具体实施方式的等同实施方式。所谓该功能或者效果的具体实施方式，指的是说明书及其附图中记载的、实现该功能或者效果的具体结构特征，也即具体的构成要素或者步骤。不能想当然地将说明书及其附图记载的所有实施例都作为该功能或者效果的具体实施方式。

[1] 最高人民法院（2018）最高法民申1018号民事裁定书。

在“飞利浦优质生活有限公司诉佛山市顺德区巨天电器有限公司侵害发明专利权案”❶中，广东省高级人民法院指出“应当结合权利要求书、说明书等内容对实施例的内容进行审查，以清楚、合理界定其保护范围”。无法实现该功能或者效果的实施例，不能作为功能性技术特征的内容。关于具体结构特征的认定，最高人民法院在“广州同明太阳能科技有限公司诉深圳市华泽兴业科技有限公司侵害实用新型专利权案”❷中指出：“对于‘功能性特征’的解释，应当根据说明书、附图中记载的实现该功能所‘不可缺少’的技术特征作为依据，而不宜简单地将说明书、附图中与实现‘功能性特征’的功能、效果有关的全部技术特征，均用于限定‘功能性特征’的保护范围。由此，有利于鼓励专利权人主动公开与‘功能性特征’的功能、效果有关的技术内容，丰富现有技术，便于社会公众更好地理解专利技术方案，亦可以让权利人无须顾虑由于公开的具体实施方式过于具体、细节，而导致‘功能性特征’的保护范围受到不必要的限缩。”在“SEB公司诉广东旗峰不锈钢制品有限公司侵害发明专利权案”❸中，广东省高级人民法院指出，说明书及其附图记载了功能性特征两种以上的实施方式的，各实施方式所必需的技术特征“应分别、并列地作为该功能性技术特征的内容”。

对于具体实施方式的等同实施方式的认定标准，依《最高人民法院关于审理侵犯专利权纠纷案件应用法律若干问题的解释（二）》第八条第二款的规定，与说明书及附图记载的实现前款所称功能或者效果不可缺少的技术特征相比，被诉侵权技术方案的相应技术特征是以基本相同的手段，实现相同的功能，达到相同的效果，且本领域普通技术人员在被诉侵权行为发生时无需经过创造性劳动就能够联想到的，人民法院应当认定该相应技术特征与功能性特征相同或者等同。在前述“陆某诉临海市利农机械厂、吴某某、李某某、张某某侵害实用新型专利权案”中，最高人民法院指出，功能性特征与除其以外的其他技术特征在等同特征的认定上存在区别，不能混为一谈。第一个

❶ 广东省高级人民法院（2017）粤民终1125号民事判决书。

❷ 最高人民法院（2018）最高法民申1018号民事裁定书。

❸ 广东省高级人民法院（2013）粤高法民三终字第279号民事判决书。

区别在于二者的对比基础：对于除功能性特征之外的其他技术特征，“对比的基础是权利要求记载的技术特征本身”，而对于功能性特征，“对比的基础是在说明书及附图中记载的实现功能性特征的功能或者效果‘不可缺少的技术特征’”。第二个区别在于认定标准：对于除功能性特征之外的其他技术特征，其等同特征“应当以‘实现基本相同的功能’‘达到基本相同的效果’作为认定标准”；而对于功能性特征，“则必须‘实现相同的功能’‘达到相同的效果’，认定标准更为严格”。

3　专利权利要求的解释以及禁止反悔原则的适用规则

——福迈克斯股份公司诉广州市博朗实验室专业配件有限公司侵害发明专利权纠纷

裁判要旨

该案中所述的被诉产品的改造，是以与原告说明书中的实施例基本相同的手段实现相同的功能。同时，所述改造属于本领域普通技术人员在被诉侵权行为发生时无需经过创造性劳动就能够联想到的，并未体现创造性。对于该案，应当认定被诉产品在材质和具体构造上的上述更改属于与原告专利说明书及附图描述的具体实施方式等同的实施方式，即被诉产品达到了与原告专利权利要求记载的功能性特征相同的功能和效果。在此解释下，说明书［0027］段“其他材料”是指塑料，与原告专利滑动套筒可以包含塑料以外的其他材料，两者之间并无矛盾，得以合理解释。

被诉产品滑动连接结构与子元件 8 的连接及位置关系，与原告专利技术特征相同，被诉产品落入原告专利权利要求 2 的保护范围。事实上，被诉产品中将原告专利实施例一体成型、三面隔室的滑动套筒 11，改成塑料滑动表面和金属外壳相结合、四面隔室的被诉滑动套筒，达到了权利要求记载的相同的功能性特征，属于以与专利说明书中实施方式等同的实施方式达到权利要求记载的功能性特征相同的功能和效果的侵权行为。

被告主要就被诉产品滑动套筒提出针对权利要求1的抗辩，就滑动套筒的连接关系提出针对权利要求2的抗辩，对于原告主张的其他权利要求3~5、7~8、14~19，被告抗辩全部基于权利要求1技术特征的差异，即未就其他部件是否构成相同或等同提出抗辩。经审查，被诉产品也具有原告主张保护的上述其他权利要求记载的全部必要技术特征。综上，被诉产品落入原告主张的专利权保护范围。

入选理由

该案中被告在生产侵权产品时，对第ZL200980000392.9号发明专利的部分技术特征进行了修改，因此，该案并非简单的字面侵权。在诉讼中，其又对该专利提出无效宣告请求，并试图利用原告在无效宣告请求程序中的陈述来支持其在侵权诉讼中的抗辩。因此，该案的侵权认定异常复杂。

该案是较为少见的在同一案件当中涉及“等同侵权判定”“专利无效和侵权交织”，以及“禁止反悔原则”的专利侵权案件。该案广东两级法院在依法保护权利人合法权益的同时，在一个案件当中，对“等同侵权判定”“专利无效和侵权交织”的处理，以及“禁止反悔原则”的适用，进行了详细的阐述，具有极高的参考价值。

案例索引

一审案号：广州知识产权法院（2016）粤73民初779号

二审案号：广东省高级人民法院（2018）粤民终961号

基本案情

一审原告：福迈克斯股份公司（Fumex Aktiebolag，以下简称“福迈克斯公司”）

一审被告：广州市博朗实验室专业配件有限公司（以下简称“博朗公司”）

一审诉请

福迈克斯公司向一审法院起诉请求：（1）判令被告立即停止侵犯原告第ZL200980000392.9号发明专利权的行为，停止生产、销售、许诺销售侵权产品；（2）判令被告销毁制造侵权产品的专用设备、模具，销毁侵权产品的库存，回收并销毁涉及侵权产品的宣传册，停止对侵权产品的任何商业宣传行为；（3）判令被告赔偿原告经济损失100万元，包括原告为制止侵权行为的合理支出费用；（4）该案诉讼费用由被告承担。

一审判决

一审法院认为，该案属于侵害发明专利权纠纷案件。原告是涉案“装置、通风臂、通风系统”发明的专利权人，其专利权应受法律保护。他人未经原告许可，不得为生产经营目的制造、许诺销售、销售该专利产品。

关于该案专利权的保护范围。根据《最高人民法院关于审理侵犯专利权纠纷案件应用法律若干问题的解释》第一条第一款的规定，人民法院应当根据权利人主张的权利要求，依据《专利法》第五十九条第一款的规定确定专利权的保护范围。《最高人民法院关于审理专利纠纷案件适用法律问题的若干规定》第十七条第一款规定，《专利法》第五十九条第一款所称的“发明或者实用新型专利权的保护范围以其权利要求的内容为准，说明书及附图可以用于解释权利要求的内容”，是指专利权的保护范围应当以权利要求记载的全部技术特征所确定的范围为准，也包括与该技术特征相等同的特征所确定的范围。该案中，原告主张保护权利要求1～5、权利要求7～8，以及权利要求14～19，因此，应该以上述权利要求记载的全部技术特征所确定的范围，以及与该技术特征相等同的特征所确定的范围为准，判定被诉侵权技术方案是否落入专利权的保护范围。

关于侵犯专利权的判定，以及该案争议焦点。《最高人民法院关于审理侵犯专利权纠纷案件应用法律若干问题的解释》第七条规定，人民法院判定被诉侵权技术方案是否落入专利权的保护范围，应当审查权利人主张的权利要求所记载的全部技术特征。被诉侵权技术方案包含与权利要求记载的全部技术特征相同或者等同的技术特征的，人民法院应当认定其落入专利权的保护范围；被诉侵权技术方案的技术特征与权利要求记载的全部技术特征相比，缺少权利要求记载的一个以上的技术特征，或者有一个以上技术特征不相同也不等同的，人民法院应当认定其没有落入专利权的保护范围。可见，就《专利法》应根据全面覆盖原则判定侵权。该案中，原告认为，被诉产品与权利要求1的技术特征构成相同或者等同，落入权利要求1的保护范围；同时，被诉产品也落入原告专利权利要求2~5、权利要求7~8，以及权利要求14~19的保护范围。被告主要就被诉产品的滑动连接结构部位提出针对权利要求1的抗辩，就滑动连接结构的外部连接关系提出针对权利要求2的抗辩；对于原告主张的其他权利要求，被告的抗辩全部基于权利要求1技术特征的差异；被告未就其他部件是否构成相同或等同提出抗辩。故该案审查认定的技术问题主要为记载滑动套筒11（包括内部调节力的装置、张紧装置）结构和功能的技术特征，以及记载滑动套筒11外部连接关系的技术特征的权利要求1、2、3、4、5、7。

综合原被告诉辩意见，一审法院归纳该案技术问题和侵权认定的争议焦点如下：

第一，原告专利滑动套筒11是否由塑料材料制成，滑动套筒11及各部件是否应由塑料一体成型。第二，被诉产品的滑动连接结构与子元件7接触的塑料部分，结合调节力的装置、张紧装置，是否也能实现原告专利滑动套筒11的功能，并仅以此部分与原告专利进行对比。第三，被诉产品的滑动连接结构是否落入原告所主张的专利权保护范围。其中，争议焦点一、二的判定，涉及对该案专利权保护范围的解释，尤其是权利要求与说明书及附图的关系问题，是该案认定的前提和基础问题，决定了争议焦点三对技术特征是否相同或者等同的进一步认定；争议焦点三又包含了上述被告关于被诉产品缺少原告专利技术特征的两项抗辩。

关于专利权保护范围及其司法解释。《专利法》[1] 第五十九条第一款规定，发明或者实用新型专利权的保护范围以其权利要求的内容为准，说明书及其附图可以用于解释权利要求的内容。《最高人民法院关于审理侵犯专利权纠纷案件应用法律若干问题的解释》第二条规定，人民法院应当根据权利要求的记载，结合本领域普通技术人员阅读说明书及附图后对权利要求的理解，确定《专利法》第五十九条第一款规定的权利要求的内容。该解释第三条第一款规定，人民法院对于权利要求，可以运用说明书及附图、权利要求书中的相关权利要求、专利审查档案进行解释。说明书对权利要求用语有特别界定的，从其特别界定。该解释第四条规定，对于权利要求中以功能或者效果表述的技术特征，人民法院应当结合说明书和附图描述的该功能或者效果的具体实施方式及其等同的实施方式，确定该技术特征的内容。该解释第五条规定，对于仅在说明书或者附图中描述而在权利要求中未记载的技术方案，权利人在侵犯专利权纠纷案件中将其纳入专利权保护范围的，人民法院不予支持。可见，对于权利要求与说明书及附图的关系：（1）发明专利权的保护范围以权利要求的记载为准，说明书及附图可以用于解释权利要求的内容；（2）说明书对权利要求用语有特别界定的，从其特别界定，但权利要求中未记载而仅在说明书或者附图中描述的技术方案，不构成专利权的保护范围。以上两点表明，说明书的描述（主要是说明书中的实施例及其附图）不能形成该发明专利新的技术方案，或对权利要求记载的技术方案形成限定而实际上构成新的技术方案，说明书对权利要求用语的特别界定应当不涉及权利要求所记载的技术方案；（3）对以功能或者效果表述的技术特征的解释，可以通过说明书及附图描述的该功能或者效果的具体实施方式及其等同的实施方式来确定该功能性技术特征的内容。

关于争议焦点一，原告专利所述滑动套筒是否全部由塑料材质制成、一体成型的问题。根据上文所述法律规定，发明专利权的保护范围以权利要求的记载为准。该案中，原告专利涉及描述滑动套筒 11 技术特征的权利要求

[1] 该案例中所指《专利法》为 2008 年修正的版本。

为：(1) 描述滑动套筒11结构、功能及与子元件7、8的连接关系的权利要求1~2；(2) 描述调节力的装置18和张紧装置20的结构和功能的权利要求3~5；(3) 描述滑动套筒开口与装置18和20的位置关系的权利要求7。经审查，滑动套筒11相关的上述权利要求记载了三个方面的必要技术特征。第一，描述了滑动套筒11本身结构的技术特征：滑动套筒11包含第一部件12、第二部件13，12与13相结合，13包括第一部件14、第二部件15和连接件16，其中14直接与12相结合，16使得15与14相连接并将两者隔开一定距离，从而在14、15、16三者之间形成隔室17。第二，描述了滑动套筒11与管状子元件7、8的连接位置及运动方式，以及其中各部分结构功能的技术特征：12布置在8的第一端8.1，并将11保持在8处；13的所有部件14、15、16都位于8的第一端8.1的前面，14与12相结合；13通过15与7接触，由于7的直径比8的直径略小，7接触15穿过11插入8中，使得7和8以伸缩方式相对移动；可见，11与8的位置是以部分接触重叠方式固定的，接触重叠部分是12，12还具有固定两者位置的作用，13（包括14、15、16）部分不重叠，而在8的第一端8.1的前面。第三，描述了滑动套筒11与调节力的装置18之间的连接及位置关系，以及11与18、7之间力的作用效果的技术特征：18布置在13上位于17中，通过13将力传递到7。第四，描述了通过滑动套筒11的开口23控制18和20相互作用以调节力的大小的技术特征：20布置在17中，与18相互作用，并通过23控制20增大或减小所述力。可见，原告专利权利要求并无关于滑动套筒制作材质和制作工艺的技术特征，即制作材质如塑料和制作工艺如整体或者其中某个部件应当一体成型等，并非原告专利的必要技术特征。因此，被告关于原告专利滑动套筒11应全部由塑料制成、其整体或某个部件应当一体成型的抗辩，在权利要求中得不到支持。

上述司法解释还规定，说明书及附图可以用于解释权利要求的内容。被告据说明书“具体实施方式”部分［0027］段认为，滑动套筒应该是塑料材质。对此，一审法院分析了两个方面。第一，通过对说明书［0027］段进行文义解释，应当认为“其他材料”是指聚烯烃之外的其他塑料。说明书［0027］段记载：“滑动套筒11由一种或几种如下所述的塑料材料制成，所述塑料材料使得所述第一和第二子元件 7 和 8 之一上滑动的表面具有良好的滑动特性、柔韧和润滑特性并且使得在保持滑动套筒和滑动控制件的那些区域中具有保持特性。不同类型的聚烯烃［诸如聚乙烯（PE）和聚丙烯（PP）］是适用的，但是也可以使用具有所需特性的其他材料。”先从该段文字本身含义和文间逻辑关系分析：第一句表明 11 由塑料制成，并描述了塑料的特性和作用；第二句前半句承接并列举第一句“如下所述的塑料材料”即“不同类型的聚烯烃”；连接词“但”连接含有转折意思的并列关系，表明后半句的内容是与“聚烯烃”并列的一种塑料；“具有所需特性”与“适用”为近似意思，进一步表明“其他材料”为与“聚烯烃”系并列关系的塑料。再从该段文字记载的技术特征看：“具有所需特性”是指第一句所描述的塑料具有的良好的滑动特性、柔韧和润滑特性，以及保持特性；而金属一般具有良好的保持特性但不具有良好的滑动特性、柔韧和润滑特性，不能成为“具有所需特性的其他材料”。因此，原告关于“其他材料”包括被诉产品外圈金属件的观点依据不足，一审法院不予采信。第二，“其他材料”指的是塑料材料，但并不因此支持被告关于原告专利滑动套筒 11 应该由塑料制成的抗辩。根据上文关于专利权保护范围及其解释的论述，权利要求中未记载而仅在说明书或者附图中描述的技术方案，不构成专利权的保护范围，说明书的描述不能构成或实际上构成新的技术方案。该案中，由于原告专利权利要求中并无关于滑动套筒制造材质的技术特征，也没有关于制造材质方面的用语需要进一步界定、解释其含义，故说明书中［0027］段的解释不应当对滑动套筒增加新的关于所用材质限定为塑料的技术特征，该限定也不属于对权利要求用语的界定。因此，被告关于滑动套筒 11 应由塑料制成的抗辩，在权利要求结合说明书进行解释后，仍得不到支持。

综上所述，根据权利要求记载，并结合说明书解释，并不能得出原告专利滑动套筒应当由塑料制成、一体成型的结论，原告专利所述滑动套筒可以包含塑料以外的其他材料，并且其整体和部件在符合权利要求记载的技术特征的情况下，均可以由不同材料组合而成。

关于争议焦点二，被诉产品的滑动连接结构与子元件 7 接触的塑料部分，结合调节力的装置、张紧装置，是否也能实现原告专利滑动套筒 11 的功能，并能否仅以此部分与原告专利进行对比的问题。被诉产品所述滑动连接结构上述金属外壳外的剩余部分，其塑料部件连接两个子元件，具有连接功能；且能实现子元件 7、8 的相对滑动，即滑动功能。但并不能以此认为即具有了原告专利滑动套筒 11 的功能。根据原告专利权利要求记载的滑动套筒的技术特征可见，滑动套筒在连接和滑动之外还具有其他功能，如滑动套筒的中空隔室对张紧装置和调节力的装置的隐藏和保护功能，14 部件具有的增强连接强度的功能等。被告将滑动、连接功能认为是原告专利滑动套筒 11 的全部功能，即是将原告专利滑动套筒 11 的部分功能抽出来认为是其整体功能；被告相应地抽出被诉产品具有上述滑动套筒 11 部分功能的局部结构，与原告具有滑动套筒 11 整体功能的权利要求进行对比，没有事实和法律依据。换言之，如果被诉产品所述滑动连接结构实际上没有使用金属外壳而只有塑料和调节力的装置、张紧装置部分，则可因被诉产品缺少原告专利权利要求记载的必要技术特征，而认定其不落入原告专利保护范围。但该案中被诉产品已经实际使用了金属外壳，并不能主观上剥离金属外壳后将剩余部分作为“滑动套筒”与原告专利进行对比，而应审查其整体结构是否具有了原告专利权利要求记载的全部必要技术特征这一客观事实。综上，应当将被诉产品由金属及塑料组成的连接滑动结构整体与原告专利的滑动套筒 11 进行技术对比。

关于争议焦点三，被诉产品的滑动连接结构是否落入原告所主张的专利权保护范围。上述说明书［0027］段“其他材料”是指塑料，与原告专利滑动套筒可以包含塑料以外的其他材料，是否自相矛盾。一审法院认为，正确理解该问题，应回到权利要求所记载的技术特征，尤其要分析表示功能和效果的技术特征的内容。《最高人民法院关于审理侵犯专利权纠纷案件应用法律若干问题的解释》第四条规定，对于权利要求中以功能或者效果表述的技术特征，人民法院应当结合说明书和附图描述的该功能或者效果的具体实施方式及其等同的实施方式，确定该技术特征的内容。《最高人民法院关于审理侵犯专利权纠纷案件应用法律若干问题的解释（二）》第八条第一款规定，功能性特征，是指对于结构、组分、步骤、条件或其之间的关系等，通过其在发明创造中所起的功能或者效果进行限定的技术特征，但本领域普通技术人员仅通过阅读权利要求即可直接、明确地确定实现上述功能或者效果的具体实施方式的除外。该案中，上文分析滑动套筒 11 的技术特征的第一、第二点可见，滑动套筒 11 具有“7 接触 15 穿过 11 插入 8 中，使得 7、8 以伸缩方式相对移动”的技术特征，属于对滑动套筒 11 和子元件 7、8 之间的接触位置、结构和运动效果进行限定的功能性特征。此外，从第三、第四点可见，滑动套筒 11 的第二部件 13，还应该具有“可被 20 通过 18 调节张紧状态”的技术特征，从而将力传递给其所接触的第一子元件 7。由于滑动套筒 11 与 7 的接触面为 15，故具体而言，13 的 15 部件应具有上述“可被 20 通过 18 调节张紧状态”的技术特征。该特征属于对 13 与 20、18 以及 7 之间力的作用条件、关系和效果进行限定的功能性特征。该案原告专利说明书中的具体实施方式与被诉产品涉嫌可能的实施方式之间的差异，表明了并不能仅通过阅读权利要求即可“直接、明确”地确定具体实施方式，尤其是不能“明确”地确定具体实施方式。因此上述两个技术特征不属于法律规定的排除情况，符合功能性特征的法律构成要求。

上述两个功能性特征，可以结合原告说明书和附图描述的该功能或者效果的具体实施方式来确定其必要技术特征的具体内容：（1）上述“7 接触 15 通过 11 插入 8 中，使得 7 和 8 以伸缩方式相对移动”的功能性特征，说明书描述的该功能或者效果的具体实施方式为［0027］段所述，滑动套筒 11 由一种或几种具有良好的滑动特性、润滑特性的聚烯烃或其他塑料材料制成，使得 15 与 7 的接触面达到相对移动所需的滑动效果；（2）上述 15“可被张紧装置 20 通过调节力的装置 18 调节张紧状态”的功能性特征，说明书中描述该功能或者效果的具体实施方式为［0027］段所述，滑动套筒 11 由一种或几种具有柔韧特性的聚烯烃或其他塑料材料制成，使得 15 具有受力调节的柔韧效果。说明书［0023］段记载，“用于传递力的装置 18 布置在滑动套筒 11 中，以将力 F 传递到与第一子元件 7 保持接触的滑动套筒 11 的第二部件 15 上，所述力 F 增大与第二部件 13 的摩擦”，也解释了上述 15 应具有柔韧特性的特征。即，说明书中要求滑动套筒 11 的材料具有良好的滑动特性、润滑和柔韧特性，是为了11在7上可以滑动，并可以通过张紧装置和调节力的装置来调节其与7之间接触的摩擦力和紧固程度。《最高人民法院关于审理侵犯专利权纠纷案件应用法律若干问题的解释（二）》第八条第二款规定，与说明书及附图记载的实现前款所称功能或者效果不可缺少的技术特征相比，被诉侵权技术方案的相应技术特征是以基本相同的手段，实现相同的功能，达到相同的效果，且本领域普通技术人员在被诉侵权行为发生时无需经过创造性劳动就能够联想到的，人民法院应当认定该相应技术特征与功能性特征相同或者等同。可见，如果被诉技术方案在11与7的接触表面，以及受调节力的装置调节的部位，也是由聚烯烃等其他具有良好滑动特性、柔韧和润滑特性以及保持特性的塑料材料制成，即属于“与说明书及附图记载的实现前款所称功能或者效果不可缺少的技术特征相比以基本相同的手段，实现相同的功能，达到相同的效果”的情况。

该案中，与原告专利相比，被诉产品的材质和具体构造如下：（1）滑动连接结构内圈在原告专利对应的11与7的接触表面和受调节力的装置调节的部位为同一部件，由塑料制成，符合原告专利上述功能性技术特征对15部件的技术特征要求，即对应原告专利的15部件，而仅将与该功能性特征无关的外圈及侧面外缘换成了金属，不影响与原告权利要求的对比；（2）被诉产品滑动连接结构由于将上述外圈及侧面外缘换成了金属，无法通过按12－14－16－15的顺序直接相连、一体成型的方式制成，而改成了由连接一体的金属外圈和连接一体的塑料内圈相卡扣并铆接固定的构造方式制成。被诉产品经此方式改造后：（1）基于卡扣和铆钉固定的需要，原告专利12部件为一层塑料的特点，被诉产品相应位置改成外圈金属层的一部分与内圈塑料层紧贴卡扣并有连通的钉孔可供铆接在8上的构造，即被诉产品的12部件为“可铆接在8上的一部分金属外层”（以下简称“12的金属外层”）与“可铆接在8上的塑料内层”（以下简称“12的塑料内层”）的组合体，这也符合原告专利权利要求关于滑动套筒有一端固定在第二子元件8上的技术特征；由于上述被告关于被诉产品整体或某个部件应一体成型的抗辩不能成立，故其关于12不能由金属外层和塑料内层组合而成的抗辩缺乏依据，一审法院不予采信；（2）基于塑料内圈连接一体的需要，被诉产品在原告专利15与“12的塑料内层”之间，通过新增的塑料（以下简称“新增塑料”）相连接，且由于“12的塑料内层”与外圈金属层相卡扣铆接连接，“12的金属外层”与外圈金属层的其余部分（以下简称“外圈金属层的其余部分”）相连一体，因此该“新增塑料”与“外圈金属层的其余部分”也相卡扣连接，即“新增塑料”将“外圈金属层的其余部分”与15相连接，且隔开一定距离；侧面外缘金属也与“外圈金属层的其余部分”一体相连，并将“外圈金属层的其余部分”与15相连且隔开一定距离；可见，该“新增塑料”和“侧面外缘金属”符合权利要求关于连接件16的技术特征；（3）此构造下，上述“外圈金属层的其余部分”对应为原告专利14部件；两个16连接14、15并将两者隔开一定距离，构成了四边封闭的中空隔室17；调节力的装置18和张紧装置20位于17中；14、15、两个16构成的金属与塑料的结合体为原告专利第二部件13，13具有与第一子元件7接触的技术特征；“外圈金属层的其余部分”符合权利要求关于14的技术特征，即连接12与13。

详见图3－1所示的技术对比分析并参考图3－2所示的实物照片。

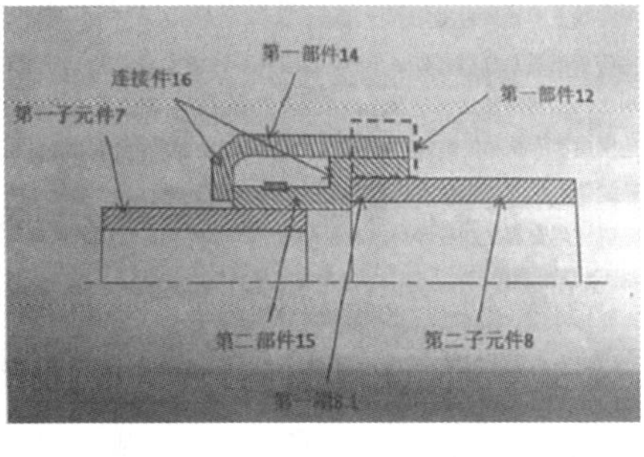

图3－1　技术对比分析

图3－2　实物照片

可见，被诉产品上述改造，是以与原告说明书中的实施例基本相同的手段（接触面和调节力的装置调节部位为塑料制成），达到相同的效果（具有良好滑动特性、柔韧和润滑特性以及保持特性），实现相同的功能（“7接触15通过11插入8中，使得7和8以伸缩方式相对移动”，以及“可被张紧装置20通过调节力的装置18调节张紧状态”）。同时，上述改造属于本领域普通技术人员在被诉侵权行为发生时无需经过创造性劳动就能够联想到的，并未体现创造性。综上，对于该案，应当认定被诉产品在材质和具体构造上的上述更改，属于与原告专利说明书及附图描述的具体实施方式等同的实施方式，即被诉产品达到了与原告专利权利要求记载的功能性特征相同的功能和效果。在此解释下，说明书［0027］段“其他材料”是指塑料，与原告专利滑动套筒可以包含塑料以外的其他材料，两者之间并无矛盾，得以合理解释。

从上述分析可见，被诉产品滑动连接结构具有原告专利所述滑动套筒的各个部件及结构：第一部件12由金属外层和塑料内层组成，固定在8上；第二部件13由金属部件14与金属连接件16以及塑料部件15与塑料连接件16组成，具有中空隔室17，并且7通过15与13接触穿过11而插入8中，达到7相对于8伸缩移动的效果。可见，首先，被诉产品具有原告专利第一部件14、连接件16、中空隔室17以及与三者相关的连接关系的必要技术特征。至于被告抗辩，原告专利说明书及附图只有一个连接件以及原告所指两个连接件与专利定义不符的问题，一审法院认为，专利权的保护范围应以权利要求记载的技术特征为准，原告权利要求并未限定连接件的数量；同时，如上所述，两个连接件16均连接了14和15并将两者隔开一定的距离，被告所述与事实不符。故被告上述抗辩依据不足。被诉产品滑动连接结构的技术特征与原告专利滑动套筒的技术特征相同，被诉产品落入原告专利权利要求1的保护范围。其次，被诉产品也具有原告专利权利要求2“第二部件13的所有部件都位于第二子元件8的第一端8.1的前面”这一必要技术特征。对于被告认为12应只能由一种材质一体成型而不能由两种材质构成，以及12仅为与8接触的塑料部分而不包括外层金属的观点，一审法院上述分析已予驳回。故被告关于外圈金属层整体为14，与8接触的塑料为12，因此14包覆于12而位于8的外周，因此被诉产品缺少13所有部件位于8.1的前面这一特征的抗辩已失去依据。根据上述分析，被诉产品滑动套筒的结构，其由金属外层和塑料内层组合而成的12，通过四个钉孔与8铆接在8.1处，包括14、15和两个16的13部件整体，均通过14连接位于8的8.1前面，故应当认定被诉产品具有该必要技术特征。被诉产品滑动连接结构与8的连接及位置关系，与原告专利技术特征相同，被诉产品落入原告专利权利要求 2 的保护范围。

事实上，如上所述，被诉产品中将原告专利实施例一体成型、三面隔室的滑动套筒 11，改成塑料滑动表面和金属外壳相结合、四面隔室的被诉滑动套筒，达到了权利要求记载的“7 接触 15 通过 11 插入 8 中”和“可被 20 通过 18 调节张紧状态”相同的功能性特征，属于以与专利说明书中实施方式等同的实施方式达到权利要求记载的功能性特征相同的功能和效果的侵权行为。

如上所述，被告主要就被诉产品滑动套筒提出针对权利要求 1 的抗辩，就滑动套筒的连接关系提出针对权利要求 2 的抗辩，对于原告主张的其他权利要求 3～5、7～8、14～19，被告抗辩全部基于权利要求 1 技术特征的差异，即未就其他部件是否构成相同或等同提出抗辩。经审查，被诉产品也具有原告主张保护的上述其他权利要求记载的全部必要技术特征。综上，被诉产品落入原告主张的专利权保护范围。

被告未经原告许可，生产、销售、许诺销售被诉产品，侵害原告专利权，应承担停止侵权、赔偿损失的民事责任。故原告要求被告停止生产、销售、许诺销售侵权产品的侵权行为，并销毁库存侵权产品的诉请，一审法院予以支持。被告生产被诉产品，按照商业常理，被告也应有制造侵权产品的专用设备、模具，故原告要求被告销毁侵权产品的诉请，一审法院予以支持。根据原告证据，被告对外以宣传册等方式宣传被诉产品，故原告要求被告回收并销毁涉及侵权产品的宣传册，停止对侵权产品的任何商业宣传行为的诉请，一审法院亦予以支持。

综上所述，一审法院判决如下：（1）被告博朗公司于判决发生法律效力之日起停止生产、销售、许诺销售侵害原告福迈克斯公司专利号为 ZL200980000392.9、名称为“装置、通风臂、通风系统”的发明专利权的产品，销毁库存侵权产品和生产专用设备、模具，回收并销毁涉及侵权产品的宣传册，停止对侵权产品的任何商业宣传行为；（2）被告博朗公司于判决发生法律效力之日起十日内赔偿原告福迈克斯公司人民币 55 万元（含维权合理开支）。

二审判决

二审法院认为，该案为侵害发明专利权纠纷。根据当事人的上诉请求和答辩意见，该案的争议焦点为：（1）被诉侵权产品技术方案是否落入涉案专利权保护范围；（2）博朗公司现有技术抗辩是否成立；（3）一审判赔金额是否适当。

一、关于被诉侵权产品技术方案是否落入涉案专利权保护范围的问题

双方当事人在该案二审所争议的焦点在于：第一，权利要求1的“从而第一和第二子元件7、8能够以伸缩的方式相对于彼此移动”，技术特征是否为功能性限定，是否应当将说明书披露的具体实施方式作为该特征的具体内容；第二，对应于涉案专利权利要求1限定的“滑动套筒11的第二部件13包括使第二部件13与第一部件12相结合的第一部件14以及与第一子元件7接触的第二部件15，并且其中滑动套筒11的第二部件13的第一部件14和滑动套筒11的第二部件13的第二部件15通过连接件16相互连接，连接件16还确保滑动套筒11的第二部件13的第一部件14和滑动套筒11的第二部件13的第二部件15相互隔开一定距离，从而在滑动套筒11的第二部件13的第一部件14和滑动套筒11的第二部件13的第二部件15之间形成所述隔室17”技术特征，被诉侵权产品是否具备与之相同或者等同的技术特征。

关于第一个问题。《最高人民法院关于审理侵犯专利权纠纷案件应用法律若干问题的解释（二）》第八条第一款规定：“功能性特征，是指对于结构、组分、步骤、条件或其之间的关系等，通过其在发明创造中所起的功能或者效果进行限定的技术特征，但本领域普通技术人员仅通过阅读权利要求即可直接、明确地确定实现上述功能或者效果的具体实施方式的除外。”二审法院认为，涉案专利权利要求1前序部分限定了第一子元件7和第二子元件8“以伸缩方式相对彼此移动”的功能和效果，而权利要求1特征部分的技术特征则是限定了实现前述功能和效果的结构。将特征部分限定的结构和前序部分限定的功能结合起来理解，能够清晰确定特征部分限定的结构的具体内容。在此种情形下，前序部分限定的功能并不属于前述司法解释规定的功能性技术特征。对于博朗公司的该项主张，二审法院予以采纳。

关于第二个问题。从权利要求1限定的内容可知，滑动套筒的部件12连

接第二子元件8，部件14的作用在于连接部件12和部件16，部件16的作用在于连接部件15，部件15的作用在于接触第一子元件7。部件14、15、16形成力的传递，而且，形成隔室17。隔室17用于放置力的装置18。被诉侵权产品的塑料内套为一体结构，一端连接大管（即第二子元件8），另一端接触小管（即第一子元件7），形成力的传递。被诉侵权产品的金属外套虽然不在力的传递链条上，但是其与塑料内套的中部配合形成隔室，该隔室也是用于放置力的装置。权利要求1前述部件和结构的作用在于形成力的传递和形成隔室，被诉侵权产品相应部件和结构在功能和效果上均与其基本相同。而将涉案专利滑动套筒的结构替换为被诉侵权产品塑料内套和金属外套的结构，属于本领域普通技术人员无需创造性劳动就能联想得到的。因此，两者构成等同技术特征。博朗公司上诉认为被诉侵权产品缺少了权利要求1的部件14和16，不应当认定等同技术特征。对此，二审法院认为，权利要求1的部件14和16的作用在于连接前后的部件形成力的传递，以及形成隔室。被诉侵权产品在相同结构和相同位置上，并不存在权利要求1字面含义上的相同的部件14和16，因此不能认定为具有相同技术特征。尽管如此，因为被诉侵权一体化的塑料内套实现力的传递，且其配合金属外套形成隔室，两者的功能和效果上基本无差别，两者结构上的变化亦是本领域普通技术人员能够轻易替换的，而结构上的变化并未使其缺少某一技术特征，因此，两者应当被认定为等同技术特征。博朗公司还上诉认为，福迈克斯公司在无效宣告程序中的陈述限缩了相应技术特征的保护范围。对此，二审法院认为，福迈克斯公司陈述的权利要求1部件14、15、16连接形成力的传递，该陈述并未将等同情形排除在保护范围之外；福迈克斯公司对于相关日本专利中固定环等部件的意见，系其在陈述本领域常规理解的意见，而该意见并未被审查机关采纳，并不构成限定条件进而在该案中对被诉侵权产品金属外套的理解产生约束。博朗公司还上诉认为，因为第42454号无效宣告请求审查决定书认定了权利要求1滑动套筒的结构与现有技术存在实质性区别，进而确认了涉案专利的创造性，所以，在该案侵权诉讼中就不能再将与现有技术相同结构的被诉侵权产品纳入其保护范围。对此，二审法院认为，第42454号无效宣告请求审查决定书评价的是权利要求1滑动套筒和相关日本专利现有技术在锁定方式上的区别，而不是评价滑动套筒的U形结构和现有技术梯形结构的区别，不能将两者含义对等。相关日本专利公开的是通过固定环、旋转环和止挡环等部件围绕偏心孔旋转而挤压内壁来实现锁定功能的实施方式，而该案被诉侵权产品的锁定方式是通过力的装置将力传递到塑料内套进而传递到小管上，两者锁定方式不相同亦不等同。仅仅以两者均采用了梯形结构的塑料内套，并不能支持其质疑涉案专利“两头得利”的主张。综上，博朗公司的主张依据不足，二审法院不予采纳。

鉴于双方争议的焦点集中在权利要求1上，而福迈克斯公司请求保护的其他权利要求均引用了权利要求1，双方对于被诉侵权产品具有其他权利要求的附加技术特征并无争议，因此，博朗公司关于被诉侵权产品不落入涉案专利权保护范围的上诉理由不成立，二审法院不予支持。一审法院认定被诉侵权产品构成侵权正确，二审法院予以维持。

二、关于博朗公司现有技术抗辩是否成立的问题

在该案中，博朗公司主张现有技术的证据是专利号为CN200710101519、名称为“吸尘器用伸缩管”的专利。该专利权利要求描述：“所述的环形锁定圈与锁定元件配合使得所述的内管相对于外管具有锁定和自由两者状态。在锁定状态下……在自由状态下……所述内管可滑动并可转动地插在所述外管内。”由该限定可知，该内管和外管的关系为锁定和自由两者状态，而在自由状态下，内管可滑动和转动。该技术方案并未披露如何实现内管和外管精确移动的功能、效果和手段。而被诉侵权产品通过塑料内套、力的装置等部件实现内管和外管的精确移动，与涉案专利的技术特征以及所要解决的技术问题和有益效果对应。因此，被诉侵权产品与主张现有技术抗辩的比对技术不相同也不等同。博朗公司该项主张依据不足，二审法院不予支持。

三、关于一审判赔金额是否适当的问题

因专利权人并未举证证明其因博朗公司的侵权行为所遭受的损失或博朗

公司的侵权获利所得。根据《专利法》第六十五条第二款的规定，“权利人的损失、侵权人获得的利益和专利许可使用费均难以确定的，人民法院可以根据专利权的类型、侵权行为的性质和情节等因素，确定给予一万元以上一百万元以下的赔偿”，一审法院综合考虑涉案专利类型、博朗公司经营规模、被诉侵权行为的性质和情节等因素，酌情判定赔偿数额（含合理维权费用）55 万元，并无不当。博朗公司主张其营业额、规模及获利均较小，该主张并无足够证据支持，而且，一审法院在酌定赔偿金额时，已经对该等因素予以考虑。二审法院对博朗公司该上诉主张不予支持。博朗公司还主张一审酌定的合理维权费用不合理。对此，二审法院认为，福迈克斯公司提供了律师费、公证费等的发票，金额共为 36154. 52 元，并无明显失当。一审法院对合理维权费用予以支持，并无不当。博朗公司该项上诉主张依据不足，二审法院不予支持。

综上，二审法院判决：驳回上诉，维持原判。

案例解析

该案专利权纠纷主要争议点有两个：一是被诉产品是否落入原告发明专利的保护范围；二是福迈克斯公司是否违背了禁止反悔原则。对于上述焦点问题，法院已经在该案判决理由中作了较为详尽而充分的论述，现结合该案，对其中反映的理论和实践问题再作简要的分析。

一、关于被诉产品是否落入原告发明专利的保护范围

《最高人民法院关于审理侵犯专利权纠纷案件应用法律若干问题的解释》第七条规定，人民法院判定被诉侵权技术方案是否落入专利权的保护范围，应当审查权利人主张的权利要求所记载的全部技术特征。被诉侵权技术方案包含与权利要求记载的全部技术特征相同或者等同的技术特征的，人民法院应当认定其落入专利权的保护范围；被诉侵权技术方案的技术特征与权利要求记载的全部技术特征相比，缺少权利要求记载的一个以上的技术特征，或

者有一个以上技术特征不相同也不等同的，人民法院应当认定其没有落入专利权的保护范围。可见，就《专利法》应根据全面覆盖原则判定侵权。

该案中，原告认为，被诉产品与权利要求1的技术特征构成相同或者等同，落入权利要求1的保护范围；同时，被诉产品也落入原告专利权利要求2~5、权利要求7~8，以及权利要求14~19的保护范围。被告主要就被诉产品的滑动连接结构部位提出针对权利要求1的抗辩，就滑动连接结构的外部连接关系提出针对权利要求2的抗辩；对于原告主张的其他权利要求，被告的抗辩全部基于权利要求1技术特征的差异；被告未就其他部件是否构成相同或等同提出抗辩。故该案审查认定的技术问题主要为记载滑动套筒11结构和功能的技术特征，以及记载滑动套筒11外部连接关系的技术特征的权利要求1、2、3、4、5、7。

综合原告、被告诉辩意见，一审法院归纳该案技术问题和侵权认定的争议焦点为三个。第一，原告专利滑动套筒11是否由塑料材料制成，滑动套筒11及各部件是否应由塑料一体成型。第二，被诉产品的滑动连接结构与子元件7接触的塑料部分，结合调节力的装置、张紧装置，是否也能实现原告专利滑动套筒11的功能，并仅以此部分与原告专利进行对比。第三，被诉产品的滑动连接结构是否落入原告所主张的专利权保护范围。其中，争议焦点一、二的判定涉及对该案专利权保护范围的解释，尤其是权利要求与说明书及附图的关系问题是该案认定的前提和基础问题，决定了争议焦点三对技术特征是否相同或者等同的进一步认定；争议焦点三又包含了上述的被告关于被诉产品缺少原告专利技术特征的两项抗辩。

关于争议焦点一，原告专利所述滑动套筒是否全部由塑料材质制成、一体成型的问题。根据上文所述法律规定，发明专利权的保护范围以权利要求的记载为准。该案中，原告专利权利要求并无关于滑动套筒制作材质和制作工艺的技术特征，即制作材质如塑料和制作工艺如整体或者其中某个部件应当一体成型等，并非原告专利的必要技术特征。因此，被告关于原告专利滑动套筒11应全部由塑料制成、其整体或某个部件应当一体成型的抗辩，在权利要求中得不到支持。上述法律还规定，说明书及附图可以被用于解释权利要求的内容。根据上文关于专利权保护范围及其解释的论述，权利要求中未记载而仅在说明书或者附图中描述的技术方案，不构成专利权的保护范围，说明书的描述不能构成或实际上构成新的技术方案。该案中，由于原告专利权利要求中并无关于滑动套筒制造材质的技术特征，也没有关于制造材质方面的用语需要进一步界定、解释其含义，故说明书中的解释不应当对滑动套筒增加新的关于所用材质限定为塑料的技术特征，该种限定也无不属于对权利要求用语的界定。因此，被告关于滑动套筒 11 应由塑料制成的抗辩，在权利要求结合说明书进行解释后，仍得不到支持。

关于争议焦点二，被诉产品的滑动连接结构与子元件 7 接触的塑料部分，结合调节力的装置、张紧装置，是否也能实现原告专利滑动套筒 11 的功能，并能否仅以此部分与原告专利进行对比的问题。被诉产品所述滑动连接结构上述金属外壳外的剩余部分，其塑料部件连接两个子元件，具有连接功能；且能实现子元件 7、8 的相对滑动，即滑动功能，但并不能以此认为具有了原告专利滑动套筒 11 的功能。根据原告专利权利要求记载的滑动套筒的技术特征可见，滑动套筒在连接和滑动之外还具有其他功能，如滑动套筒的中空隔室对张紧装置和调节力的装置的隐藏和保护功能，部件 14 具有的增强连接强度的功能等。被告将滑动、连接功能认为是原告专利滑动套筒 11 的全部功能，即是将原告专利滑动套筒 11 的部分功能抽出来认为是其整体功能；被告相应地抽出被诉产品具有上述滑动套筒 11 部分功能的局部结构，与原告具有滑动套筒 11 整体功能的权利要求进行对比，没有事实和法律依据。换言之，如果被诉产品所述滑动连接结构实际上没有使用金属外壳而只有塑料和调节力的装置、张紧装置部分，则可因被诉产品缺少原告专利权利要求记载的必要技术特征而认定其不落入原告专利保护范围。但该案中被诉产品已经实际使用了金属外壳，不能主观上剥离金属外壳后将剩余部分作为“滑动套筒”与原告专利进行对比，而应审查其整体结构是否具有了原告专利权利要求记载的全部必要技术特征这一客观事实。综上，应当将被诉产品由金属及塑料组成的连接滑动结构整体与原告专利的滑动套筒 11 进行技术对比。

关于争议焦点三，被诉产品的滑动连接结构是否落入原告所主张的专利权保护范围。前述说明书［0027］段“其他材料”是指塑料，与原告专利滑动套筒可以包含塑料以外的其他材料，是否自相矛盾。正确理解该问题，应回到权利要求所记载的技术特征，尤其要分析表示功能和效果的技术特征的内容。《最高人民法院关于审理侵犯专利权纠纷案件应用法律若干问题的解释》第四条规定，对于权利要求中以功能或者效果表述的技术特征，人民法院应当结合说明书和附图描述的该功能或者效果的具体实施方式及其等同的实施方式，确定该技术特征的内容。《最高人民法院关于审理侵犯专利权纠纷案件应用法律若干问题的解释（二）》第八条第一款规定，功能性特征，是指对于结构、组分、步骤、条件或其之间的关系等，通过其在发明创造中所起的功能或者效果进行限定的技术特征，但本领域普通技术人员仅通过阅读权利要求即可直接、明确地确定实现上述功能或者效果的具体实施方式的除外。该案中原告专利说明书中的具体实施方式与被诉产品涉嫌可能的实施方式间的差异，表明了并不能仅通过阅读权利要求即可“直接、明确”地确定具体实施方式，尤其是不能“明确”地确定具体实施方式。因此上述两个技术特征不属于法律规定的排除情况，符合功能性特征的法律构成要求。

上述两个功能性特征，可以结合原告说明书和附图描述的该功能或者效果的具体实施方式来确定其必要技术特征的具体内容，《最高人民法院关于审理侵犯专利权纠纷案件应用法律若干问题的解释（二）》第八条第二款规定，与说明书及附图记载的实现前款所称功能或者效果不可缺少的技术特征相比，被诉侵权技术方案的相应技术特征是以基本相同的手段，实现相同的功能，达到相同的效果，且本领域普通技术人员在被诉侵权行为发生时无需经过创造性劳动就能够联想到的，人民法院应当认定该相应技术特征与功能性特征相同或者等同。可见，如果被诉技术方案在11与7的接触表面，以及受调节力的装置调节的部位，也是由聚烯烃等其他具有良好滑动特性、柔韧和润滑特性以及保持特性的塑料材料制成，即属于“与说明书及附图记载的实现前款所称功能或者效果不可缺少的技术特征相比，被诉侵权技术方案的相应技术特征是以基本相同的手段，实现相同的功能，达到相同的效果”的情况。

可见，被诉产品上述改造，是以与原告说明书中的实施例基本相同的手段实现相同的功能。同时，上述改造属于本领域普通技术人员在被诉侵权行为发生时无需经过创造性劳动就能够联想到的，并未体现创造性。综上，对于该案，应当认定被诉产品在材质和具体构造上的上述更改属于与原告专利说明书及附图描述的具体实施方式等同的实施方式，即被诉产品达到了与原告专利权利要求记载的功能性特征相同的功能和效果。在此解释下，说明书［0027］段“其他材料”是指塑料，与原告专利滑动套筒可以包含塑料以外的其他材料，两者之间并无矛盾，得以合理解释。

从上述分析可见，被诉产品滑动连接结构与8的连接及位置关系，与原告专利技术特征相同，被诉产品落入原告专利权利要求2的保护范围。事实上，被诉产品中将原告专利实施例一体成型、三面隔室的滑动套筒11，改成塑料滑动表面和金属外壳相结合、四面隔室的被诉滑动套筒，达到了权利要求记载的相同的功能性特征，属于以与专利说明书中实施方式等同的实施方式达到权利要求记载的功能性特征相同的功能和效果的侵权行为。

如上所述，被告主要就被诉产品滑动套筒提出针对权利要求1的抗辩，就滑动套筒的连接关系提出针对权利要求2的抗辩，对于原告主张的其他权利要求3～5、7～8、14～19，被告抗辩全部基于权利要求1技术特征的差异，即未就其他部件是否构成相同或等同提出抗辩。经审查，被诉产品也具有原告主张保护的上述其他权利要求记载的全部必要技术特征。综上，被诉产品落入原告主张的专利权保护范围。

二、关于违背禁止反悔原则的认定

《最高人民法院关于审理侵犯专利权纠纷案件应用法律若干问题的解释》第六条就禁止反悔原则规定：“专利申请人、专利权人在专利授权或者无效宣告程序中，通过对权利要求、说明书的修改或者意见陈述而放弃的技术方案，权利人在侵犯专利权纠纷案件中又将其纳入专利权保护范围的，人民法院不予支持。”

禁止反悔原则是为了避免专利权人将其在专利授权或确权阶段为了获得专利授权或专利权维持的利益而放弃的技术方案在专利侵权诉讼中又纳入保

护范围，从而避免出现在专利授权、确权程序和专利侵权诉讼程序中专利权人两头得利的情况。禁止反悔原则不应被曲解为：专利权人的任何表述都被纳入对自己的限缩。否则，侵权人将容易在专利授权确权程序中断章取义，例如捕捉专利权人的个别“口误”，然后引申为对正当的专利保护范围的限缩，以达到自己规避侵权责任的目的——这显然对专利权人不公平。“禁止反悔”应基于专利权人的真正的、明确的“放弃”的意思表示，同时回归“禁止反悔原则防止两头得利”的初衷。

事实上，最高人民法院在多个案例中明确，禁止反悔原则在司法实践运用中，需要严格考察专利权人对于权利要求书的修改或意见陈述是否真正作出了放弃某些技术方案的意思表示，而该种意思表示是否真正作出，需要综合考察专利授权以及确权的整个过程，判断专利权人的修改或陈述是否是为了获得专利授权或专利权维持，以及审查机关是否实体上是基于该种修改或陈述而使得涉案专利获得授权或获得维持。

关于福迈克斯公司是否违背了禁止反悔原则，上诉人认为根据禁止反悔原则，权利人在无效宣告请求程序中陈述“14、15、16 能够实现力的传递”对“并且其中滑动套筒 11 的第二部件 13 的第二部件 14 和滑动套筒 11 的第二部件 13 的第二部件 15 通过连接件 16 相互连接”特征具有进一步的限制，上诉人上述观点是对禁止反悔原则及被上诉人无效陈述的曲解。

该案中，从专利权人的意见陈述书以及专利无效宣告口头审理中的多次表述可以看出，专利权人根本没有作出放弃某些“连接”形式的意思表示，因为这种“放弃”需要真正地、明确地作出。而审查机关也完全不同意该“连接”必须限缩为“该结构能够实现力的传递”才能使专利权得到维持。换句话说，基于公平原则，专利权人并未因为“限缩”而在“授权”中得利，自然也不必在“侵权程序”中进行该“限缩”。

基于对上述焦点问题的分析，笔者认为一审法院判决认定事实清楚，适用法律正确，应当判决博朗公司停止侵害发明专利权行为，并合理赔偿原告福迈克斯公司因为被侵权而遭受的经济损失；二审法院认为上诉人博朗公司上诉请求不成立，应予驳回，维持一审法院判决合法正确。

4　专利侵权赔偿数额确定上的意思自治

——卡西欧计算机株式会社与广州市时刻美表业有限公司外观设计专利侵权系列案

裁判要旨

权利人与侵权人就侵权损害赔偿数额作出的事先约定，是双方就未来发生侵权时权利人因被侵权所受到的损失或者侵权人因侵权获得的利益所预先达成的一种计算方法。在无法律规定无效等情形下，人民法院可直接以权利人与侵权人的事先约定作为确定损害赔偿数额的依据。

入选理由

该系列案是典型的外观设计专利纠纷和合同纠纷结合的案件。《最高人民法院关于审理侵犯专利权纠纷案件应用法律若干问题的解释（二）》第二十八条规定，权利人、侵权人依法约定专利侵权的赔偿数额或者赔偿计算方法，并在专利侵权诉讼中主张依据该约定确定赔偿数额的，人民法院应予支持。该案中，当事人双方达成的赔偿协议，是双方对于已经发生的外观设计专利侵权以及未来将要产生的侵权赔偿达成一种简便的确定方法，是意思自治的体现，并不违反法律、行政法规的强制性规定。二审法院依据当事人双方达成的民事赔偿协议，对赔偿数额进行了改判，尊重了当事人双方的意思自治，体现了民法当中的自愿原则，有助于更好地实现法律的社会效益。

案例索引

一审案号：广州知识产权法院（2018）粤73民初2111号

二审案号：广东省高级人民法院（2020）粤民终848号

基本案情

上诉人（一审原告）：卡西欧计算机株式会社（以下简称“卡西欧会社”）

上诉人（一审被告）：广州市时刻美表业有限公司（以下简称“时刻美公司”）

一审诉请

卡西欧会社向一审法院起诉请求：（1）立即停止制造、销售、许诺销售侵害卡西欧会社第ZL201430020232.4号外观设计专利权的产品，销毁所有库存侵权产品和模具；（2）按照赔偿协议的约定向卡西欧会社支付赔偿金50万元；（3）承担该案的全部诉讼费用。

一审判决

一审法院认为，卡西欧会社是第ZL201430020232.4号“手表”的外观设计专利权人。该专利合法有效，应受法律保护。他人未经许可，不得为生产经营目的实施该专利。

关于被诉侵权设计是否落入涉案专利权保护范围的问题。该案被诉产品为手表，与涉案专利产品同类。经一审法院比对，两者在大体形状轮廓、表盘分区、布局上均一致，主要区别在于：（1）涉案专利表盘左上部的圆形是完整的且无刻度和指示符号，被诉产品该处圆形被水平线断开分为上下两部分，有刻度和指示符号；（2）表盘外侧有无英文字母；（3）右侧中间的旋钮圆周凸起数量不同。上述区别点均属于局部细微差别，以一般消费者的知识水平和认知能力，难以对整体视觉效果造成显著影响，根据整体观察、综合判断的原则，两者在整体视觉效果上无实质性差异。故一审法院认定两者外观近似，被诉侵权设计落入涉案专利权的保护范围。

关于被诉侵权行为是否成立的问题。根据（2017）粤广海珠第38088号、第38092号、第38122号、第38123号、第38124号、第38141号、第38142号、第38143号公证书载明的内容以及时刻美公司的自认，一审法院认定被诉产品系时刻美公司所制造、销售、许诺销售。时刻美公司辩称被诉产品系其在双方签订涉案赔偿协议之前制造的库存产品，证据不足，一审法院不予采信。

关于该案侵权责任如何承担的问题。时刻美公司未经卡西欧会社许可，制造、销售、许诺销售落入涉案专利权保护范围的被诉产品，侵害了涉案专利权，依法应承担停止相应侵权行为及赔偿损失的民事责任。卡西欧会社诉请时刻美公司停止制造、销售、许诺销售被诉产品，并销毁库存侵权产品和专用模具的诉请，一审法院予以支持。关于赔偿损失的数额问题。卡西欧会社要求时刻美公司按涉案赔偿协议的约定赔偿损失50万元。经查，时刻美公司在该协议中作出承诺，若再次故意侵犯卡西欧会社上述知识产权（包括涉案专利权等5项外观设计专利权），经卡西欧会社主动提醒后仍然继续侵犯卡西欧会社其他知识产权的，愿意每项知识产权至少赔偿卡西欧会社50万元。该协议为双方真实意思表示，不违反法律强制性规定，应属合法有效。但卡西欧会社据此要求赔偿，应当证明上述承诺生效的条件已经成就。该案中，时刻美公司在上述赔偿协议签订之后再次侵害涉案专利权，可以认定为重复侵权、恶意侵权，但卡西欧会社未能提供证据证明时刻美公司在经卡西欧会社主动提醒后仍然继续实施侵权行为，故一审法院难以按照上述协议的约定支持卡西欧会社50万元的赔偿请求。据此，该案适用法定赔偿标准，但上述情节应当在一审法院酌定赔偿数额时被予以充分考虑。综合考虑涉案专利类型与价值，时刻美公司制造被诉产品并在阿里巴巴网店销售、许诺销售，存在重复侵权、恶意侵权的情节，以及卡西欧会社为制止侵权行为所支付的购买侵权产品、公证、聘请律师等的必要合理开支，一审法院酌定时刻美公司赔偿卡西欧会社20万元。

综上所述，一审法院依照《中华人民共和国侵权责任法》（以下简称《侵权责任法》）❶ 第十五条第一款（一）项、（六）项和第二款，《专利法》（2008年修正）第十一条第二款、第五十九条第二款、第六十五条，《最高人民法院关于审理侵犯专利权纠纷案件应用法律若干问题的解释》第八条、第九条、第十条、第十一条，《最高人民法院关于审理专利纠纷案件适用法律问题的若干规定》第二十一条，《最高人民法院关于适用〈中华人民共和国民事诉讼法〉的解释》第九十条的规定，判决：（1）时刻美公司自判决发生法律效力之日起停止制造、销售、许诺销售侵害卡西欧会社专利号为ZL201430020232.4、名称为“手表”外观设计专利权的产品，并销毁库存侵权产品及专用模具；（2）时刻美公司自判决发生法律效力之日起十日内赔偿卡西欧会社经济损失及合理开支共计20万元；（3）驳回卡西欧会社的其他诉讼请求。如果未按判决指定的期间履行给付金钱义务，应当依照《民事诉讼法》❷ 第二百五十三条规定，加倍支付迟延履行期间的债务利息。一审案件受理费8800元，由卡西欧会社负担5280元，时刻美公司负担3520元。

二审判决

广东省高级人民法院认为，该案系侵害外观设计专利权纠纷，根据上诉人上诉请求与理由，争议焦点为：（1）被诉侵权设计是否落入涉案专利权保护范围；（2）一审判赔数额是否合理。

一、关于被诉侵权设计是否落入涉案专利权保护范围的问题

该案中，涉案专利产品和被诉侵权产品均为手表，二者属于同类产品，可以进行外观设计是否相同或近似的比对。将被诉侵权产品与涉案专利进行

❶ 该法于2021年1月1日废止。

❷ 该案例中所指《民事诉讼法》为2017年修正的版本。

对比，两者的相同之处有四点。（1）整体结构相似，均由表盘、表壳和表带组成。（2）表壳设计相似，两者表壳整体均呈一定厚度的圆形设计，表壳外围上下左右均有若干凸起，且各凸起点所在的位置、排布方式均相似。（3）表盘设计相近似，两者表盘均为圆形，中间为三根指针，12 个均分的刻度点围绕表盘环形分布，其中在 3 点、6 点、9 点处为矩形刻度，12 点处为倒梯形刻度，其余为圆点状刻度；表盘左上部均有一圆形区域，指针中心点和指示 6 点钟的刻度之间有一矩形框。（4）表带设计相似。两者表带均呈长条形且有两条贯穿表带的直线设计，表带较长一端中部有两排圆形镂空，两者仅在表盘左上部的圆形区域图案设计、表盘外侧有无英文字母、表壳右侧中间的旋钮圆周凸起数量等处具有细微差别。法院认为，对于手表而言，由于其一般佩戴在手腕上的使用特性，一般消费者通常更关注表盘和外围壳体形状的具体设计。表带为手表产品的主要装饰部位之一，亦属于消费者较为关注的部位。被诉侵权设计在上述对产品视觉效果产生显著影响的部分均采用与涉案专利相近似的设计，两者的主要不同点相对于两者的相同点而言仅属局部形状或图案的细微差异。一审法院通过整体观察、综合判断，认定被诉侵权设计与涉案专利构成相近似，被诉侵权产品落入了涉案专利权的保护范围，并无不当，一审法院予以维持。

二、关于一审判赔数额是否合理的问题

卡西欧会社主张该案应适用卡西欧会社与时刻美公司达成的赔偿协议确定赔偿数额。时刻美公司则主张，一审判决偏离了卡西欧会社在一审中的诉讼请求，卡西欧会社的诉讼请求是适用双方之前签订的赔偿协议，在该赔偿协议条件未成就的情况下，一审法院适用法定赔偿判决时刻美公司承担赔偿责任无事实和法律依据。故确定一审判赔数额是否合理，关键在于判断该案是否应适用赔偿协议的约定确定赔偿数额。《最高人民法院关于审理侵犯专利权纠纷案件应用法律若干问题的解释（二）》第二十八条规定，权利人、侵权人依法约定专利侵权的赔偿数额或者赔偿计算方法，并在专利侵权诉讼中主张依据该约定确定赔偿数额的，人民法院应予支持。该案中，卡西欧会社与

时刻美公司达成的赔偿协议，是双方对于已经发生的侵权赔偿以及未来将要产生的侵权赔偿达成一种简便的确定方法，是意思自治的体现，并不违反法律、行政法规的强制性规定，故在赔偿协议约定的适用条件成就时，应依据该赔偿协议确定赔偿数额。涉案赔偿协议第一条约定，甲方（卡西欧会社）于 2016 年 6 月 30 日就乙方（时刻美公司）生产的 0939、1063、1053、1020、1017 五款手表涉嫌侵犯其手表的外观设计专利……向广州市知识产权局提交了专利侵权纠纷请求……乙方意识到自己的行为侵犯了甲方的知识产权；第三条“再次侵权的赔偿义务”约定，时刻美公司再次慎重承诺不再有侵犯卡西欧会社知识产权的任何行为，并承诺如果再次故意侵犯卡西欧会社上述知识产权（含附件款式），（此处“或”字被划掉）经卡西欧会社主动提醒后仍然继续侵犯卡西欧会社其他知识产权的，愿意就每项知识产权至少赔偿卡西欧会社 50 万元。该协议附件包括时刻美公司的 1109、1117、1081、1052、1026、1040、AD0910、AD0909、0907、1010、1051、DG1012、1007、1155 手表款式。故从前述条款可见，时刻美公司赔偿卡西欧会社 50 万元的约定适用于再次侵权情形。无论条款中的“或”字是否被划掉，结合上下文仍可清晰解读出该约定包括以下两种情况，分别为：（1）时刻美公司再次故意侵犯卡西欧会社合同及附件约定的知识产权，即时刻美公司存在生产、销售、许诺销售 0939、1063、1053、1020、1017、1109、1117、1081、1052、1026、1040、AD0910、AD0909、0907、1010、1051、DG1012、1007、1155 等 19 款手表的情形；（2）除了第一项约定的款式外，经卡西欧会社主动提醒后，时刻美公司仍然继续实施侵犯卡西欧会社知识产权的行为。该案被诉侵权产品型号为 1063 号，属于赔偿协议约定的第一项情形，并不以卡西欧会社主动提醒作为适用该赔偿协议的前提条件，故卡西欧会社主张该案应适用赔偿协议，由时刻美公司赔偿卡西欧会社 50 万元的上诉请求成立，二审法院予以支持。一审法院认定该案应适用法定赔偿有所不当，二审法院予以纠正。

综上所述，二审法院判决：（1）维持广州知识产权法院（2018）粤 73 民初 2111 号民事判决第一项；（2）撤销广州知识产权法院（2018）粤 73 民初 2111 号民事判决第三项；（3）变更广州知识产权法院（2018）粤 73 民初

2111号民事判决第二项为：时刻美公司自该判决发生法律效力之日起十日内向卡西欧会社支付赔偿金50万元。

案例解析

该案是一起侵害外观设计专利权纠纷，争议焦点为：一是被诉侵权设计是否落入涉案专利权保护范围；二是赔偿数额的确定。现结合该案，对专利侵权赔偿数额确定上的意思自治再作简要的分析。

知识产权是私权。这一论断不仅得到了《中华人民共和国民法典》（以下简称《民法典》），也得到了《与贸易有关的知识产权协定》（TRIPS）的支持。尽管知识产权没有单独成编，但《民法典》第一百二十三条第一款规定，民事主体依法享有知识产权；第一千一百八十五条规定，故意侵害他人知识产权，情节严重的，被侵权人有权请求相应的惩罚性赔偿。TRIPS前言中，把“承认知识产权为私权”作为最重要的全球共识之一。[1] 既然知识产权是私权，那么自然要奉行作为民法精神根基的意思自治原则。《民法典》第五条规定，民事主体从事民事活动，应当遵循自愿原则，按照自己的意思设立、变更、终止民事法律关系。意思自治，实质上就是民事关系的参与者透过民事法律行为设立民事法律关系，然后运用作为调整工具的民事法律关系，自主调整自身所参与的民事关系。换言之，允许意思自治，就意味着允许民事主体自己给自己设定权利义务。之所以允许意思自治，是因为从社会整体福利的角度来看，意思自治更能够实现民事关系的有效调整，进而有利于市场交易的达成。而之所以意思自治更能够实现民事关系的有效调整，是因为民事主体是自身利益的最佳判断者。民事主体具有信息优势，其所设定的权利与义务因此可与民事关系相契合。正是由于意思自治能给社会整体福利带来好处，在民法中，法无明文禁止即自由。主张限制民事主体自由者，应负有论证义务，阐明正当理由。当然，意思自治是受到限制的。当意思自治制造

---

[1] 《知识产权法学》编写组．知识产权法学［M］．北京：高等教育出版社，2019：9.

外部性，从而不利于整体社会福利时，就需要对其加以限制。

《最高人民法院关于审理侵犯专利权纠纷案件应用法律若干问题的解释（二）》第二十八条规定，权利人、侵权人依法约定专利侵权的赔偿数额或者赔偿计算方法，并在专利侵权诉讼中主张依据该约定确定赔偿数额的，人民法院应予支持。司法解释表明，在侵犯专利权的赔偿数额的确定上，意思自治是被允许的。[1]之所以允许权利人与侵权人约定侵权的赔偿数额或者赔偿计算方法，是因为确定侵害知识产权的赔偿数额难度非常大，或者说确定赔偿数额的信息费用异常高昂。

《专利法》（2020年修正）第七十一条规定，侵犯专利权的赔偿数额按照权利人因被侵权所受到的实际损失或者侵权人因侵权所获得的利益确定；权利人的损失或者侵权人获得的利益难以确定的，参照该专利许可费的倍数合理确定。对故意侵犯专利权，情节严重的，可以在按照上述方法确定数额的一倍以上五倍以下确定赔偿数额。权利人的损失、侵权人获得的利益和专利许可使用费均难以确定的，人民法院可以根据专利权的类型、侵权行为的性质和情节等因素，确定给予三万元以上五百万元以下的赔偿。赔偿数额还应当包括权利人为制止侵权行为所支付的合理开支。人民法院为确定赔偿数额，在权利人已经尽力举证，而与侵权行为相关的账簿、资料主要由侵权人掌握的情况下，可以责令侵权人提供与侵权行为相关的账簿、资料；侵权人不提供或者提供虚假的账簿、资料的，人民法院可以参考权利人的主张和提供的证据判定赔偿数额。《最高人民法院关于审理专利纠纷案件适用法律问题的若干规定》第十四条规定，《专利法》第六十五条规定的权利人因被侵权所受到的实际损失可以根据专利权人的专利产品因侵权所造成销售量减少的总数乘以每件专利产品的合理利润所得之积计算。权利人销售量减少的总数难以确定的，侵权产品在市场上销售的总数乘以每件专利产品的合理利润所得之积可以视为权利人因被侵权所受到的实际损失。《专利法》第六十五条规定的侵

[1] 依《最高人民法院关于审理商标民事纠纷案件适用法律若干问题的解释》第十六条第三款的规定，侵害商标权赔偿数额的确定也允许意思自治。

权人因侵权所获得的利益可以根据该侵权产品在市场上销售的总数乘以每件侵权产品的合理利润所得之积计算。侵权人因侵权所获得的利益一般按照侵权人的营业利润计算，对于完全以侵权为业的侵权人，可以按照销售利润计算。《最高人民法院关于审理专利纠纷案件适用法律问题的若干规定》第十五条规定，权利人的损失或者侵权人获得的利益难以确定，有专利许可使用费可以参照的，人民法院可以根据专利权的类型，侵权行为的性质和情节，专利许可的性质、范围、时间等因素，参照该专利许可使用费的倍数合理确定赔偿数额；没有专利许可使用费可以参照或者专利许可使用费明显不合理的，人民法院可以根据专利权的类型、侵权行为的性质和情节等因素，依照《专利法》第六十五条第二款的规定确定赔偿数额。《最高人民法院关于审理专利纠纷案件适用法律问题的若干规定》第十六条规定，权利人主张其为制止侵权行为所支付合理开支的，人民法院可以在《专利法》第六十五条确定的赔偿数额之外另行计算。《最高人民法院关于审理侵犯专利权纠纷案件应用法律若干问题的解释》第十六条规定，人民法院依据《专利法》第六十五条第一款的规定确定侵权人因侵权所获得的利益，应当限于侵权人因侵犯专利权行为所获得的利益；因其他权利所产生的利益，应当合理扣除。侵犯发明、实用新型专利权的产品系另一产品的零部件的，人民法院应当根据该零部件本身的价值及其在实现成品利润中的作用等因素合理确定赔偿数额。侵犯外观设计专利权的产品为包装物的，人民法院应当按照包装物本身的价值及其在实现被包装产品利润中的作用等因素合理确定赔偿数额。

侵害专利权引发的赔偿，分为一般的赔偿与惩罚性赔偿。对于一般的赔偿，其数额由两部分构成：一部分是因被侵权而丧失的利益，相当于消极损失；另一部分是权利人为制止侵权行为所支付的合理开支，相当于积极损失。在这两部分数额中，最难以确定的是因被侵权而丧失的利益。因被侵权而丧失的利益这部分数额的计算方法有实际损失、侵权获利与许可使用费的倍数。通常而言，一般的赔偿的数额由实际损失（或者侵权获利、许可使用费的倍数）与合理开支加总而来。但在实际损失、侵权获利与许可使用费的倍数都难以确定的情况下，通过法定赔偿或者酌定赔偿来确定因被侵权而丧失的利益这一部分。法定赔偿或者酌定赔偿的数额并不包括合理开支，所以法定赔偿或者酌定赔偿的数额还需额外加上合理开支。惩罚性赔偿只有在满足“故意”与“情节严重”这两个条件的情况下才能适用。惩罚性赔偿的数额 =（基数 × 倍数）+ 权利人为制止侵权行为所支付的合理开支。基数只能是实际损失、侵权获利或者许可使用费的倍数这三种计算方式之一。可以看出，无论是一般的赔偿还是惩罚性赔偿，要想确定赔偿数额，关键都在于实际损失、侵权获利或者许可使用费的倍数的确定。然而，这三种计算方式的数值都很难确定。就实际损失与侵权获利的确定而言，困难的地方在于因果关系的认定。而为了认定因果关系就需要相关的证据。实际损失的确定中，最难的是确定“专利权人的专利产品因侵权所造成销售量减少的总数”——不是专利产品的销售减少量，而是“因侵权所造成”的销售减少量。专利权人专利产品的销售量减少可能有多种原因：有可能是侵权导致的，也有可能是市场需求减少、竞争与替代品的出现等导致的。因此，必须确定有多大比例的销售减少量与侵权存在因果关系，进而将这部分销售减少量作为计算的基础。侵权获利是指侵权所贡献的获利，因此也需明确因果关系。有关因果关系的证据原本就难以获得，而且当事人出于保护商业秘密等原因常不愿提供。在法律经济学看来，损害赔偿本质上是由法院对交易定价。法院属于第三方，并不具有信息优势，由其来定价势必面临巨大困难，尤其涉及的是知识产权交易。因此，在侵害知识产权赔偿数额的确定上允许意思自治，可以充分利用当事人所掌握的信息，节省司法资源，提升整体社会福利。

2

第二部分　涉外商标权纠纷

5　商标侵权与合法来源抗辩的判断规则

——本田技研工业株式会社诉佛山市南海理力机械有限公司等侵害商标权及不正当竞争纠纷案

裁判要旨

商标比对以相关公众的一般注意力为标准，既要进行对商标的整体比对，又要进行对商标主要部分的比对，且比对应当在比对对象隔离的状态下分别进行。通常情况下，相关商标的构成要素整体上构成近似的，可以认定为近似商标；相关商标构成要素整体上不近似，但主张权利的商标的知名度远高于被诉侵权商标的，可以采取比较主要部分决定其近似与否。

《中华人民共和国反不正当竞争法》（以下简称《反不正当竞争法）》规定的仿冒混淆行为对于装潢的保护实质是为了弥补注册商标保护的不足，是对于尚未达到驰名商标程度但具有显著性并能发挥识别功能的未注册商标所进行的有限补充保护，并且此种保护只能在与《商标法》[1] 的立法政策相兼容的范围内进行。该案中，由于一审原告所主张的特有装潢中红色发动机的正面视图内包含了一审原告的第 5958568 号“GX”注册商标、第 156862 号“HONDA”注册商标，且涉案装潢所涉的汽油机商品名称“GX160”同样包含第 5958568 号“GX”注册商标的主要部分，因此一审原告在结合市

[1] 该案例中所指《商标法》为 2013 年修正的版本。

场知名度证明涉案装潢显著性时，另应证明涉案装潢具有应受保护法益的独立性，即用于汽油机的涉案装潢的显著性在不依附汽油机上第5958568号“GX”注册商标、第156862号“HONDA”注册商标以及商品名称“GX160”显著性的情况下，本身已经达到足以识别商品来源的程度，才有可能在已经给予商标权保护的前提下，在与《商标法》立法政策相兼容的范围内对涉案装潢的权益另外给予单独保护。

入选理由

根据涉案注册商标的知名度远高于被诉侵权标识等情况，法院采取比较主要部分决定近似与否的方式进行商标比对，依法认定被诉侵权标识构成侵权，充分保护了注册商标权利人的合法权益。此外，法院在该案中对合法来源抗辩在民事诉讼和行政处罚中的证明标准是否一致以及商标侵权（《商标法》）与不正当竞争侵权（《反不正当竞争法》）的关系进行了论证，具有较强的参照价值。

案例索引

一审案号：广东省广州市越秀区人民法院（2015）穗越法知民初字第81号

二审案号：广州知识产权法院（2019）粤73民终5651号

基本案情

上诉人（一审原告）：本田技研工业株式会社（以下简称“本田株式会社”）

上诉人（一审被告）：佛山市南海理力机械有限公司（以下简称“理力公司”）

上诉人（一审被告）：广州市泽藤机械设备有限公司（以下简称“泽藤公司”）

一审诉请

本田株式会社向一审法院起诉请求判令：（1）理力公司立即停止使用与本田株式会社“GX160”汽油机近似的产品外观装潢的行为；（2）理力公司立即停止在其生产的汽油机产品及其广告中使用“HONDA”“GX160”标记的行为；（3）理力公司立即停止销售上述侵权产品；（4）泽藤公司立即停止销售涉案侵犯本田株式会社带有“理力”标识的“GX”汽油机产品和假冒本田株式会社注册商标“HONDA”的水泵及发电机组产品；（5）理力公司、泽藤公司共同向本田株式会社赔偿经济损失人民币200万元（包括本田株式会社为调查和制止侵权行为所支付的合理费用）；（6）理力公司在《佛山日报》登载道歉声明（除中缝以外的其他位置，不少于1/8版面），以消除影响；（7）该案诉讼费用由理力公司、泽藤公司承担。

一审判决

一审法院认为：本田株式会社是在日本注册成立的企业。“本田”是本田株式会社企业名称中具有显著性的企业字号，在中国亦享有一定的知名度。本田株式会社先后在我国注册了第156862号“HONDA”商标以及第5958568号“GX”商标，上述注册商标尚在有效期限内，根据《商标法》第三条之规定，本田株式会社享有的商标专用权依法受到保护。

根据《民事诉讼法》（2012年修正）第六十九条之规定，经过法定程序公证证明的法律事实和文书，人民法院应当作为认定事实的根据，但有相反证据足以推翻公证证明的除外。该案中，涉及本田株式会社指控理力公司、泽藤公司侵权的公证书有上海市闵行公证处作出的（2013）沪闵证经字第1847号公证书，上海市东方公证处作出的（2013）沪东证经字第13798号公证书以及广东省广州市南方公证处作出的（2014）粤广南方第079336号、第079337号公证书。上述公证书记载的保全证据过程以及所附的交易凭证、照片、网页打印件、产品宣传册原件、被控侵权汽油发动机、水泵实物等证据均可构成相互印证的证据链。在理力公司、泽藤公司没有提出相反证据的情况下，一审法院对本田株式会社所举上述四份公证书的证明效力予以采信，并确认本田株式会社从理力公司公证购买了“LILI 理力 GX160”汽油发动机二台、“理力机械 - 动力产品系列”宣传名册两份；理力公司开办运营的“www. lili - china. com”网站中发布推销“GX160”汽油发动机和使用“GX160”汽油发动机为动力的水泵，同时登载其是代理“HONDA”品牌产品的广告信息。此外，本田株式会社从泽藤公司购买了型号为“WB20XH”的水泵和“LILI 理力 GX160”汽油发动机各两台以及获得了产品宣传册。

至于本田株式会社是否在 2013 年 8 月 14 日向理力公司购买了一台“HONDA GX160”汽油发动机的问题。虽然本田株式会社没有就该购买行为办理公证保全手续，但本田株式会社提供了该台“HONDA GX160”汽油发动机实物和理力公司开具的普通销售单（凭证号：00011667）。该份普通销售单盖有理力公司的印章，且销售单的内容与“HONDA GX160”汽油发动机实物对应的规格型号互相印证，特别是理力公司所出具的普通销售单记载的单据凭证号“00011667”与本田株式会社向理力公司公证购买“LILI 理力 GX160”汽油发动机开具的普通销售单的单据凭证号“00011666”是相连的。在理力公司没有提供反证的情况下，一审法院对本田株式会社从理力公司处购买了涉案被控侵权的“HONDA GX160”汽油发动机亦予以确认。对于本田株式会社指控理力公司、泽藤公司构成侵害商标专用权以及不正当竞争，一审法院根据审理查明的事实，结合本田株式会社的诉讼请求作出以下评析。

关于侵害商标权部分。（1）本田株式会社指控涉案“LILI 理力 GX160”汽油发动机侵犯本田株式会社享有的第 5958568 号“”注册商标专用权的问题。经当庭比对，理力公司生产销售以及泽藤公司销售的“LILI 理力 GX160”汽油发动机在外包装箱及发动机罩处使用了“GX160”标识，在该标识的下方亦标记了“LILI 理力”标识，在汽油发动机的油箱上使用了“日本最新技术”的文字信息。对于本田株式会社的指控，理力公司、泽藤公司认为“GX160”是汽油发动机的通行产品型号，且在包装箱及风扇罩使用了“LILI 理力”商标，不会导致相关消费公众的混淆与误认。对此，一审法院认为，涉案被控侵权汽油发动机属于本田株式会社核定使用的第 5958568 号

“GX”商标所属的“非陆地车辆发动机”系同一种类商品。本田株式会社正品的外包装箱上使用了“GX160”标识，在发动机罩上使用了“GX”标识。“GX”标识在本田汽油发动机上已使用多年，并衍生出本田“GX160”“GXV160”“GX270”“GX340”“GX390”等不同型号的通用汽油机产品。对于一般消费者而言，本田汽油发动机被简要表述为“GX”发动机。理力公司生产销售，泽藤公司销售的“LILI 理力 GX160”汽油发动机虽然使用了“LILI 理力”商标，但在包装箱的显著位置及发动机风扇罩使用了“GX160”标识，且在发动机油箱上标注“日本最新技术”的文字信息。虽然两者分别为红色美术字体“GX”和一般的英文字体“GX”，但在两者读音完全相同的情况下，反而会让消费公众误认为“LILI 理力 GX160”汽油发动机与本田株式会社“HONDA GX160”汽油发动机具有同样的质量和性能或两者存在特定的联系，足以让消费者构成混淆。此外，两者在整体结构和使用方式上是基本一致的，更进一步让消费者在识别汽油机的来源上产生误认。再从接触来源看，理力公司、泽藤公司均与本田株式会社关联企业嘉陵－本田发动机有限公司的经销商森南农机中心、共立机械公司存在汽油机的买卖合同关系。理力公司、泽藤公司明显知道和接触到本田株式会社的汽油发动机使用“GX160”标识和“GX”商标，故理力公司生产销售以及泽藤公司销售的涉案“LILI 理力 GX160”汽油发动机侵犯了本田株式会社享有的第 5958568 号“GX”注册商标的专用权，理力公司、泽藤公司理应立即停止侵权行为并承担赔偿责任。

（2）本田株式会社指控理力公司销售的“HONDA GX160”汽油发动机以及泽藤公司销售的“HONDA WB20XH”水泵侵犯本田株式会社享有的第 156862 号“HONDA”商标及第 5958568 号“GX”商标的专用权问题。经当庭比对，被控侵权的“HONDA GX160”汽油发动机以及“HONDA WB20XH”水泵的外包装箱、发动机罩、油箱侧面、产品说明书上均使用了“HONDA”标识，在汽油发动机包装箱和发动机罩上使用了“GX”标识。

在隔离状态比对下，被控侵权的汽油发动机及水泵使用的“HONDA”和“GX”与本田株式会社的注册商标在视觉上基本无差别，且落在本田株式会社注册商标核定使用商品“水泵”和“非陆地车辆发动机”范围内。理力公司、泽藤公司抗辩认为上述侵权发动机和水泵来源于本田株式会社关联企业嘉陵－本田发动机有限公司的经销商森南农机中心和共立机械公司。根据《商标法》第六十四条第二款的规定，销售不知道是侵犯注册商标专用权的商品，能证明该商品是自己合法取得并说明提供者的，不承担赔偿责任。因此，合法来源抗辩的前提是争议产品属于侵权产品，而销售者表明自己不知道，并能举证证实是合法取得和说明提供者。经一审法院对理力公司、泽藤公司出示的发票进行全面核对，理力公司向森南农机中心及共立机械公司采购“HONDA GX160”汽油发动机的时间是2010年3月1日至2011年4月6日，最后一次交易的时间是2011年4月6日，而本田株式会社从理力公司购买侵权“HONDA GX160”汽油发动机的时间是2013年8月14日，两者相隔两年多。另，泽藤公司向森南农机中心采购“HONDA WB20XH”水泵的交易时间是2013年5月25日至2013年10月21日，本田株式会社从泽藤公司购买侵权水泵的时间是2014年8月11日，两者亦相隔接近一年的时间。因此，从进货时间来看，理力公司、泽藤公司提供的进货发票与侵权产品是否对应一致已存疑。此外，本田株式会社通知了嘉陵－本田发动机有限公司的职员毛某明、共立机械公司的法定代表人徐某福、森某农机中心的何某成出庭辨认并作证。三位证人经当庭辨认后一致否认涉案“HONDA GX160”汽油发动机和“HONDA WB20XH”水泵是其生产和销售给理力公司、泽藤公司的，特别是侵权产品机身上的打刻编码在字体、编排、打刻方式上与本田正品“HONDA GX160”汽油发动机差异极大。此外，本田正品“HONDA GX160”汽油发动机的化油器部件上标注的供应商标识是“KEIHIN”，而侵权产品化油器上标注的供应商标识是“huayi”，两者明显不符。特别是理力公司生产的“LILI 理力 GX160”汽油发动机的化油器上也同样标注了“huayi”标记。故理力公司、泽藤公司所举的进货发票无法证实涉案被控侵权的汽油发动机和水泵存在合法来源，一审法院对理力公司、泽藤公司的该项抗辩意见不予接纳。理力公司、泽藤公司应立即停止销售涉案侵权产品，并承担赔偿责任。

（3）理力公司和泽藤公司在产品宣传册上使用“POWERED by HONDA”推销涉案汽油发动机和水泵，理力公司在其开办运营的网站上刊登代理“HONDA”品牌产品的广告语，泽藤公司在店铺广告牌推销涉案产品，是否侵犯本田株式会社享有的第156862号“HONDA”注册商标以及第5958568号“GX”注册商标的专用权问题。根据《商标法》第四十八条的规定，该法所称商标的使用，是指将商标用于商品、商品包装、容器以及商品交易文书上，或者将商标用于广告宣传、展览以及其他商业活动中，用于识别商品来源的行为。该案中，虽然理力公司、泽藤公司出示了森南农机中心出具的授权书，但森南农机中心只是本田株式会社关联企业嘉陵－本田发动机有限公司授权的代理商。鉴于本田株式会社的企业字号及产品获得了一定的知名度，并被相关消费者所知悉，而理力公司、泽藤公司也是从事汽油发动机和水泵销售的经营者，其应对本田株式会社产品及授权来源负有合理的注意义务，不能单凭森南农机中心出具的一份简单授权书就认为获得本田株式会社产品的代理销售和服务工作。此外，森南农机中心出具的授权书显示授权期限是2014年1月1日至2014年12月31日，而本田株式会社是2013年8月13日和8月16日通过证据保全的形式从理力公司的门店取得宣传画册和截取理力公司的网页信息，理力公司在未取得授权的情况下已使用“POWERED by HONDA”标识和公开宣传代理本田“HONDA”产品显然存在过错。泽藤公司未履行合理的注意义务，同样存在过错。因此，理力公司、泽藤公司应立即停止涉案宣传行为，在产品宣传册及理力公司的网页、泽藤公司店铺广告牌上删除侵权标识和广告语。

关于本田株式会社指控的不正当竞争部分。根据《反不正当竞争法》（1993年施行）第五条第（二）项之规定，擅自使用知名商品特有的名称、包装、装潢，或者使用与知名商品近似的名称、包装、装潢，造成和他人的知名商品相混淆，使购买者误认为是该知名商品，构成不正当竞争行为。《最高人民法院关于审理不正当竞争民事案件应用法律若干问题的解释》（2022

年3月20日废止）第一条规定，在中国境内具有一定的市场知名度，为相关公众所知悉的商品，应当认定为《反不正当竞争法》第五条第（二）项规定的“知名商品”。人民法院认定知名商品，应当考虑该商品的销售时间、销售区域、销售额和销售对象，进行任何宣传的持续时间、程度和地域范围，作为知名商品受保护的情况等因素，进行综合判断。根据上述规定可知，判定本田株式会社“HONDA GX160”汽油发动机属于知名商品是该案的关键。从本田株式会社所举证据来看，本田株式会社的关联企业嘉陵－本田发动机有限公司自2002年起在中国生产销售涉案“HONDA GX160”汽油发动机。虽然嘉陵－本田发动机有限公司有通过杂志、农机展览会等方式推销及展览涉案“HONDA GX160”汽油发动机，但在汽油发动机市场内没有达到知名的程度。再从本田株式会社所举的销售时间、销售区域、销售数量来看，本田株式会社认为在2002～2012年，销售“GX160”汽油发动机数量为1995978台，每年的销售量约为20万台，且还需出口到其他国家和地区，因此涉案“HONDA GX160”汽油发动机在中国市场的覆盖面及市场占有率并不高，难以认定涉案“HONDA GX160”汽油发动机是获得一定市场知名度的汽油发动产品。

对于本田株式会社主张涉案“GX160”汽油发动机使用红、白、黑三种颜色组合属于其特有装潢问题。产品颜色组合作为区别产品来源还需结合产品的知名度。涉案“GX160”汽油发动机并非知名产品，且“GX”不同型号汽油发动机使用的颜色组合亦非固定和唯一，特别是红、白、黑三种颜色也可细化为枣红、大红、珍珠白、纯白、炭黑、象牙黑等不同的颜色组合，故本田株式会社主张的红、白、黑三种颜色组合构成本田株式会社涉案汽油发动机特有的装潢没有法律依据和事实依据。

综合上述评析，一审法院对本田株式会社主张理力公司、泽藤公司构成不正当竞争的请求不予采纳。

至于本田株式会社主张理力公司在《佛山日报》上刊登致歉声明的请求问题。虽然商标专用权属于财产权，但理力公司、泽藤公司的持续性侵权行为明显带有恶意。特别是理力公司从事汽油发动机的生产和销售业务，业务范围广，影响大，其生产销售涉案侵权汽油发动机的行为已给相关公众造成混淆。为消除不良影响，理力公司应在《佛山日报》除中缝位置外刊登声明，公开向本田株式会社致歉，以消除侵权行为所造成的不良影响。

关于理力公司、泽藤公司的责任承担问题。理力公司和泽藤公司的法定代表人均为李某某。理力公司、泽藤公司在庭审中承认理力公司是涉案侵权“LILI 理力 GX160”汽油发动机的生产商，泽藤公司是销售商，理力公司、泽藤公司属于关联企业，且分工实施了生产和销售的侵权行为，属于共同侵权，故理力公司、泽藤公司应承担连带赔偿责任。

至于赔偿金额的确定问题。本田株式会社所举证据无法证实理力公司、泽藤公司的侵权行为致其遭受的实际损失以及理力公司、泽藤公司由此获得的利益。理力公司作为侵权汽油发动机的生产商和销售商，没有向一审法院提供财务账册、财务报表，也没有提供生产数量清单。泽藤公司也没有提供具体的销售记录。据此，本田株式会社请求一审法院在法定赔偿金额范围内酌定赔偿损失。一审法院综合考虑理力公司属于生产商和销售商，泽藤公司属于销售商，理力公司、泽藤公司属于关联企业的特点，结合本田株式会社证据保全的产品零售价，理力公司、泽藤公司侵权的主观恶意、侵权的持续时间，同时考虑本田株式会社注册商标的知名度、正品产品的零售价以及为制止侵权行为所支付的合理维权费用等因素，酌定理力公司、泽藤公司承担的赔偿金额为人民币 100 万元，且理力公司、泽藤公司还需承担本田株式会社为制止侵权行为所支出的合理维权费用人民币 55514 元。本田株式会社主张索赔数额超过上述酌定部分的诉讼请求，一审法院不予支持。

综上所述，一审法院判决如下：（1）理力公司立即停止生产、销售涉案侵犯本田株式会社享有的第 156862 号“HONDA”以及第 5958568 号“GX”注册商标专用权的汽油发动机产品；（2）理力公司立即停止在其开办和运营的网站“www. lili - china. com”页面及发行的产品宣传册中使用带有“HONDA”及“GX”标识的推销宣传广告用语；（3）泽藤公司立即停止销售涉案侵犯本田株式会社享有的第 156862 号“HONDA”以及第 5958568 号“GX”注册商标专用权的汽油发动机及水泵产品；（4）泽藤公司立即停止在其发行的产品宣传册及店铺电子广告牌中使用带有“HONDA”及“GX”标识的宣传广告用语；（5）理力公司、泽藤公司应于判决发生法律效力之日起十日内连带赔偿经济损失人民币100万元给本田株式会社；（6）理力公司、泽藤公司应于判决发生法律效力之日起十日内连带赔偿合理维权费用人民币55514元给本田株式会社；（7）理力公司应于判决发生法律效力之日起十日内，在《佛山日报》除中缝位置外就涉案第156862号“HONDA”以及第5958568号“GX”注册商标的侵权行为登文向本田株式会社刊登致歉声明（声明内容需经法院审核，逾期不履行的，一审法院将在有关媒体公布判决的主要内容，费用由理力公司负担）；（8）驳回本田株式会社的其他诉讼请求。

二审判决

二审法院认为，该案系侵害商标权及不正当竞争纠纷，各方当事人二审的争议焦点为：（1）理力公司、泽藤公司是否构成涉案商标侵权行为；（2）理力公司、泽藤公司的合法来源抗辩是否成立；（3）本田株式会社关于理力公司、泽藤公司构成仿冒知名商品特有装潢的主张是否成立。

一、理力公司、泽藤公司是否构成涉案商标侵权行为

首先，关于涉案第5958568号“GX”注册商标的权利基础。虽然理力公司、泽藤公司二审中提交了多个其他“GX”注册商标材料，但由于这些“GX”注册商标并非理力公司、泽藤公司在该案中使用的被诉商标，因此不会涉及《商标法》第五十九条第三款规定的在先权利抗辩问题；同时北京市高级人民法院（2019）京行终4816号行政判决书也已经维持了第5958568号“GX”注册商标的效力，因此理力公司、泽藤公司该案中提交了多个其他“GX”注册商标材料对第5958568号“GX”注册商标的权利基础不会产生影响。

其次，关于商标侵权比对。参照《最高人民法院关于审理商标授权确权行政案件若干问题的规定》第十二条的规定，认定构成《商标法》第五十七

条第（二）项“容易导致混淆的”，应当综合考量如下因素以及这些因素之间的相互影响：（1）请求保护商标的显著性和知名程度；（2）商品的类似程度；（3）商标标志的近似程度；（4）相关公众的注意程度；（5）其他相关因素。被诉侵权人的主观意图以及实际混淆的证据可以作为判断混淆可能性的参考因素。根据上述考量因素，该案中本田株式会社的第5958568号“GX”注册商标、第156862号“HONDA”注册商标在发动机、水泵等商品上有较高的知名度和显著性，被诉侵权商品与上述商标的核定使用商品基本相同。《最高人民法院关于审理商标民事纠纷案件适用法律若干问题的解释》第十条规定，商标比对以相关公众的一般注意力为标准，既要进行对商标的整体比对，又要进行对商标主要部分的比对，比对应当在比对对象隔离的状态下分别进行。《最高人民法院关于充分发挥知识产权审判职能作用　推动社会主义文化大发展大繁荣和促进经济自主协调发展若干问题的意见》第十九条规定：“……通常情况下，相关商标的构成要素整体上构成近似的，可以认定为近似商标。相关商标构成要素整体上不近似，但主张权利的商标的知名度远高于被诉侵权商标的，可以采取比较主要部分决定其近似与否……”鉴于第5958568号“GX”注册商标的知名度远高于“LILI理力GX160”，而且本田株式会社涉案汽油机型号正是“GX160”，因此该案可以采取比较主要部分决定近似与否的方式进行商标比对。以相关公众的一般注意力为标准，在隔离比对的情况下，综合以上情况，二审法院认为一审法院认定被诉“LILI理力GX160”商标与“GX”注册商标构成近似，容易导致相关公众混淆，理力公司、泽藤公司构成商标侵权的结论正确，二审法院予以维持。

同理，一审法院另认定理力公司销售的“HONDA GX160”汽油机、泽藤公司销售的“HONDA WB20XH”水泵、理力公司和泽藤公司在产品宣传册及店铺电子广告牌中使用的带有“HONDA”“GX”标识的宣传广告用语构成商标侵权，认定准确，二审法院予以维持。至于理力公司、泽藤公司提交的（2019）粤广广州第193011号公证书及部分相关照片，与该案侵权事实无关，二审法院不予采纳。

二、理力公司、泽藤公司的合法来源抗辩是否成立

《商标法》第六十四条第二款规定，销售不知道是侵犯注册商标专用权的商品，能证明该商品是自己合法取得并说明提供者的，不承担赔偿责任。该案中，虽然理力公司、泽藤公司出示发票主张其在被诉行为发生1~2年前曾向森南农机中心等主体购入“HONDA GX160”汽油机、“HONDA WB20XH”水泵，但是被诉侵权的“HONDA GX160”汽油机、“HONDA WB20XH”水泵的化油器部件的供应商标识无法对应本田株式会社正品的供应商标识“KEIHIN”，反而与理力公司自己生产的“LILI 理力 GX160”汽油机上化油器标注的“huayi”对应。另结合嘉陵－本田发动机有限公司、共立机械公司、森南农机中心证人的证言，以及嘉陵－本田发动机有限公司的情况说明等证据，法院认为理力公司、泽藤公司出示的进货发票与被诉侵权产品不能形成对应关系，不足以证明被诉侵权的“HONDA GX160”汽油机、“HONDA WB20XH”水泵在客观上具有合法来源。并且，理力公司、泽藤公司作为曾经购买本田株式会社正品的销售商，应有足够的分辨判断能力，能够区分被诉侵权产品是否属于本田株式会社的正品。故即使退一步而言，理力公司、泽藤公司存在客观的进货事实，主观上仍然存在未尽注意义务的过错。同理，对于理力公司、泽藤公司出示的森南农机中心的授权书，由于被诉侵权产品不能被证明来自森南农机中心，且森南农机中心仅作为代理商，所称授权时间也晚于被诉行为发生时间，因此也不能作为证明理力公司、泽藤公司没有过错以及合法来源抗辩成立的依据。综上，理力公司、泽藤公司据此主张的合法来源抗辩不能成立，该院不予采纳。

至于理力公司、泽藤公司以“EC2500C”汽油发电机的行政处罚及后续行政判决的认定来主张该案合法来源抗辩成立的理由，二审法院有以下两个问题。

关于合法来源抗辩在民事诉讼和行政处罚中的证明标准是否一致的问题。第一，关于民事诉讼中合法来源抗辩的举证责任及证明标准，《最高人民法院关于适用〈中华人民共和国民事诉讼法〉的解释》第九十一条规定：“人民法院应当依照下列原则确定举证证明责任的承担，但法律另有规定的除外：

（一）主张法律关系存在的当事人，应当对产生该法律关系的基本事实承担举证证明责任；（二）主张法律关系变更、消灭或者权利受到妨害的当事人，应当对该法律关系变更、消灭或者权利受到妨害的基本事实承担举证证明责任。”根据以上法律要件分类说确立的举证责任分配理论，由于合法来源抗辩成立将阻却知识产权人的损害赔偿请求权，属于权利妨碍规范，因此在民事诉讼中应当由主张存在权利妨碍的侵权人承担举证责任，证明标准应当达到《最高人民法院关于适用〈中华人民共和国民事诉讼法〉的解释》第一百零八条规定的高度可能性标准。以上内容在《最高人民法院关于知识产权民事诉讼证据的若干规定》第四条规定中进一步予以明确：被告依法主张合法来源抗辩的，应当举证证明合法取得被诉侵权产品、复制品的事实，包括合法的购货渠道、合理的价格和直接的供货方等。被告提供的被诉侵权产品、复制品来源证据与其合理注意义务程度相当的，可以认定其完成前款所称举证，并推定其不知道被诉侵权产品、复制品侵害知识产权。被告的经营规模、专业程度、市场交易习惯等，可以作为确定其合理注意义务的证据。第二，关于商标侵权所涉行政处罚中合法来源抗辩的举证和证明标准问题，《商标法》第六十条第二款规定，工商行政管理部门处理时，认定侵权行为成立的，责令立即停止侵权行为，没收、销毁侵权商品和主要用于制造侵权商品、伪造注册商标标识的工具，以及可以处罚款；销售不知道是侵犯注册商标专用权的商品，能证明该商品是自己合法取得并说明提供者的，由工商行政管理部门责令停止销售。因此，行政处罚中所涉合法来源抗辩主要影响的是侵权行为成立后行政机关应否处罚款的问题，应由行政处罚的当事人举证证明。并且，虽然行政处罚属于公权力的行使，证明标准要进行个人利益与社会公共利益的衡量，但合法来源抗辩成立与否不涉及如拘留、吊销许可证或执照等对当事人的人身自由、行为能力产生重大影响的行政处罚种类，因此其证明标准参照民事诉讼的证明标准是较为可行的。

关于合法来源抗辩成立与否属于个案认定的问题。如前所述，虽然合法来源抗辩在民事诉讼和行政处罚中的证明标准应当基本一致，但由于“EC2500C”汽油发电机并不属于该案的被诉侵权产品，因此“EC2500C”汽油发电机的行政处罚及后续行政诉讼的处理结果与该案并无直接关联；况且，该案行政处罚决定被撤销并重新作出后，经（2019）粤73行终6号行政判决认定，对于泽藤公司所称被诉产品来源于重庆华之杰公司的主张也未予采纳。因此，理力公司、泽藤公司以“EC2500C”汽油发电机的行政处罚及后续行政判决的认定来主张该案合法来源抗辩的理由不能成立，法院对此不予采纳。

三、本田株式会社关于理力公司、泽藤公司构成仿冒知名商品特有装潢的主张是否成立

《最高人民法院关于充分发挥知识产权审判职能作用 推动社会主义文化大发展大繁荣和促进经济自主协调发展若干问题的意见》第二十四条规定：“……反不正当竞争法补充保护作用的发挥不得抵触知识产权专门法的立法政策，凡是知识产权专门法已作穷尽性规定的领域，反不正当竞争法原则上不再提供附加保护，允许自由利用和自由竞争，但在与知识产权专门法的立法政策相兼容的范围内，仍可以从制止不正当竞争的角度给予保护……”据此，结合该案关于特有装潢的争议，应当认识到，《反不正当竞争法》规定的仿冒混淆行为对于装潢的保护实质是为了弥补注册商标保护的不足，对于尚未达到驰名商标程度但具有显著性并能发挥识别功能的未注册商标所进行的有限补充保护，并且此种保护只能在与《商标法》的立法政策相兼容的范围内进行。该案中，由于本田株式会社所主张的特有装潢中红色发动机的正面视图内包含了本田株式会社的第5958568号“GX”注册商标、第156862号“HONDA”注册商标，且涉案装潢所涉的汽油机商品名称“GX160”同样包含第5958568号“GX”注册商标的主要部分，因此本田株式会社在结合市场知名度证明涉案装潢显著性时，另应证明涉案装潢具有应受保护法益的独立性，即用于汽油机的涉案装潢的显著性在不依附汽油机上第5958568号“GX”注册商标、第156862号“HONDA”注册商标以及商品名称“GX160”显著性的情况下，本身已经达到足以识别商品来源的程度，才有可能在已经给予商标权保护的前提下，在与《商标法》立法政策相兼容的范围内对涉案装潢的权益另外给予单独保护。鉴于此，结合一审法院认定的本田株式会社“GX160”汽油机的销售时间、数量和区域以及本田株式会社GX系列汽油机使用的颜色组合存在多样化等事实，本田株式会社尚不足以证明相关公众在屏蔽上述第5958568号“GX”注册商标、第156862号“HONDA”注册商标以及商品名称“GX160”的情况下，仅凭涉案装潢便能识别汽油机是本田株式会社的商品。因此，本田株式会社关于理力公司、泽藤公司构成仿冒知名商品特有装潢的上诉主张，依据不足，法院不予采纳。

综上所述，本田株式会社、理力公司和泽藤公司的上诉理由均不能成立，其上诉请求均应予驳回。一审判决认定事实清楚，适用法律正确，法院予以维持。依照《民事诉讼法》第一百七十条第一款第（一）项规定，判决如下：驳回上诉，维持原判。

案例解析

该案是一个典型的侵害商标权及不正当竞争纠纷案件，当事人争议的焦点和法院审理的重点涵盖了该类案件的三个基本问题：一是商标侵权对比采取何种规则；二是合法来源抗辩的证明责任和证明标准；三是不正当竞争侵权与商标侵权之间是何种关系。现结合相应法律规定和基本法理，对该案涉及的上述三个问题作具体的分析。

一、商标侵权对比的基本规则

根据《商标法》第五十七条第（一）项、第（二）项的规定，商标侵权以被诉侵权标识与注册商标相同或者近似为前提。而对相同或者近似与否的判断，需要将被诉侵权标识与注册商标进行对比。根据最高人民法院相关司法解释的具体规定和相关规范性文件的精神，在我国司法实践中，商标侵权对比遵循以下规则。

（一）基本原则

《最高人民法院关于审理商标民事纠纷案件适用法律若干问题的解释》第十条的规定，人民法院依据《商标法》第五十七条第（一）项、第（二）项的规定，认定商标相同或近似按照以下原则进行：一是以相关公众的一般注意力为标准；二是既要进行对商标的整体比对，又要进行对商标主要部分的比对，比对应当在比对对象隔离的状态下分别进行；三是判断商标是否近似，应当考虑请求保护注册商标的显著性和知名度。

（二）整体对比和主要部分对比规则适用的情形

《最高人民法院关于充分发挥知识产权审判职能作用　推动社会主义文化大发展大繁荣和促进经济自主协调发展若干问题的意见》第十九条规定：“……通常情况下，相关商标的构成要素整体上构成近似的，可以认定为近似商标。相关商标构成要素整体上不近似，但主张权利的商标的知名度远高于被诉侵权商标的，可以采取比较主要部分决定其近似与否……”

（三）对比需要考量的因素

《最高人民法院关于审理商标授权确权行政案件若干问题的规定》第十二条规定：“当事人依据商标法第十三条第二款主张诉争商标构成对其未注册的驰名商标的复制、摹仿或者翻译而不应予以注册或者应予无效的，人民法院应当综合考量如下因素以及因素之间的相互影响，认定是否容易导致混淆：（一）商标标志的近似程度；（二）商品的类似程度；（三）请求保护商标的显著性和知名程度；（四）相关公众的注意程度；（五）其他相关因素。商标申请人的主观意图以及实际混淆的证据可以作为判断混淆可能性的参考因素。”该条虽然是对商标授权确权行政案件审理规则作出的规定，但不论是商标民事侵权案件还是商标授权确权行政案件，法院判断混淆可能性的标准应当是一致的，因此，上述规定在商标侵权诉讼中亦可参照适用。

具体到该案，本田株式会社的第5958568号“GX”注册商标、第156862号“HONDA”注册商标在发动机、水泵等商品上有较高的知名度和显著性，被诉侵权商品与上述商标的核定使用商品基本相同。虽然被诉侵权标识“GX160 LILI 理力”与第5958568号“GX”注册商标在整体上并不相似，但由于后者的知名度远高于前者，而且本田株式会社涉案汽油机型号正是“GX160”，因此该案可以采取比较主要部分决定近似与否的方式进行商标比对。以相关公众的一般注意力为标准，在隔离比对的情况下，可以认定被诉“GX160 LILI 理力”商标与“GX”注册商标构成近似、容易导致相关公众混淆。

二、商标侵权合法来源抗辩的适用

《商标法》第六十四条第二款规定：“销售不知道是侵犯注册商标专用权的商品，能证明该商品是自己合法取得并说明提供者的，不承担赔偿责任。”据此，销售者可以通过主张合法来源抗辩来避免承担赔偿责任。

（一）合法来源抗辩的举证责任和证明标准

1. 民事诉讼中合法来源抗辩的举证责任

《最高人民法院关于适用〈中华人民共和国民事诉讼法〉的解释》第九十一条规定，人民法院应当依照下列原则确定举证证明责任的承担，但法律另有规定的除外：（1）主张法律关系存在的当事人，应当对产生该法律关系的基本事实承担举证证明责任；（2）主张法律关系变更、消灭或者权利受到妨害的当事人，应当对该法律关系变更、消灭或者权利受到妨害的基本事实承担举证证明责任。根据以上法律要件分类说确立的举证责任分配理论，由于合法来源抗辩成立将阻却知识产权人的损害赔偿请求权，属于权利妨碍规范，因此在民事诉讼中应当由主张存在权利妨碍的侵权人承担举证责任。《最高人民法院关于知识产权民事诉讼证据的若干规定》第四条第一款进一步明确规定：被告依法主张合法来源抗辩的，应当举证证明合法取得被诉侵权产品、复制品的事实，包括合法的购货渠道、合理的价格和直接的供货方等。

2. 民事诉讼中合法来源抗辩的证明标准

根据最高人民法院的相关司法解释，我国民事诉讼已经形成了多元化的证明标准体系：

（1）对于一般的实体性事实，采取“高度可能性”标准。对此，《最高人民法院关于适用〈中华人民共和国民事诉讼法〉的解释》第一百零八条第一款规定：“对负有举证证明责任的当事人提供的证据，人民法院经审查并结合相关事实，确信待证事实的存在具有高度可能性的，应当认定该事实存在。”（2）对于特定的实体性事实，采取“排除合理怀疑”标准。对此，《最高人民法院关于适用〈中华人民共和国民事诉讼法〉的解释》第一百零九条规定：“当事人对欺诈、胁迫、恶意串通事实的证明，以及对口头遗嘱或者赠与事实的证明，人民法院确信该待证事实存在的可能性能够排除合理怀疑的，应当认定该事实存在。”《最高人民法院关于民事诉讼证据的若干规定》第八十六条第一款也作了相同的规定。（3）对于程序性事实，采取“可能性较大”标准。对此，《最高人民法院关于民事诉讼证据的若干规定》第八十六条第二款规定：“与诉讼保全、回避等程序事项有关的事实，人民法院结合当事人的说明及相关证据，认为有关事实存在的可能性较大的，可以认定该事实存在。”

在商标侵权诉讼中，被诉侵权的销售者提出的合法来源抗辩，该抗辩对应的要件事实显然属于一般的实体性事实，故对其应采“高度可能性”的证明标准。《最高人民法院关于知识产权民事诉讼证据的若干规定》第四条第二款规定：“被告提供的被诉侵权产品、复制品来源证据与其合理注意义务程度相当的，可以认定其完成前款所称举证，并推定其不知道被诉侵权产品、复制品侵害知识产权。被告的经营规模、专业程度、市场交易习惯等，可以作为确定其合理注意义务的证据。”

（二）商标侵权所涉行政处罚中合法来源抗辩的举证和证明标准

1. 关于行政处罚中合法来源抗辩的证明标准

法院认为，《商标法》第六十条第二款规定，工商行政管理部门处理时，认定侵权行为成立的，责令立即停止侵权行为，没收、销毁侵权商品和主要用于制造侵权商品、伪造注册商标标识的工具，以及可以处罚款；销售不知道是侵犯注册商标专用权的商品，能证明该商品是自己合法取得并说明提供者的，由工商行政管理部门责令停止销售。因此，行政处罚中所涉合法来源抗辩主要影响的是侵权行为成立后行政机关应否处罚款的问题，应由行政处罚的当事人举证证明；并且，虽然行政处罚属于公权力的行使，对证明标准要进行个人利益与社会公共利益的衡量，但合法来源抗辩成立与否不涉及如拘留、吊销许可证或执照等对当事人的人身自由、行为能力产生重大影响的行政处罚种类，因此其证明标准参照民事诉讼的证明标准是较为可行的。

2. 合法来源抗辩成立与否属于个案认定的问题

法院认为，虽然合法来源抗辩在民事诉讼和行政处罚中的证明标准应当基本一致，但由于“EC2500C”汽油发电机并不属于该案的被诉侵权产品，因此，“EC2500C”汽油发电机的行政处罚及后续行政诉讼的处理结果与该案并无直接关联；况且，该案行政处罚决定被撤销并重新作出后，经（2019）粤73行终6号行政判决认定，对于泽藤公司所称被诉产品来源于重庆华之杰公司的主张也未予采纳。因此，理力公司、泽藤公司以“EC2500C”汽油发电机的行政处罚及后续行政判决的认定来主张该案合法来源抗辩的理由不能成立，法院对此不予采纳。

三、不正当竞争侵权与商标侵权的关系

对商标、专利、著作权等具体知识产权侵权与不正当竞争侵权关系的理解，涉及《商标法》《专利法》《著作权法》等知识产权专门法与《反不正当竞争法》之间相互关系的认识。司法实践一般认为《反不正当竞争法》具有有限补充保护知识产权的功能，而不是范围广泛的兜底保护。[1] 对此，《最高人民法院关于充分发挥知识产权审判职能作用　推动社会主义文化大发展大繁荣和促进经济自主协调发展若干问题的意见》第二十四条规定：“……反不正当竞争法补充保护作用的发挥不得抵触知识产权专门法的立法政策，凡是知识产权专门法已作穷尽性规定的领域，反不正当竞争法原则上不再提供附加保护，允许自由利用和自由竞争，但在与知识产权专门法的立法政策相兼容的范围内，仍可以从制止不正当竞争的角度给予保护……”

该案中，本田株式会社主张理力公司、泽藤公司仿冒知名商品特有装潢而构成不正当竞争。对此，二审法院认为，《反不正当竞争法》规定的仿冒混淆行为对于装潢的保护实质是为了弥补注册商标保护的不足，对于尚未达到驰名商标程度但具有显著性并能发挥识别功能的未注册商标所进行的有限补充保护，

---

[1] 孔祥俊. 反不正当竞争法新原理·原论［M］. 北京：法律出版社，2019：59.

并且此种保护只能在与《商标法》的立法政策相兼容的范围内进行。该案中，由于本田株式会社所主张的特有装潢中红色发动机的正面视图内包含了本田株式会社的第 5958568 号“GX”注册商标、第 156862 号“HONDA”注册商标，且涉案装潢所涉的汽油机商品名称“GX160”同样包含第 5958568 号“GX”注册商标的主要部分，因此本田株式会社在结合市场知名度证明涉案装潢显著性时，另应证明涉案装潢具有应受保护法益的独立性，即用于汽油机的涉案装潢的显著性在不依附汽油机上第 5958568 号“GX”注册商标、第 156862 号“HONDA”注册商标以及商品名称“GX160”显著性的情况下，本身已经达到足以识别商品来源的程度，才有可能在已经给予商标权保护的前提下，在与《商标法》立法政策相兼容的范围内对涉案装潢的权益另外给予单独保护。鉴于此，结合一审法院认定的本田株式会社“GX160”汽油机的销售时间、数量和区域以及本田株式会社 GX 系列汽油机使用的颜色组合存在多样化等事实，本田株式会社尚不足以证明相关公众在屏蔽上述第 5958568 号“GX”注册商标、第 156862 号“HONDA”注册商标以及商品名称“GX160”的情况下，仅凭涉案装潢便能识别汽油机是本田株式会社的商品。因此，二审法院对本田株式会社关于理力公司、泽藤公司构成仿冒知名商品特有装潢的上诉主张未予采纳。

涉案产品的视图对比如图 5－1 所示。

（a）本田 GX160 汽油机视图　　（b）被诉产品“LILI 理力 GX160”汽油机视图

图 5－1　涉案产品视图

（c）被诉产品“HONDA GX160”汽油机视图

（d）被诉产品“HONDA WB20XH”水泵视图

图5-1　涉案产品视图（续）

6　商标性使用的认定标准

——费列罗有限公司等诉汕头市斯维特工贸有限公司侵害商标权及不正当竞争纠纷案

裁判要旨

被诉标识“Kinder”“Kindor”“Surprise”与商标名称中其他英文字母字体、大小等均相同，上诉人并未单独使用或突出使用被诉标识。从使用方式看，不会使相关公众，尤其是以中文为母语的消费者认为被诉标识“Kinder”“Kindor”“Surprise”是一种巧克力、糖果等商品的品牌，不具有识别商品来源的作用，故上述使用行为并非《商标法》第四十八条规定的商标使用行为。

在生产制造或加工的产品上以标注方式或其他方式使用了商标，只要具备了区别商品来源的可能性，就应当认定该使用状态属于《商标法》意义上的“商标的使用”。即使被诉侵权商品为贴牌商品，被诉行为亦属于商标使用行为。

入选理由

商标性使用注册商标是商标侵权的前提。该案中，法院针对被诉的不同使用涉案注册商标标识的行为，依法妥当区分相应的行为是否属于商标性使用行为，为商标权的保护范围进行了合理的限定，平等保护了双方当事人的合法权益，规范了市场经营行为。

案例索引

一审案号：广东省广州市海珠区人民法院（2018）粤0105民初1553号
二审案号：广东省广州知识产权法院（2019）粤73民终6024号

基本案情

上诉人（一审被告）：汕头市斯维特工贸有限公司（以下简称“斯维特公司”）

被上诉人（一审原告）：索尔马代克有限公司（SOREMARTEC S. A.，以下简称“索尔马代克公司”）

被上诉人（一审原告）：费列罗有限公司（FERRERO S. P. A.，以下简称“费列罗公司”）

被上诉人（一审原告）：费列罗贸易（上海）有限公司（以下简称“费列罗上海公司”，三个一审原告简称“费列罗三公司”）

一审诉请

费列罗三公司向一审法院起诉请求：（1）斯维特公司立即停止销售带有与费列罗三公司系列注册商标相同及近似标识之巧克力及糖果产品；（2）斯维特公司立即停止销售与费列罗三公司知名商品的特有包装、装潢近似的产品，并停止使用费列罗三公司知名商品特有的名称（即“KINDER SURPRISE EGG”，中文名“奇趣蛋”）；（3）斯维特公司在其经营性网站首页显著位置发布英文声明，消除侵权影响，该声明应保留不少于60天；（4）斯维特公司向费列罗三公司赔偿100万元（即斯维特公司两项侵权的共同赔偿）。

一审判决

一审法院认为，该案的焦点问题有五个。

一、关于费列罗公司是否为该案适格主体的问题

索尔马代克公司是涉案权利商标第 G1288269 号“Kinder JOY”蛋形商标、第 G728472 号蛋形商标、第 G720813 号“Kinder JOY”商标、第 17154267 号商标的注册人。费列罗公司是涉案权利商标第 719519 号“Kinder”商标、第 G858042 号红色波浪加奶滴图形商标、第 G782756 号红色波浪图形商标、第 G551073 号“SURPRISE”商标的注册人。费列罗公司经索尔马代克公司和费列罗公司书面授权，确认费列罗上海公司享有就健达（KINDER）产品有关的系列商标提起民事诉讼的主体权利。此外，费列罗上海公司作为健达奇趣蛋在中国的总经销商，为该产品的直接利害关系人。故，该案费列罗三公司可共同提起该案诉讼。

二、斯维特公司的行为是否构成商标侵权

费列罗三公司就斯维特公司在阿里巴巴网站上的“Shantou Sweet Road Industry And Trading Co.，ltd”网店进行证据保全。费列罗三公司主张该网店销售的如下多款商品侵权。

（1）（2017）京国立内证字第 7240 号公证书附件中第 34、36 页显示的商品“美味巧克力 Kinder 蛋/King&queen 巧克力蛋”，图片［见图 6－1（a）］中显示的外包装盒上显示有红色波浪加奶滴的图案，与费列罗公司的第 G858042 号红色波浪加奶滴图形商标在形态及构造上均一致，构成相同。其他图形则与费列罗三公司主张构成侵权的其他权利商标存在较大区别，不构成相同或相似。此外，该页面上显示的商品名称中包含“Kinder”，与费列罗公司第 719519 号“Kinder”商标相比，内容均指向同一英文单词“Kinder”，斯维特公司将其作为与第 719519 号“Kinder”商标许可使用相同商品“巧克力”的名称，容易造成消费者的混淆误认。故一审法院认定斯维特公司许诺销售的该款“美味巧克力 Kinder 蛋/King&queen 巧克力蛋”的外包装盒及销

售页面标注的商品名称侵犯了费列罗公司的第 G858042 号红色波浪加奶滴图形商标及第 719519 号“Kinder”商标的商标权。

（a）Kinder 巧克力蛋

（b）Kengo TOY 巧克力蛋

（c）SURPRISE 巧克力 kinder 蛋卡片玩具

（d）King toys 巧克力及饼干

（e）Kinder 巧克力糖果

（f）Kindor 巧克力蛋

（g）女孩版 King 巧克力蛋

（h）男孩版 King 巧克力蛋

（i）SURPRISE 巧克力蛋

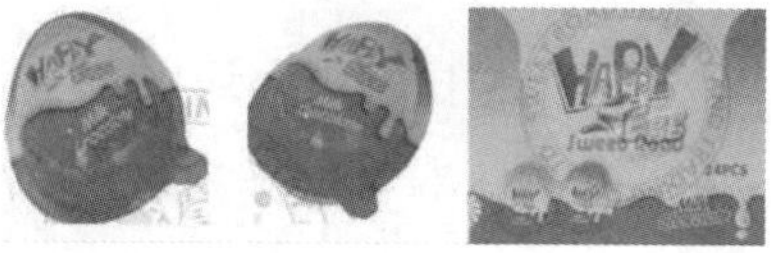

（j）男孩 & 女孩开心 SURPRISE 巧克力蛋玩具糖果及其包装盒

（k）巧心蛋

（l）Kings JOY 蛋

（m）网站产品展示页面显示图片

图 6－1 （2017）京国立内证字第 7240 号公证书保全商品

（2）（2017）京国立内证字第7240号公证书附件中第42、44页显示的商品“Kinder SURPRISE kosher巧克力，带有玩具”，图片［见图6－1（b）］中显示的产品外观为蛋形，在中部位置显示“Kengo TOY”，在底部位置显示有“红色波浪加奶滴”的图案。将该产品图案与索尔马代克公司的第G1288269号“Kinder JOY”蛋形商标进行比较，虽然该被控侵权产品外形为蛋形，但因蛋形为较通用的形状，显著性并不突出，且索尔马代克公司的第G1288269号“Kinder JOY”蛋形商标大致分为上下结构，上半部为字母组合图案，下半部为含有奶滴图案的橙红色波浪线分隔开的图案。而被控侵权产品的蛋形外壳存在上、中、下三层结构，顶部有彩色渐变，中部为字母图示，底部为波浪线分隔开的图案。两者在图案、字母构成、分隔位置及分隔波浪线等方面均存在实质性差异，不易造成公众混淆。在该产品中部位置显示的“Kengo TOY”为上下排列；“Kengo”中的字母“K”为大写黑色字体，其他字母为小写红色字体显示；“TOY”则为大写黄色字体显示。上述标识与索尔马代克公司的第G720813号“Kinder JOY”商标在字母排列方式和字体颜色设计方面极为相似，两者构成近似。此外，在底部显示的“红色波浪加奶滴”图案，与费列罗公司的第G858042号红色波浪加奶滴图形商标在形态及构造上均一致，构成相同。最后，该商品的销售页面上显示的商品名称中包含“Kinder”及“SURPRISE”，与费列罗公司第719519号“Kinder”商标及第G551073号“SURPRIES”商标相比，内容均指向同一英文单词，斯维特公司将其作为与第719519号“Kinder”商标及第G551073号商标许可使用的相同商品“巧克力”的名称，容易造成消费者的混淆误认。故一审法院认定斯维特公司许诺销售的该款“Kinder SURPRISE kosher巧克力，带有玩具”的包装盒及销售页面标注的商品名称侵犯了索尔马代克公司的第G720813号“Kinder JOY”商标以及费列罗公司的第G858042号红色波浪加奶滴图形商标、第G551073号“SURPRISE”商标及第719519号“Kinder”商标。

（3）在（2017）京国立内证字第7240号公证书附件中第101～102页出现的产品图片，所对应的产品名称为“kindor egg chocolate with toy inside”及“Kings joy egg chocolate with small biscuit”。在图片［见图6－1（f）］中，产

品外观为蛋形，顶部有蓝色渐变颜色显示，在中部位置显示“Kindor EGG”，在底部位置显示有“红色波浪加奶滴”的图案。将该产品图案与索尔马代克公司的第G1288269号“Kinder JOY”蛋形商标进行比较，虽然该被控侵权产品外形为蛋形，但因蛋形为较通用的形状，显著性并不突出，且索尔马代克公司的第G1288269号“Kinder JOY”蛋形商标大致分为上下结构，上半部为字母组合图案，下半部为含有奶滴图案的橙红色波浪线分隔开的图案。而被控侵权产品的蛋形外壳存在上、中、下三层结构，顶部有彩色渐变，中部为字母图示，底部为波浪线分隔开的图案。两者在图案、字母构成、分隔位置及分隔波浪线等方面均存在实质性差异，不易造成公众混淆。在该产品中部位置显示的“Kindor EGG”为上下排列；“Kindor”中的字母“K”为大写黑色字体，其他字母为小写彩色字体显示；“EGG”则为大写黄色字体显示。上述标识与索尔马代克公司的第G720813号“Kinder JOY”商标在字母组成和字体颜色设计方面存在明显区别，不会造成公众混淆，但“Kindor”的组成方式和表现形态与费列罗公司的第719519号“Kinder”商标构成近似。此外，在底部显示的“红色波浪加奶滴”图案，与费列罗公司的第G858042号“红色波浪加奶滴”图形商标在形态及构造上均一致，构成相同。故一审法院认定斯维特公司许诺销售的该款“kindor egg chocolate with toy inside”的包装盒侵犯了费列罗公司的第G858042号“红色波浪加奶滴”商标及第719519号“Kinder”商标。在图片［见图6－1（1）］中，产品外观为蛋形，顶部有红色渐变颜色显示，在中部位置显示“Kings JOY”，在底部位置显示有“红色波浪加奶滴”的图案。将该产品图案与索尔马代克公司的第G1288269号“Kinder JOY”蛋形商标进行比较，虽然该被控侵权产品外形为蛋形，但因蛋形为较通用的形状，显著性并不突出，且索尔马代克公司的第G1288269号“Kinder JOY”蛋形商标大致分为上下结构，上半部为字母组合图案，下半部为含有奶滴图案的橙红色波浪线分隔开的图案。而被控侵权产品的蛋形外壳存在上、中、下三层结构，顶部有彩色渐变，中部为字母图示，底部为波浪线分隔开的图案。两者在图案、字母构成、分隔位置及分隔波浪线等方面均存在实质性差异，不易造成公众混淆。在该产品中部位置显示的“Kings JOY”为上下排列；“Kings”中的字母“K”为大写黑色字体，其他字母为小写红色字体显示；“JOY”则为大写黄色字体显示。上述标识与索尔马代克公司的第G720813号“Kinder JOY”商标相比，在字母组成方面存在“Kings”和“Kinder”的差别，但字体颜色设计方面完全一致，在普通公众不施以特别注意的情况下容易导致混淆，构成侵权。此外，在底部显示的“红色波浪加奶滴”图案，与费列罗公司的第G858042号红色波浪加奶滴图形商标在形态及构造上均一致，构成相同。最后，该页面上显示的商品名称中包含“kindor”，与费列罗公司第719519号“Kinder”商标相比，仅有一个字母存在差别，斯维特公司将其作为与第719519号“Kinder”商标相同的商品“巧克力”的名称，容易造成消费者的混淆误认。故一审法院认定斯维特公司许诺销售的该款“Kings joy egg chocolate with small biscuit”的包装盒及商品名称侵犯了索尔马代克公司的第G720813号“Kinder JOY”商标，以及费列罗公司的第G858042号“红色波浪加奶滴”图形商标及第719519号“Kinder”商标的商标权。

（4）在（2017）粤广海珠第17859号公证书附件中第5~6页出现的产品图片，费列罗三公司提交的产品实物King EGG蓝色款［见图6-2（a）］，所对应的产品名称为“King EGG”，上述被控侵权产品与（2017）京国立内证字第11866号公证书中记载的公证取得物相同。将该产品图案与索尔马代克公司的第G1288269号“Kinder JOY”图形商标及第G728472号蛋形商标进行比较，虽然该被控侵权产品外形为蛋形，但因蛋形为较通用的形状，显著性并不突出，且索尔马代克公司的第G1288269号“Kinder JOY”图形商标大致分为上下结构，上半部为字母组合图案，下半部为含有奶滴图案的橙红色波浪线分隔开的图案。而被控侵权产品的蛋形外壳存在上、中、下三层结构，顶部有彩色渐变，中部为卡通脸谱及字母图示，底部为普通波浪线分隔开的图案。两者在图案、颜色、分隔位置及分隔波浪线等方面均存在实质性差异，不易造成公众混淆。在该产品中部位置显示的“King EGG”字母标识与索尔马代克公司的第G720813号“Kinder JOY”商标及费列罗公司的第719519号“Kinder”商标在字母组成和字体颜色设计方面存在明显区别，不会造成公众混淆。此外，在底部显示的波浪线图案，与费列罗公司的第 G858042 号红色波浪加奶滴图形商标及第 G782756 号红色波浪图形商标亦存在明显区别，不构成相同或相似。故费列罗三公司主张斯维特公司销售的该款“King EGG”产品构成商标侵权依据不足，一审法院不予支持。此外，在（2017）京国立内证字第 11866 号公证书进行公证购买的同款产品“King EGG”还包括 King EGG 粉色款［见图 6－2（a）］方面，该产品除色调及顶部标识为“GIRL”与 King EGG 蓝色款（顶部标识为“BOY”）存在区别之外，其他细节均一致，故费列罗三公司主张斯维特公司销售的该款“King EGG”产品构成商标侵权依据不足，一审法院不予支持。

（a）King EGG 蓝色款和粉色款

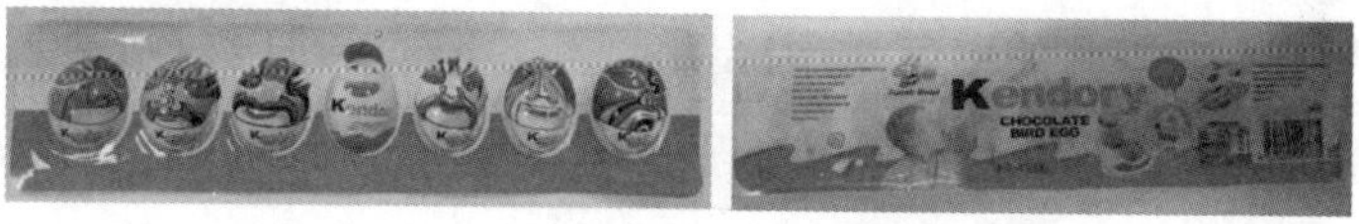

（b）Kendory 商品正面和背面

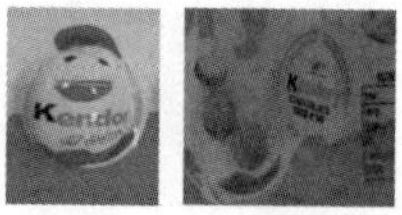

（c）Kendory 商品正面及背面局部截图

图 6－2 （2017）京国立内证字第 11866 号公证书保全商品

（5）在（2017）粤广海珠第 17859 号公证书附件中第 5～7 页出现的产品图片，以及（2017）京国立内证字 7240 号公证书附件第 103、105 页出现的产品图片，费列罗三公司提交的产品实物 Kendory 商品［见图 6－2（b）］，所对应的产品名称为“Kendory CHOCOLATE BIRD EGG”，该产品的正面有独立的同等大小的七个蛋形突出外壳，每个蛋形外壳中下部位置写有“Kendory”，虽然该标识是采用首字母为大写黑色字体显示，其他字母采用橙色小写字体显示的形式，但在字母数量、构成及拼读方面均与费列罗公司的第 719519 号“Kinder”商标存在明显区别，不会造成公众混淆；与费列罗三公司主张的其他商标亦存在明显差别。此外，位于正中位置的 Kendor 巧克力蛋［见图 6－2（c）］为蛋形外壳，底部的红色波浪分隔线带有两滴不同形状的白色奶滴图案组合，与费列罗公司的第 G858042 号“红色波浪加奶滴”图形商标仅存在颜色深浅差别，其他细节方面均近似，已构成实质性相似，构成商标侵权。该被控侵权产品的背面图案，如上所述，其显示的“Kendory”标识不构成商标侵权，底部显示的橙红色波浪分隔线带有两滴不同形状的白色奶滴图案组合，侵犯了费列罗公司的第 G858042 号红色波浪加奶滴图形商标。此外，费列罗三公司主张在背面出现的“Kendory”图文［见图 6－2（c）］侵犯了索尔马代克公司的第 G728472 号蛋形商标。经比对，第 G728472 号蛋形商标整体显示为带有一处底部突出物的蛋形外壳，在顶部有蓝色及红色弧形的线条从上延伸两侧，中部位置为蓝色条形图案，底部为含有橙红色波浪分隔线及带有两滴不同形状的白色奶滴图案的组合。而被控侵权图案虽然亦显示有蓝色及红色弧形线条，但在主体构造及显著形态方面与第 G728472 号蛋形商标存在较大差异，故对费列罗三公司的该项主张，一审法院不予支持。同理，该被控侵权图案亦不构成对索尔马代克公司的第 G1288269 号“Kinder JOY”图形商标的侵犯。综上所述，一审法院认定斯维特公司销售的产品名称为“Kendory CHOCOLATE BIRD EGG”的产品侵犯了费列罗公司的第 G858042 号“红色波浪加奶滴”图形商标。

（6）在（2017）京国立内证字第 7240 号公证书附件中第 220 页出现的产品图片［见图 6－1（m）］，该产品名称为“King&Queen EGG”，将该产品图案与索尔马代克公司的第 G1288269 号“Kinder JOY”图形商标进行比较，虽然该被控侵权产品外形为蛋形，但因蛋形为较通用的形状，显著性并不突出，且索尔马代克公司的第 G1288269 号“Kinder JOY”图形商标大致分为上下结构，上半部为字母组合图案，下半部为含有奶滴图案的橙红色波浪线分隔开的图案。而被控侵权产品与该权利商标在图案、颜色、分隔位置及分隔波浪线等方面均存在实质性差异，不易造成公众混淆。在该产品中部位置显示的“King&Queen EGG”字母标识与索尔马代克公司的第 G720813 号“Kinder JOY”图形商标及费列罗公司的第 719519 号“Kinder”商标在字母组成和字体颜色设计方面存在明显区别，不会造成公众混淆。此外，在底部显示的波浪线图案，与费列罗公司的第 G858042 号“红色波浪加奶滴”图形商标及第

G782756 号红色波浪图形商标亦存在明显区别，不构成相同或相似。故费列罗三公司主张斯维特公司销售的该款“King&Queen EGG”产品构成商标侵权依据不足，一审法院不予支持。

（7）在（2017）京国立内证字第 7240 号公证书附件中第 160 ~ 163 页，第 165 页、第 173 页出现的产品男孩女孩 SURPRISE 巧克力蛋外包装图片及蓝色 HAYYPY Eggs、粉色 HAYYPY Eggs 产品图案［见图 6 - 1（j）］，所对应的产品名称为“男孩 & 女孩开心 SURPRISE 巧克力蛋玩具糖果”。将该产品图案与索尔马代克公司的第 G1288269 号“Kinder JOY”图形商标进行比较，虽然该被控侵权产品外形为蛋形，但因蛋形为较通用的形状，显著性并不突出，且索尔马代克公司的第 G1288269 号“Kinder JOY”图形商标大致分为上下结构，上半部为字母组合图案，下半部为含有奶滴图案的橙红色波浪线分隔开的图案。而被控侵权产品的蛋形外壳存在上、中、下三层结构，顶部有彩色渐变，中部为字母图示，底部为波浪线分隔开的图案。两者在图案、字母构成、分隔位置及分隔波浪线等方面均存在实质性差异，不易造成公众混淆。在该产品中部位置显示的“HAPPY EGG”字母标识与索尔马代克公司的第 G720813 号“Kinder JOY”商标及费列罗公司的第 719519 号“Kinder”商标在字母组成和字体颜色设计方面存在明显区别，不会造成公众混淆。此外，在底部显示的波浪线图案，与费列罗公司的第 G858042 号“红色波浪加奶滴”图形商标及第 G782756 号红色波浪图形商标亦存在明显区别，不构成相同或相似。但商品的销售页面上显示的商品名称中包含“SURPRISE”，与费列罗公司第 G551073 号“SURPRISE”商标相比，内容均指向同一英文单词，斯维特公司将其作为第 G551073 号“SURPRISE”商标许可使用的相同商品“巧克力”的名称，容易造成消费者的混淆误认。故一审法院认定斯维特公司许诺销售的该款“男孩 & 女孩开心 SURPRISE 巧克力蛋玩具糖果”的销售页面标注的商品名称侵犯了费列罗公司的第 G551073 号“SURPRISE”注册商标。

（8）在（2017）京国立内证字第 7240 号公证书附件中第 50、52、146、148 ~ 150 页出现的产品外包装图片［见图 6 - 1（i）］及产品图案［见图 6 - 1（c）］，所对应的产品名称为“SURPRISE 巧克力 Kinder 蛋内含玩具”，将该产品图案与索尔马代克公司的第 G1288269 号“Kinder JOY”图形商标进行比较，虽然该被控侵权产品外形为蛋形，但因蛋形为较通用的形状，显著性并不突出，且索尔马代克公司的第 G1288269 号“Kinder JOY”图形商标大致分为上下结构，上半部为字母组合图案，下半部为含有奶滴图案的橙红色波浪线分隔开的图案。而被控侵权产品的蛋形外壳存在上、中、下三层结构，顶部有彩色渐变，中部为“跑跑兄弟”等汉字，底部为波浪线分隔开的图案，其中写有“超Q蛋”。两者在图案、元素构成、分隔位置及分隔波浪线等方面均存在实质性差异，不易造成公众混淆。在产品外包装底部及产品底部显示的波浪线图案，与费列罗公司的第 G858042 号红色波浪加奶滴图形商标及第 G782756 号红色波浪图形商标亦存在明显区别，不构成相同或相似。该商品的销售页面上显示的商品名称中包含“Kinder”及“SURPRISE”，与费列罗公司第 719519 号“Kinder”商标及第 G551073 号“SURPRISE”商标相比，内容均指向同一英文单词，斯维特公司将其作为与第 719519 号“Kinder”商标及第 G551073 号“SURPRISE”商标许可使用的相同商品“巧克力”的名称，容易造成消费者的混淆误认。故一审法院认定斯维特公司许诺销售的该款“SURPRISE 巧克力 Kinder 蛋内含玩具”产品的销售页面标注的商品名称侵犯了费列罗公司的第 G551073 号 SURPRISE 商标及第 719519 号“Kinder”商标。

（9）在（2017）京国立内证字第 7240 号公证书附件中第 179、181、148～183、218 页出现的产品巧心蛋图案及外包装图片［见图 6－1（k）］，所对应的产品名称为“Sweet Halal chocolate biscuit Kinder Egg with Toy candy”。将该产品图案与索尔马代克公司的 G1288269 号“Kinder JOY”图形商标进行比较，虽然该被控侵权产品外形为蛋形，但因蛋形为较通用的形状，显著性并不突出，且索尔马代克公司的第 G1288269 号“Kinder JOY”图形商标大致分为上下结构，上半部为字母组合图案，下半部为含有奶滴图案的橙红色波浪线分隔开的图案。而被控侵权产品的蛋形外壳未见明显的分层结构，中部位置以较大篇幅显示“巧心蛋”汉字，底部为波浪线分隔开的图案。两者在图案、元素构成及分隔波浪线等方面均存在实质性差异，不易造成公众混淆。

在产品外包装底部及产品底部显示的波浪线图案，与费列罗公司的第G858042号红色波浪加奶滴图形商标及第G782756号红色波浪商标亦存在明显区别，不构成相同或相似。但该款商品的销售页面上显示的商品名称中包含"Kinder"，与费列罗公司第719519号"Kinder"商标相比，内容均指向同一英文单词，斯维特公司将其作为第719519号"Kinder"商标许可使用的相同商品"巧克力"的名称，容易造成消费者的混淆误认。故一审法院认定斯维特公司许诺销售的该款"Sweet Halal chocolate biscuit Kinder Egg with Toy candy"的销售页面标注的商品名称侵犯了费列罗公司的第719519号"Kinder"注册商标。

（10）关于费列罗三公司称斯维特公司销售包括"Funny Egg"及其他蛋形产品构成侵权的主张，因费列罗三公司提交的照片为单方制作，斯维特公司对此亦不予确认，无法证明斯维特公司销售上述产品。故对费列罗三公司的该主张，一审法院不予支持。

综上所述，斯维特公司销售或许诺销售的上述被控侵权产品侵犯了费列罗三公司的注册商标专用权，费列罗三公司起诉要求斯维特公司停止上述侵权行为，合法合理，应予支持。

三、斯维特公司销售被控侵权产品的行为是否构成不正当竞争行为的问题

根据《反不正当竞争法》（2017年修订）第六条第（一）项之规定："经营者不得实施下列混淆行为，引人误认为是他人商品或者与他人存在特定联系：（一）擅自使用与他人有一定影响的商品名称、包装、装潢等相同或者近似的标识……"对上述"有一定影响的商品装潢"，应综合考虑该商品的销售时间、销售区域、销售额和销售对象，进行宣传的持续时间、程度和地域范围的情况等因素，进行综合判断。该案中，费列罗三公司为证明健达（Kinder）奇趣蛋是有一定影响的商品，提交了2010~2015年的销售量及销售额相关的销售合同、销售发票及其他相关证明，2010~2014年的费列罗上海公司的审计报告，国内电视及新闻报纸宣传报道等。综合考虑上述证据，健达（Kinder）奇趣蛋是有一定影响的商品，具有充分的依据。

关于健达（Kinder）奇趣蛋的包装装潢是否具有区别商品来源的显著特

征，或虽然本身缺乏显著特征但经过使用取得了显著特征，已足以区别商品来源的问题。根据查明事实，健达（Kinder）奇趣蛋产品长期持续使用该种特有的蛋形包装装潢，也即该包含顶部渐变色彩、中部字母图形及底部橙红色含白色奶滴的波浪图案组合长期结合使用，使这种特有包装装潢的显著性和识别性也随之增强，已经将上述特有包装装潢和健达（Kinder）奇趣蛋这一商品紧密联系起来，该包装装潢已经具有区别商品来源的显著特征，相关公众已经将具有该包装装潢的健达（Kinder）奇趣蛋与费列罗三公司联系在一起。综上所述，一审法院认定健达（Kinder）奇趣蛋的顶部渐变色彩、中部字母图形及底部橙红色含白色奶滴的波浪图案组合包装装潢构成有一定影响的商品特有包装装潢。

最后，根据前述法律规定，该案中，法院将费列罗三公司提交的健达（Kinder）奇趣蛋和被控侵权产品“King EGG”［见图6－2（a）］的包装装潢进行对比，虽然在具体颜色、字母结构及分割比例等细节方面均有差异，但在整体上均采用带有一端突出物的蛋形外壳，采取上、中、下三种颜色分层结构，顶部均为渐变色渲染，中部均为黑色、黄色、红色书写的英文单词，底部均为波浪分隔线构成的图案。费列罗三公司的产品健达（Kinder）奇趣蛋区分为蓝色顶端的“男孩版”和粉色顶端的“女孩版”。斯维特公司销售的该款被控侵权产品则分为红色系的“GIRL”和蓝色系的“BOY”两个版本。上述诸多相同元素整合在产品上，容易造成相关公众的误认和混淆，应认定两者的包装装潢构成近似。斯维特公司销售被控侵权产品“King EGG”存在攀附费列罗三公司的产品健达（Kinder）奇趣蛋的产品市场知名度和美誉度的故意，有违诚信原则，构成不正当竞争，应当承担停止使用、赔偿损失等民事责任。同理，斯维特公司许诺销售的被控侵权产品“King&Queen EGG”（见图6－3）、“男孩 & 女孩开心 SURPRISE 巧克力蛋玩具糖果”［见图6－1（j）］、“SURPRISE 巧克力 Kinder 蛋内含玩具”［见图6－1（c）］与费列罗三公司的产品健达（Kinder）奇趣蛋的特有包装装潢构成近似，斯维特公司许诺销售上述产品的行为构成不正当竞争，应当承担停止使用、赔偿损失等民事责任。

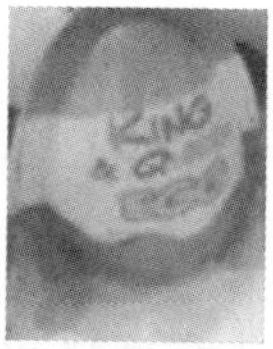

图6－3　King&Queen EGG

至于费列罗三公司主张的被控侵权产品“Sweet Halal chocolate biscuit Kinder Egg with Toy candy”［见图6－1（k）巧心蛋单个产品图案］，因该款产品并未采用顶部渐变色渲染、中部字母组合及底部橙红色特有波浪线分隔的组合设计，与费列罗三公司的产品健达（Kinder）奇趣蛋的特有包装装潢存在明显区别，不会造成公众混淆。故对费列罗三公司的该主张，一审法院不予支持。

关于费列罗三公司主张斯特维公司销售的其他多款被控侵权产品的包装装潢构成不正当竞争的诉求，费列罗三公司就同一事实既主张侵害商标权又主张违反《反不正当竞争法》构成不正当竞争。因费列罗三公司的相关主张已依据《商标法》获得支持，一审法院已判令斯维特公司停止销售含有在包装上使用了侵犯费列罗三公司注册商标权的相应元素的被控侵权产品，则不再适用《反不正当竞争法》。具体包括：（1）美味巧克力Kinder蛋/King&queen巧克力蛋［见图6－1（a）］；（2）Kinder SURPRISE kosher巧克力，带有玩具［见图6－1（b）］；（3）kindor egg chocolate with toy inside［见图6－1（f）］；（4）Kings joy egg chocolate with small biscuit［见图6－1（l）］；（5）Kendory CHOCOLATE BIRD EGG［见图6－2（b）］。

此外，关于费列罗三公司主张斯维特公司销售的上述多款被控侵权产品的商品名称构成不正当竞争的诉求，知名商品的特有名称是指不为相关商品所通用，具有显著区别性特征，并通过在商品上的使用使消费者能够将该商品与其他经营者的同类商品相区别的商品名称。但费列罗三公司已就权利商品健达（Kinder）奇趣蛋的名称注册了第G551073号“SURPRISE”商标及第719519号“Kinder”商标，从而具有了注册商标权的专有性。故一审法院对费列罗三公司的该诉求依据《商标法》的相关规定进行处理，不再适用《反不正当竞争法》予以保护。

四、关于费列罗三公司要求斯维特公司公开赔礼道歉消除影响的诉求

因注册商标专用权属于财产权利范畴，不具有人格权等人身权利属性，且费列罗三公司并未证明其商誉因斯维特公司的商标侵权行为及不正当竞争行为受到侵害，判决停止侵权和赔偿损失已可弥补费列罗三公司损失，故对费列罗三公司起诉请求斯维特公司因其商标侵权行为向费列罗三公司公开赔礼道歉消除影响的诉请，一审法院不予支持。

五、关于斯维特公司具体应当承担的赔偿责任问题

根据《反不正当竞争法》（2017 年修订）第十七条第三、四款规定，因不正当竞争行为受到损害的经营者的赔偿数额，按照其因被侵权所受到的实际损失确定；实际损失难以计算的，按照侵权人因侵权所获得的利益确定。……权利人因被侵权所受到的实际损失、侵权人因侵权所获得的利益难以确定的，由人民法院根据侵权行为的情节判决给予权利人三百万元以下的赔偿。根据《商标法》（2013 年修正）第六十三条规定，侵犯商标专用权的赔偿数额，按照权利人因被侵权所受到的实际损失确定；实际损失难以确定的，可以按照侵权人因侵权所获得的利益确定；权利人的损失或者侵权人获得的利益难以确定的，参照该商标许可使用费的倍数合理确定。对恶意侵犯商标专用权，情节严重的，可以在按照上述方法确定数额的一倍以上三倍以下确定赔偿数额。赔偿数额应当包括权利人为制止侵权行为所支付的合理开支。综合上述法律规定，人民法院在确定赔偿数额时，应当考虑侵权行为的性质、期间、后果，商标的声誉，商标使用许可费的数额，商标使用许可的种类、时间、范围及制止侵权行为的合理开支等因素综合确定。对于斯维特公司因商标侵权行为及不正当竞争行为应赔偿的数额，由于未有证据能证实费列罗三公司因被侵权所受到的实际损失或斯维特公司因侵权所获得的利益，故一审法院综合考虑商标的声誉，侵权者的纠错态度，侵权商品的销售规模、销售价格、销售数量、侵权期间、后果及权利人为制止侵权行为所支付的合理开支（包括公证费、律师费、进行证据保全的费用等）因素，酌情确定斯维

特公司赔偿费列罗三公司经济损失（含合理维权开支）30 万元。

综上，一审法院于 2019 年 7 月 15 日作出判决：（1）斯维特公司在判决发生法律效力之日起立即停止侵犯索尔马代克公司的第 G720813 号商标，费列罗公司第 719519 号商标、第 G858042 号商标、第 G551073 号商标专用权的行为，即停止销售侵犯上述商标专用权的产品；（2）斯维特公司在判决发生法律效力之日起立即停止销售侵犯费列罗三公司知名产品包装、装潢的蛋形包装产品；（3）斯维特公司在判决生效之日起 10 日内向费列罗三公司赔偿经济损失及维权支出合理费用 30 万元；（4）驳回费列罗三公司的其他诉讼请求。一审案件受理费 13800 元，由费列罗三公司共同负担 4830 元，由斯维特公司负担 8970 元。

二审判决

二审法院认为，该案为侵害商标权及不正当竞争纠纷案件。结合双方的诉辩意见，该案二审争议焦点是：斯维特公司实施的行为是否属于商品侵权及不正当竞争行为，一审判赔数额是否适当。

根据《民事诉讼法》第一百六十八条、《最高人民法院关于适用〈中华人民共和国民事诉讼法〉的解释》第三百二十三条的规定，第二审人民法院应当围绕当事人的上诉请求进行审理。当事人没有提出请求的，不予审理，但一审判决违反法律禁止性规定，或者损害国家利益、社会公共利益、他人合法权益的除外。费列罗三公司未就该案提出上诉，故二审对商标侵权行为及不正当竞争行为的审查以一审判决认定的范围为限。对于费列罗三公司在一审中提出的商标侵权及不正当行为而一审法院未予认定的部分，二审法院不再审查。

一、关于该案法律适用问题

现行《商标法》是 2019 年修正的，施行时间是 2019 年 11 月 1 日。该案的受理时间在 2019 年 11 月 1 日之前，并且费列罗三公司在该案中主张的侵权行为发生在 2017 年 5 月至 2018 年 3 月，故该案应当适用 2013 年的《商标法》。

2017 年修订的《反不正当竞争法》自 2018 年 1 月 1 日起施行。因费列罗三公司主张的不正当竞争行为持续至 2018 年 3 月，且二审期间双方对适用 2017 年修订的《反不正当竞争法》无异议，故一审法院适用 2017 年修订的《反不正当竞争法》正确。

二、关于商标侵权是否成立的问题

该案二审中，费列罗三公司明确了斯维特公司实施的商标侵权行为的具体形式，即第 7240 号公证书显示的涉案网店所展示的多款产品名称及商品上使用的被诉标识侵犯了费列罗三公司享有的多个图文注册商标的专用权。对商标权的保护，应以商标权的有效存在为前提和基础。《商标法》（2013 年修正）第五十五条第二款规定，被撤销的注册商标，由商标局予以公告，该注册商标专用权自公告之日起终止。费列罗公司在该案中请求保护的第 G551073 号“SURPRISE”注册商标虽然在 2018 年 10 月 27 日被商标局撤销，但涉案侵权行为发生在该商标被撤销之前，故费列罗公司亦有权请求保护该注册商标。

《商标法》（2013 年修正）第五十六条规定，注册商标的专用权，以核准注册的商标和核定使用的商品为限；第五十七条第（二）项规定，未经商标注册人的许可，在同一种商品上使用与其注册商标近似的商标，或者在类似商品上使用与其注册商标相同或者近似的商标，容易导致混淆的，属侵犯注册商标专用权的行为。该案中，被诉侵权商品为巧克力、糖果、饼干等商品，而费列罗三公司第 G720813 号、第 719519 号、第 G858042 号、第 G551073 号注册商标核定使用商品包括巧克力、糖果、饼干等商品，故二者属于同一类商品。故，判断斯维特公司的行为是否构成商标侵权，关键在于判断被诉标识与费列罗三公司的“Kinder JOY”等注册商标是否构成近似商标，以及其是否具有《商标法》（2013 年修正）第五十七条规定的侵犯注册商标专用权的行为。

（一）关于被诉行为是否属于商标使用行为

《商标法》（2013 年修正）第四十八条规定，本法所称商标的使用，是指将商标用于商品、商品包装或者容器以及商品交易文书上，或者将商标用于广告宣传、展览以及其他商业活动中，用于识别商品来源的行为。该案中，斯维特公司使用被诉标识的行为有两种，一种是在涉案网店商品名称中使用被诉标识，另一种是在被诉商品上使用被诉标识。

关于第一种使用行为，从第7204号公证书保全内容看，涉案网站使用语言为英文，斯维特公司在商品名称中使用被诉标识的方式为“Good Taste Chocolate Kinder Egg/King&Queen Chocolate Egg in Display Box”“Kinder Surprise Kosher Chocolate With Toy”“Big Kinder Smart Chocolate Surprise Egg Card Toy”“Kindor Egg Chocolate with Toy inside”等，可见被诉标识“Kinder”“Kindor”和“Surprise”与商标名称中其他英文字母字体、大小等均相同，斯维特公司并未单独使用或突出使用被诉标识。从前述使用方式看，这不会使相关公众，尤其是以中文为母语的消费者认为被诉标识“Kinder”“Kindor”“Surprise”是一种巧克力、糖果等商品的品牌，不具有识别商品来源的作用，故上述使用行为并非《商标法》（2013年修正）第四十八条规定的商标使用行为。一审法院将斯维特公司上述使用行为认定为商标使用进而认定斯维特公司构成商标侵权不当，二审法院予以纠正。

关于第二种使用行为。斯维特公司上诉认为其为贴牌生产/定牌加工（OEM）模式不属于商标的使用行为。首先，第7240号公证书保全的网站为阿里巴巴国际网站，斯维特公司在网站商品详情中介绍公司商业模式为OEM模式，其根据外贸订单进行加工生产后销往国外，未在国内销售被诉侵权商品。对此，法院认为，首先斯维特公司并未提交委托合同、商标授权证书等证据予以证实其实业模式，且因网站内容系网站经营者自行编辑上传，故仅凭阿里巴巴网店显示的OEM信息，尚不能证明斯维特公司商业模式即为OEM。其次，最高人民法院在（2019）最高法民再138号民事判决书中认定：“商标使用行为是一种客观行为，通常包括许多环节，如物理贴附、市场流通等，是否构成《商标法》意义上的‘商标的使用’应当依据《商标法》作出整体一致解释，不应该割裂一个行为而只看某个环节，要防止以单一环节遮蔽行为过程，要克服以单一侧面代替行为整体。商标使用意味着使某一个商标用于某一个商品，其可能符合商品提供者与商标权利人的共同意愿，也可能不符合商品提供者与商标权利人的共同意愿；某一个商标用于某一个商品以至于二者合为一体成为消费者识别商品及其来源的观察对象，既可能让消费者正确识别商品的来源，也可能让消费者错误识别商品的来源，甚至会出现一些消费者正确识别商品的来源，而另外一些消费者错误识别商品的来源这样错综复杂的情形。这些现象纷繁复杂，无不统摄于商标使用，这些利益反复博弈，无不统辖于《商标法》。因此，在生产制造或加工的产品上以标注方式或其他方式使用了商标，只要具备了区别商品来源的可能性，就应当认定该使用状态属于《商标法》意义上的‘商标的使用’。《最高人民法院关于审理商标民事纠纷案件适用法律若干问题的解释》第八条规定：‘《商标法》所称相关公众，是指与商标所标识的某类商品或者服务有关的消费者和与前述商品或者服务的营销有密切关系的其他经营者。’本案中相关公众除被诉侵权商品的消费者外，还应该包括与被诉侵权商品的营销密切相关的经营者。本案中被诉侵权商品运输等环节的经营者即存在接触的可能性。而且，随着电子商务和互联网的发展，即使被诉侵权商品出口至国外，亦存在回流国内市场的可能。同时，随着中国经济的不断发展，中国消费者出国旅游和消费的人数众多，对于‘贴牌商品’也存在接触和混淆的可能性。”因此，根据上述论述，即使被诉侵权商品为贴牌商品，被诉行为亦属于商标使用行为。故斯维特公司主张以 OEM 为由称被诉行为不属于商标使用的抗辩，法院不予支持。斯维特公司在生产或加工的商品上使用被诉标识的行为，属于《商标法》(2013 年修正）第四十八条规定的商标使用行为，虽然涉案网店商品介绍页面其他位置显示被诉商品品牌为“Sweet”或“Sweet road”，但并不影响被诉商品上标识的商标使用的认定。

（二）关于被诉标识与涉案注册商标是否构成近似商标的问题

《最高人民法院关于审理商标民事纠纷案件适用法律若干问题的解释》第九条第二款规定，所谓商标近似，是指被控侵权的商标与权利人的注册商标相比较，其文字的字形、读音、含义或者图形的构图及颜色，或者其各要素组合后的整体结构相似，或者其立体形状、颜色组合近似，易使相关公众对商品的来源产生误认或者认为其来源与权利人注册商标的商品有特定的联系。该司法解释第十条规定，认定商标相同或者近似按照以下原则进行：(1) 以相关公众的一般注意力为标准；(2) 既要进行对商标的整体比对，又要进行对商标主要部分的比对，比对应当在比对对象隔离的状态下分别进行；(3) 判断商标是否近似，应当考虑请求保护注册商标的显著性和知名度。可见，《商标法》意义上的近似是指足以使相关公众产生误认，进而导致市场混淆的近似，而不仅是构成要素上的近似。判断是否构成商标侵权意义上的近似，不仅要比较相关标识在字形、读音、含义等构成要素上的近似性，还要考虑其近似是否达到足以造成市场混淆的程度。应根据案件的具体情况，并结合相关商标的显著性、实际使用情况，被诉侵权人的主观意图等，综合予以判断。具体到该案中，一审法院认定多款被诉商品或商品包装上使用的“Kengo TOY”标识、“红色波浪加奶滴”图形标识、“Kindor”标识、“Kings JOY”标识等分别侵害了费列罗三公司第 G720813 号“Kinder JOY”注册商标、第 719519 号“Kinder”注册商标、第 G858042 号红色波浪加奶滴图形注册商标依据充分，理由如下。

首先，关于涉案注册商标的实际使用情况。费列罗三公司在健达奇趣蛋商品的蛋形包装上使用“Kinder JOY”注册商标、蛋形包装下方使用红色波浪加奶滴图形商标，其所提供的健达奇趣蛋包装盒正面有蛋形卡通人物形象，该卡通形象正面标有“Kinder”商标且该商标下方标有©符号。因此，上述使用均属于商标使用。至于斯维特公司上诉提到平面商标立体化使用的问题，即该公司认为第 G858042 号红色波浪加奶滴图形注册商标为平面商标，而使用在蛋形商品上为立体化使用，是否为商标使用的问题。平面商标使用在商品或其包装上，必然会随着商品或包装的形状而产生相应的变化，上述使用并未影响商标本身的显著性，因此，该使用属于商标使用。

其次，关于涉案注册商标的知名度情况。根据查明的事实，第 G720813 号“Kinder JOY”商标核准注册日为 1999 年 8 月 3 日，第 719519 号“Kinder”商标核准注册日为 1994 年 12 月 14 日，第 G858042 号“红色波浪加奶滴”图形商标核准注册日为 2005 年 6 月 6 日。费列罗公司提交的证据显示其从 2009 年开始宣传蛋形包装的健达奇趣蛋商品，2011～2014年健达奇趣蛋商品在电视台广告总播放次数为147829次，2011～2015年广告投入约1.21亿元，2011～2016年在四川、北京、广东、杭州、深圳等省市销售数额约2.03亿元。而健达奇趣蛋商品上使用的注册商标包括第G720813号“Kinder JOY”注册商标、第G858042号红色波浪加奶滴图形商标，包装盒所示奇趣蛋卡通形象证明亦使用有第719519号“Kinder”商标。可见，费列罗三公司经过多年经营和广告宣传，使得健达奇趣蛋商品及前述注册商标取得了较高的显著性和知名度。

再次，关于被诉标识与涉案注册商标的近似性判断。将被诉文字标识分别与涉案注册商标比对：（1）被诉标识“Kengo TOY”与第G720813号“Kinder JOY”注册商标虽然二者发音不同，但二者均由两个英文单词构成，且第二个单词仅有一个字母不同。从单词大小写形式上看，二者第一个英文单词首字母均为大写，第二个单词所有字母均为大写。从单词的排列方式和大小上看，均为第一个单词在上、第二个单词在下，第二个单词略大于第一个单词。从标识的实际使用情况看，涉案注册商标实际使用时第一个单词首字母为黑色，其余字母为红色，第二个单词为黄色，被诉标识的颜色组合方式亦相同；并且，二者实际使用在商品上时均与红色波浪加奶滴图形商标共同使用，均位于该图形标识的上方。（2）被诉标识“Kings JOY”与第G720813号“Kinder JOY”注册商标虽然二者发音不同，但二者均由两个英文单词构成，且第二个单词完全相同。从单词大小写形式上看，二者第一个英文单词首字母均为大写，第二个单词所有字母均为大写。从单词的排列方式上看，均为第一个单词在上，第二个单词在下，第二个单词略大于第一个单词。从标识的实际使用情况看，涉案注册商标实际使用时第一个单词首字母为黑色，其余字母为红色，第二个单词为黄色，被诉标识的颜色组合方式亦相同；并且，二者实际使用在商品上时均与红色波浪加奶滴图形商标共同使用，均位于该图形标识的上方。（3）被诉标识“Kindor”与第719519号“Kinder”注册商标，二者均由英文字母构成且仅有一个单词不同，且二者首字均为大写；使用在其中一款被诉商品时首字母为黑色，其余字母为红色，与第719519号“Kinder”注册商标实际使用时的颜色一致。（4）将被诉图形标识即红色波浪加奶滴图形标识与第 G858042 号红色波浪加奶滴图形注册商标对比，二者图案、颜色均相同，且两个奶滴均为左大右小，奶滴之间的位置以及与红色波浪的位置均相同。

因此，斯维特公司将被诉标识使用在涉案注册商标核定使用的商品上，容易使相关公众对商品来源产生误认或者认为其来源表示斯维特公司与费列罗三公司之间存在某种特定的联系，可能导致相关公众的混淆和误认。

最后，关于斯维特公司使用被诉标识的合理性判断。斯维特公司成立于 2016 年并从事巧克力、糖果等食品行业，其应当知道费列罗三公司享有与健达奇趣蛋商品相关的注册商标的知名度和影响力。斯维特公司在涉案网站上宣传的商标为“Sweet”“Sweets road”，但其在商品上并未实际使用前述商标，而是在其网站、商品上使用与费列罗三公司注册商标相同或相近似的商标，明显具有攀附费列罗三公司注册商标知名度的恶意，容易使相关公众产生误认。

综上，斯维特公司在多款被诉商品或商品包装上使用的“Kengo TOY”标识、“红色波浪加奶滴”图形标识、“Kindor”标识、“Kings JOY”标识等构成对费列罗三公司第 G720813 号“Kinder JOY”注册商标、第 719519 号“Kinder”注册商标、第 G858042 号“红色波浪加奶滴”图形注册商标专用权的侵犯，一审法院上述认定正确，二审法院予以维持。因斯维特公司在涉案网站商品名称中使用被诉标识“Surprise”的行为不属于商标使用，一审法院认定斯维特公司侵害费列罗公司第 G551073 号“SURPRISE”注册商标专用权错误，二审法院予以纠正。

三、关于不正当竞争行为是否成立的问题

《反不正当竞争法》第六条规定：“经营者不得实施下列混淆行为，引人误认为是他人商品或者与他人存在特定联系：（一）擅自使用与他人有一定影响的商品名称、包装、装潢等相同或者近似的标识……”商品包装，一般指盛装或者保护商品的容器。商品装潢是指在商品或者其包装上附加的文字、图案、色彩及其排列组合所构成的装潢，在其能够区别商品来源时。根据费

列罗三公司在一审、二审中的陈述及其提交的证据等可知，其在该案中既主张保护健达奇趣蛋商品蛋形包装，也主张保护附着该商品蛋形包装上的文字、图案、色彩及其排列组合即商品装潢。

该案中，费列罗三公司主张保护的商标包装是健达奇趣蛋的蛋形包装。其主张保护的商品装潢分别有两款。一款是健达奇趣蛋商品男孩版的塑料蛋形包装及其正面体现的颜色、图案及文字的组合，具体表现在从色彩上划分为顶部、中部及底部三部分，顶部采用蓝色渐变色，中部采用白色并包含黑色、黄色、橙红色文字字体，底部采用橙红色，中部及底部之间用波浪图形作为间隔，其中波浪图形带有左大右小两滴奶滴。另一款是健达奇趣蛋商品女孩版，除顶部采用粉色渐变色外，其余构成要素均与男孩版相同。斯维特公司上诉认为上述包装、装潢与索尔马代克公司第 G1288269 号注册商标完全相同，是该平面商标的立体化使用。对此，法院认为，将商标标签附加在包装上，在可以自由设计的范围内，将包装、装潢各要素独特排列组合，可以形成具有区别商品来源的显著特征。该案中，健达奇趣蛋商品男孩版、女孩版包装和装潢的正面虽然使用了涉案第 G1288269 号注册商标的全部要素，但在使用前述商标时，蛋形包装底部红色波浪图案上添加了“健達© 奇趣蛋© ”“含新奇玩具”等文字，尤其是区分男孩版、女孩版，在蛋形包装顶部以蓝色或粉色渐变色彩，将蛋形区分为上蓝/粉、中白、下红三部分，形成较为显著的识别特征。涉案第 G1288269 号注册商标仅有上白、下红两大色块的区分，尚不足以涵盖健达奇趣蛋商品男孩版、女孩版包装和装潢的全部要素。故对斯维特公司称上述包装、装潢正面与第 G1288269 号注册商标完全相同的上诉理由不成立，法院不予支持。

（一）关于健达奇趣蛋的包装、装潢是否属于有一定影响的商品包装、装潢的问题

判断健达奇趣蛋包装、装潢是否构成有一定影响的商品包装和装潢应当考虑如下因素：相关公众对该商品包装和装潢的知晓程度；该商品包装和装潢的持续使用时间；使用该包装和装潢的商品任何宣传的持续时间、程度和地域范围；该商品的销售时间、区域、数量等；以及该商品受保护的情况等

因素。该案中，费列罗三公司从2009年开始宣传推广健达奇趣蛋商品，即从2009年起开始将蛋形包装使用在巧克力商品上且持续使用至今，可见健达奇趣蛋的蛋形包装使用多年；自2014年起开始使用健达奇趣蛋男孩版、女孩版装潢，自上市以来一直持续销售该商品。从费列罗三公司提交的销售合同、发票、宣传推广等方面分析，2011～2014年健达奇趣蛋在全国多家电视台的广告总播放次数为147829次，2011～2015年广告投入约1.21亿元，可见费列罗三公司持续通过电视、广告、路演等多渠道、多形式的宣传推广涉案商品；健达奇趣蛋2011～2016年在四川、北京、广东、杭州、深圳等省市销售数额约2.03亿元，并在京东开设线上旗舰店销售涉案商品，可见涉案商品的销售区域遍布全国各地、覆盖线上线下；费列罗三公司在2014年、2016年等持续通过投诉、起诉等行政、司法手段保护涉案商品。对于普通消费者而言，健达奇趣蛋的包装及其两款装潢最显著的特征是其蛋形包装及其独特的渐变色彩、文字、图案及其排列组合。

从上述分析可见，至该案侵权行为发生时，健达奇趣蛋的包装、装潢经过长期、持续的推广、宣传及销售，已在所属行业和相关公众中具有较高知名度和影响力。健达奇趣蛋的包装和该商品男孩版、女孩版的装潢，足以使相关公众将其与费列罗三公司的商品联系起来，成为相关公众识别健达奇趣蛋商品来源的显著特征。费列罗三公司健达奇趣蛋的包装和该商品男孩版、女孩版装潢属于有一定影响的商品包装、装潢。

（二）相关公众是否容易对被诉侵权商品的包装、装潢与健达奇趣蛋的包装、装潢引起混淆、误认

《反不正当竞争法》中规定的混淆、误认，是指足以使相关公众对商品的来源产生误认，包括误认为与有一定影响的商品包装、装潢的经营者具有许可使用、关联企业关系等特定联系。在相同商品上使用相同或者视觉上基本无差别的商品包装、装潢，应当视为足以造成和他人有一定有影响力的商品相混淆。

该案中，一审法院认定被诉侵权产品商品“King EGG”［粉色款、蓝色款，商品图片见图6－2（a）］、“King&Queen EGG”（商品图片见图6－3）、

“男孩 & 女孩开心 SURPRISE 巧克力蛋玩具糖果”［商品图片见图 6－1（j）］、“SURPRISE 巧克力 kinder 蛋卡片玩具”［商品图片见图 6－1（c）］的包装、装潢与健达奇趣蛋商品包装、装潢近似。对此，法院认为，上述商品均使用了蛋形包装，且均采用上部为蓝色或粉色渐变色、中部为白色、下部为红色或蓝色的形式将蛋形区分为三个部分，中部使用的英文标识亦采用三个色块进行区分且均包含红色、黄色。由于健达奇趣蛋商品使用的两款包装、装潢的整体形象具有区别商品来源的显著特征，斯维特公司在上述巧克力商品上使用的包装、装潢与健达奇趣蛋商品的两款包装、装潢达到了在视觉上非常近似的程度，即使双方商品存在价格、质量、口味、消费层次等方面的差异和厂商名称、商标不同等因素，仍不免使相关公众易于误认斯维特公司的蛋形巧克力商品与健达奇趣蛋存在某种联系。一审法院认定斯维特公司上述行为构成不正当竞争正确，二审法院予以维持。斯维特公司上诉主张部分商品是在网站展示，商品的包装显示为平面图，因而无法与健达奇趣蛋蛋形包装进行比对。对此，法院认为，健达奇趣蛋包装、装潢最显著的特点集中体现在蛋形及蛋形正面的装潢，而涉案网站展示的多款产品恰好展示了蛋形商品的正面装潢，且多款商品描述中含有“蛋形”文字，结合费列罗三公司取得的被诉侵权商品实物，涉案网站商品图片虽为平面图，但亦不能否定被诉侵权商品为蛋形包装的事实。故，对斯维特公司该项上诉理由，法院不予支持。

四、关于一审赔偿数额是否适当的问题

根据《商标法》（2013 年修正）第六十三条第三款、《反不正当竞争法》（2017 年修订）第十七条第四款的规定，侵权人因侵权所获得的利益或者被侵权人因被侵权所受到的损失均难以确定的，由人民法院根据侵权行为的情节判决给予三百万元以下的赔偿。

斯维特公司上诉称其未生产并销售被诉侵权商品，仅在网上展示商品，故其没有因涉案侵权商品获利。对此，法院认为，首先，涉案网店为阿里巴巴网店，斯维特公司在该网店展示有多款侵权商品，从商品销售的起订量看，其销售规模较大、销售范围较广；其次，费列罗三公司在交易会上取得的蓝

色蛋形商品外观与涉案网店展示的“King EGG”蓝色款［商品图片见图6－2(a)］一致，取得的长条形商品中含有与健达奇趣蛋卡通人物形象一致的蛋形商品且该商品上标有侵权标识“Kendor”，第11866号公证书亦显示费列罗三公司在中国境内获得了“King EGG”蓝色款、粉色款（男孩版、女孩版），亦获得了上述含健达奇趣蛋卡通人物形象的长条形商品；再次，涉案网店公司介绍页面显示斯维特公司可以提供定制服务，即根据客户要求定制糖果味道、颜色、形状、包装、标志等，可见涉案网店所展示的商品使用的包装或标识均可由斯维特公司控制，且一审法院认定的侵权商品是多种的，斯维特公司所实施的侵权行为从商标到商品包装、装潢全面覆盖了健达奇趣蛋商品所使用的商标及包装、装潢，侵权情节严重；最后，斯维特公司上诉称其仅展示了被诉侵权商品而并未因侵权获利，销售被诉侵权商品的证据及斯维特公司的营利状况等均由其掌握，其完全可以举证证明其有无侵权获利，但其并未提交证据证实其上述抗辩，故法院对其该项抗辩不予采信。

该案中，费列罗三公司均未提交证据证实其因该案侵权所受损失及斯维特公司侵权获利，亦未提交涉案注册商标许可使用费的证据，一审法院可以综合考虑案件相关因素酌情确定赔偿数额。一审法院考虑该案赔偿数额时考虑商标的声誉，侵权行为性质、期间、后果以及制止侵权行为的合理开支等因素酌情确定斯维特公司赔偿费列罗三公司含合理开支在内的经济损失共30万元并无不当。虽然一审法院认定斯维特公司在涉案网站商品名称中使用被诉标识属于商标使用以及认定斯维特公司侵害第G551073号“SURPRISE”注册商标错误，但因斯维特公司同时实施商标侵权及不正当竞争等多项侵权行为，结合涉案注册商标，健达奇趣蛋包装、装潢的美誉度等综合考虑，一审法院酌定的30万元赔偿数额在合理范围内，故二审法院对此予以维持。

综上所述，斯维特公司关于商标侵权的上诉理由部分成立，法院予以支持。一审判决关于不正当竞争行为部分认定事实基本清楚，裁判结果正确，但在适用法律时并未遵循不正当竞争案件的审理思路，对《反不正当竞争法》第六条保护商业标识的立法本意理解不准确，在判断是否构成有一定影响的商品包装、装潢时着重论述了健达奇趣蛋是否属于一定影响的商品，导致论述不到位，说理不充分，故在维持该部分裁判结果同时对其理由予以纠正和补充。依照2013年修正的《商标法》第四十八条、第五十七条第（二）项、第六十三条，2017年修订的《反不正当竞争法》第六条第（一）项、第十七条，《民事诉讼法》第一百七十条第一款第（一）项、第（二）项，《最高人民法院关于适用〈中华人民共和国民事诉讼法〉的解释》第三百三十四条规定，判决如下：

（1）维持广州市海珠区人民法院（2018）粤0105民初1553号民事判决第二项、第三项。（2）撤销广州市海珠区人民法院（2018）粤0105民初1553号民事判决第四项。（3）变更广州市海珠区人民法院（2018）粤0105民初1553号民事判决第一项为：汕头市斯维特工贸有限公司在该判决发生法律效力之日起立即停止侵犯索尔马代克有限公司第G720813号“Kinder JOY”注册商标，费列罗有限公司的第719519号“Kinder”注册商标、第G858042号红色波浪加奶滴图形注册商标专用权的行为，即停止销售侵犯上述商标专用权的产品。（4）驳回费列罗三公司的其他诉讼请求。

案例解析

该案是一个较有典型意义的涉外商标侵权及不正当竞争纠纷案件，当事人争议的焦点涉及是否构成商标性使用的认定、商标侵权的对比规则、商标侵权与不正当竞争侵权的关系等多个重要问题。现根据相关法律规定及基本法理，对该案所涉及的商标性使用的认定标准问题作具体的分析。

一、商标性使用认定的基本标准

所谓“商标性使用”，指的是将标志作为商标进行使用。[1]我国《商标法》并未使用“商标性使用”的概念，而是使用了“商标的使用”这一表述。根据《商标法》第四十八条的规定，该法所称商标的使用，是指将商标

[1] 吕炳斌．商标侵权中“商标性使用”的地位与认定［J］．法学家，2020（2）：73－87．

用于商品、商品包装或者容器以及商品交易文书上，或者将商标用于广告宣传、展览以及其他商业活动中，用于识别商品来源的行为。虽然理论上有不同的观点[1]，但司法实践一般认为，商标性使用是构成《商标法》第五十七条第（一）项、第（二）项规定的商标侵权的前提条件。换言之，只有商标性使用才可能构成商标侵权，非商标性使用则不能构成商标侵权。

该案中，斯维特公司使用被诉标识的行为有两种：一种是在涉案网店商品名称中使用被诉标识；另一种是在被诉商品上使用被诉标识。显然，判断其上述两种行为是否构成商标侵权，首先应当对其行为是否构成商标性使用作出认定。一审法院认为上述两种使用行为均属于商标性使用，被诉行为均构成侵权。而二审法院则认为，上述第一种行为不会使相关公众，尤其是以中文为母语的消费者认为被诉标识“Kinder”“Kindor”“Surprise”是一种巧克力、糖果等商品的品牌，不具有识别商品来源的作用，故上述使用行为并非《商标法》第四十八条规定的商标使用行为。

二、涉外 OEM 是否构成商标性使用

对于第二种使用被诉侵权标识的行为，斯维特公司认为其为 OEM 模式，不属于商标的使用行为。所谓 OEM 模式，即“贴牌生产”或“定牌加工”模式，其根据外贸订单进行加工生产后销售往国外，未在国内销售被诉侵权商品。对于涉外 OEM 是否构成商标性使用以及是否侵犯注册商标权的问题，我国理论界和实务界均存在较大的争议。

该案中，法院认为，首先，斯维特公司并未提交委托合同、商标授权证书等证据予以证实其商业模式，因网站内容系网站经营者自行编辑上传，故仅凭阿里巴巴网店显示的 OEM 信息，尚不能证明斯维特公司商业模式即为 OEM。其次，法院引述最高人民法院在（2019）最高法民再 138 号民事判决书中的观点，认为即使被诉侵权商品为贴牌商品，被诉行为亦属于商标使用

[1] 王太平．论商标使用在商标侵权构成中的地位［J］．法学，2017（8）：112－122；赵旭．商标性使用作为商标侵权前提的反思［J］．知识产权，2021（9）：56－78．

行为。

需要说明的是，虽然我国是成文法国家，并不承认前案判决对后案的拘束力，但是，基于统一法律适用、避免同案不同判的考虑，我国法院日益重视类案的作用。根据《最高人民法院关于统一法律适用加强类案检索的指导意见（试行）》（法发〔2020〕24 号）第一条的规定，该意见所称类案，是指与待决案件在基本事实、争议焦点、法律适用问题等方面具有相似性，且已经人民法院裁判生效的案件。该意见第二条规定，人民法院办理案件具有下列情形之一，应当进行类案检索：（1）拟提交专业（主审）法官会议或者审判委员会讨论的；（2）缺乏明确裁判规则或者尚未形成统一裁判规则的；（3）院长、庭长根据审判监督管理权限要求进行类案检索的；（4）其他需要进行类案检索的。该意见第九条规定，检索到的类案为指导性案例的，人民法院应当参照作出裁判，但与新的法律、行政法规、司法解释相冲突或者为新的指导性案例所取代的除外。检索到其他类案的，可以作为作出裁判的参考。

7　商标"实际使用"与"商标性使用"的认定

——株式会社池田模范堂诉无比滴（广东）药业有限公司、广东聚联电子商务股份有限公司侵害商标权及不正当竞争纠纷案

裁判要旨

一审被告认为一审原告无合法的资质在中国境内生产、销售、许诺销售其产品，其产品未合法出口至中国，不可能在中国进行实际使用。对此，法院认为，《商标法》第四十八条规定："本法所称商标的使用，是指将商标用于商品、商品包装或者容器以及商品交易文书上，或者将商标用于广告宣传、展览以及其他商业活动中，用于识别商品来源的行为。"因此商标的使用行为并非仅限于使用注册商标的商品在我国境内生产、销售或者许诺销售。在侵权行为发生前三年内，一审原告已经在我国境内采用网络交易的方式购买到使用涉案商标的商品，且一审原告的公司网站可以在我国境内登录，其简体中文版的网页信息实际上是面向我国境内的群体，是对使用其涉案商标的商品进行宣传。一审被告认为涉案商标在侵权行为发生前三年内未使用的上诉理由不能成立，要求不承担赔偿责任的请求无事实和法律依据，法院不予支持。

入选理由

随着国际化及互联网的迅速发展，大量国外产品通过网络媒体、代购等方式进入国内，为国内消费者熟知。对于商标性使用、是否构成一定影响的产品装潢，应考虑商标实际发挥的指示来源作用，以及商品装潢在国内的实际知名度，而非以国外企业是否在国内正式设点营业为标准。判决认为商标使用行为非仅限于使用注册商标的商品在我国境内生产、销售或许诺销售，认可了国内媒体的报道，网站、网络交易，在中国香港对涉案产品的销售宣传均可构成商标性使用及对装潢的商业性使用，符合互联网时代的商业特征。

该案为日本知名企业作为原告在我国提起的诉讼纠纷，其审理平等保护了国内外市场主体的合法权益，为外国经营者创造了良好的营商环境，具有积极的社会示范效应。

案例索引

一审案号：广东省广州市天河区人民法院（2017）粤0106民初5784号

二审案号：广州知识产权法院（2020）粤73民终32号

基本案情

一审原告（上诉人）：株式会社池田模范堂（IKEDA MOHANDO CO. LID.，以下简称“池田模范堂”）

一审被告（上诉人）：无比滴（广东）药业有限公司（以下简称“无比滴公司”）

一审被告（上诉人）：广东聚联电子商务股份有限公司（以下简称“聚联公司”）

原告诉请

（1）无比滴公司与聚联公司立即停止商标侵权行为，即立即停止在被诉侵权产品、产品宣传手册、产品发布会、推介会、展览会、商业名片上使用与池田模范堂“無比滴”“MOPIDICK”“無比膏”“MOPIKO”“BABY MOPIKO”“MUHI”注册商标相同或近似的商标，立即销毁被诉侵权产品的成品、半成品及产品宣传手册商业名片、招揽客户的网络软件等。

（2）无比滴公司立即变更企业名称，即在判决生效后十五日内向企业名称登记主管机关申请办理变更登记，变更后的企业名称中不得含有与池田模范堂“無比滴”“MOPIDICK”商标相同或近似的文字。

（3）无比滴公司与聚联公司立即停止被控虚假宣传行为。

（4）无比滴公司与聚联公司在无比滴公司的官网、《广州日报》、《南方日报》公开发表声明，消除侵权行为造成的不良影响。

（5）无比滴公司与聚联公司连带赔偿池田模范堂经济损失人民币500万元及为制止侵权行为所支付的合理费用35万元。

（6）无比滴公司与聚联公司立即停止使用与池田模范堂“无比滴”“无比膏”知名商品特有包装装潢相近似的包装装潢。

一审判决

无比滴公司、聚联公司称池田模范堂在该案中主张权利的部分商标处于“撤销连续三年不使用注册商标”的审查程序中，其行政处理结果对该案的审理有实质影响，应当中止审理。依据《民事诉讼法》第一百五十条的规定，一审法院认为，无比滴公司、聚联公司所称并不属于《民事诉讼法》规定的需要中止诉讼的相关情形，且行政程序与民事诉讼程序依据不同的事实和诉求进行处理，其行政处理结果对该案的审理不会产生实质影响，故一审法院对于无比滴公司、聚联公司中止审理的抗辩不予采纳。

综合双方当事人的诉辩意见，该案主要有以下三个争议焦点：（1）池田模范堂主张无比滴公司、聚联公司的行为侵害其注册商标权能否成立；（2）无比滴公司、聚联公司的行为是否构成不正当竞争；（3）无比滴公司、聚联公司是否应承担及如何承担民事责任，以及该案经济损失数额如何确定。

一、关于争议焦点一

（一）池田模范堂是否享有涉案注册商标专用权，其主体是否适格

池田模范堂经核准注册了第 9945045 号、第 9945048 号、第 9945049 号、第 9945051 号、第 9945052 号、第 8801472 号、第 10251049 号、第 19159894 号、第 15073459 号注册商标，上述商标现均在有效期内，池田模范堂享有的商标专用权应受我国法律保护。虽然第 9945045 号、第 9945049 号、第 9945051 号、第 9945052 号注册商标尚在“撤销连续三年不使用注册商标”审查或关联行政诉讼中，但上述注册商标尚未被撤销，仍然合法有效，故池田模范堂有权就侵害上述商标权的行为提起诉讼。第 8801473 号注册商标虽已被撤销，但该案中池田模范堂主张无比滴公司、聚联公司的商标侵权行为发生在注册商标被撤销之前，池田模范堂就撤销前侵害该商标权的行为仍有权提起诉讼。

（二）无比滴公司、聚联公司行为是否侵害池田模范堂注册商标专用权

关于聚联公司是否实际销售过被诉侵权产品。一审法院认为，在案证据显示“聚联全球购”网站系聚联公司经营，池田模范堂在叮叮网公证购买时页面右侧显示店铺名称为“聚联全球购”并有相应的评价，且从该网站公证购买的被诉侵权产品快递单载明寄件人姓名为“聚联全球购”，地址、联系方式均与“聚联全球购”网站所载明的内容一致，在无相反证明的情况下，足以认定“聚联全球购”系聚联公司经营的网站，聚联公司通过叮叮网上开设的店铺销售了被诉侵权产品“无比滴蚊叮舒缓液”。聚联公司否认销售被诉侵权产品的抗辩不能成立，对此一审法院不予采信。

关于池田模范堂提交的《無比滴》产品宣传册、商业名片是否系无比滴公司、聚联公司印制发行，涉及产品发布会、战略合作会的媒体宣传报道内容是否属实。对此，一审法院认为，产品宣传册印有无比滴公司、聚联公司的公司名称，载明地址分别与无比滴公司住所地、聚联全球购网站所载地址

指向一致，所载内容系对无比滴公司、聚联公司产品及品牌的推广，在无比滴公司、聚联公司未提交证据予以推翻的情况下，一审法院认定该份宣传册系无比滴公司、聚联公司印制发行；池田模范堂提交的名片分别为“李某业”“吴某安”，涉案商事主体聚联公司、伊茗公司、无比滴公司均为关联公司，所载地址指向无比滴公司住所地，所载平台名称“聚联”及产品品牌“無比滴 MOPIDICK”与宣传册能相印证，在无相反证明的情况下，一审法院对此予以确认。此外，池田模范堂举证的产品发布会、战略合作会媒体报道内容具体且多个报道内容相符，报道显示有现场照片及被诉侵权产品，宣传内容能与无比滴公司官网相印证，在无比滴公司、聚联公司并无相反证明的情况下，一审法院对池田模范堂主张系无比滴公司、聚联公司宣传内容亦予以采信。

池田模范堂提交的公证书等证据可以证实，公证购买的被诉侵权产品“无比滴蚊叮舒缓液”“无比滴舒缓液（儿童型）”“无比膏舒缓软膏”均由无比滴公司供货，聚联公司在叮叮网上销售了被诉侵权产品“无比滴蚊叮舒缓液”，无比滴公司、聚联公司先后于 2016 年 5 月、9 月共同举办了“无比滴”系列产品发布会、金秋战略合作会；无比滴公司在其销售的被诉侵权产品包装上以及官网、天猫店铺和微信公众号中关于被诉侵权产品的销售、介绍、宣传及推广页面中使用了“MOPIDICK”“無比膏”“MOPI”“MOPIKO”“無比滴”标识，聚联公司在其销售的被诉侵权产品“无比滴蚊叮舒缓液”以及叮叮网上经营的聚联全球购店铺中关于被诉侵权产品的详情介绍页面使用了“MOPIDICK”“無比膏”“MOPI”“無比滴”标识；此外，无比滴公司、聚联公司在其共同举办的产品发布会、战略合作会以及相应的产品宣传册、名片上使用了“MOPIDICK”“無比膏”“MOPI”“無比滴”“MOPIKO”标识。上述被诉侵权标识或用于商品包装、容器，或用于广告宣传、展览等商业活动，均系用于识别商品来源的行为，依法应认定为商标使用行为。

《商标法》（2013 年修正）第五十七条第（一）项、第（二）项规定，有下列行为之一的，均属侵犯注册商标专用权：未经商标注册人的许可，在同一种商品上使用与其注册商标相同的商标的；未经商标注册人的许可，在同一种商品上使用与其注册商标近似的商标，或者在类似商品上使用与其注册商标相同或者近似的商标，容易导致混淆的。故判定池田模范堂主张无比滴公司、聚联公司行为是否构成商标侵权，需认定被诉侵权产品与池田模范堂主张权利商标核定使用商品是否相同或类似，被诉侵权标识与池田模范堂主张权利商标是否相同或近似，是否容易导致混淆。

关于被诉侵权产品与池田模范堂主张权利商标核定使用商品是否相同或类似的问题。根据《最高人民法院关于审理商标民事纠纷案件适用法律若干问题的解释》第十一条第一款的规定，《商标法》第五十七条第（二）项规定的类似商品，是指在功能、用途、生产部门、销售渠道、消费对象等方面相同，或者相关公众一般认为其存在特定联系、容易造成混淆的商品。根据该解释第十二条的规定，人民法院依据《商标法》第五十七条第（二）项的规定，认定商品或者服务是否类似，应当以相关公众对商品或者服务的一般认识综合判断；《商标注册用商品和服务国际分类表》《类似商品和服务区分表》可以作为判断类似商品或者服务的参考。《进出口商品预归类意见书》、药品监督管理部门的分类标准与《商标注册用商品和服务国际分类表》《类似商品和服务区分表》并不完全一致，而在《商标法》领域对于商品相同、类似与否的判断，立足于对商业标识的保护和承载商业标识的商品是否容易导致消费者的误认，故不能仅依据相关监管部门或相关有资质的公司对于商品类别的定论来作为判断商品属性的唯一依据，而应结合商品功能、用途、生产部门、销售渠道、相关公众的认知来判断。池田模范堂提交的公证书以及无比滴公司官方网站、微信公众号等内容显示，被诉侵权产品的消费对象为普通消费者，销售渠道主要包括线上的药店、旗舰店等以及线下的药房、便利店等零售，生产部门及进口企业均为药业公司，被诉侵权产品“无比滴蚊叮舒缓液”“无比滴舒缓液（儿童型）”主要效用、适用症状为“舒缓红肿”“止痕止痒”“可舒缓蚊虫叮咬、皮肤不适等”“婴儿湿疹红屁屁”，被诉侵权产品“无比膏舒缓软膏”主要效用、适用症状为“舒缓身体部位酸痛、肌肉紧绷、劳损不适”。以相关公众对商品的一般认识，可以认定上述被诉侵权产品为药品或与药品类似的商品，与池田模范堂主张权利的第 9945048 号、第 10251049 号、第 8801472 号、第 19159894 号、第 15073459 号注册商标核定使用的第5类商品人用药等构成相同或类似。关于池田模范堂主张权利的第9945045号、第9945049号、第9945051号、第9945052号、第8801473号商标，被诉侵权商品与上述商标核定使用的商品类别不同，且二者功能、用途、销售渠道等存在较大差异，也不属于类似商品，故一审法院对池田模范堂关于第9945045号、第9945049号、第9945051号、第9945052号、第8801473号注册商标的相关主张不予支持。

关于被诉侵权产品上所使用的标识与池田模范堂主张权利商标是否相同或近似的问题。前述被诉侵权产品包装及商业活动中使用的“無比滴”“MOPIDICK”“無比膏”“MOPIKO”与池田模范堂主张权利的涉案注册商标相比，其中，“無比滴”“MOPIDICK”标识与第9945048号“無比滴”、第15073459号“MOPIDICK”商标相比较，二者文字组成、字形、读音上均一致，视觉上无差别，构成相同；“MOPIKO”标识与第10251049号“MOPIKO”商标在视觉上无差别，二者构成相同，与第19159894号“BABY MOPIKO”商标相比较，虽然词组组成不同，但“BABY MOPIKO”商标中“BABY”仅是修饰“MOPIKO”的定语，该标识显著性部分应当是“MOPIKO”，被诉侵权标识与该商标显著性部分完全一致，故“MOPIKO”标识与池田模范堂主张权利的第19159894号“BABY MOPIKO”构成相似；“無比滴”“無比膏”分别与“MOPIDICK”“MOPIKO”系音译对应关系，读音基本一致，且同属臆造词汇，二者容易混淆，应认定构成近似；“MOPI”标识与第8801472号“MUHI”商标相比较，虽首尾两个字母相同，但是在字母组成、读音上并不一致，且在二者隔离状态下比较，以相关公众的一般注意力为标准并不会对二者构成混淆，故被诉侵权“MOPI”标识与第8801472号“MUHI”商标既不构成相同也不构成近似。

此外，无比滴公司销售的被诉侵权产品“无比滴蚊叮舒缓液”“无比滴舒缓液（儿童型）”“无比膏舒缓软膏”的外包装以及官网、微信公众号中所使用的“無比滴薬業”字样，系无比滴公司企业名称的非规范使用，其显著部分“無比滴”系无比滴公司的字号，该文字的使用旨在表明商品的来源。同理，该字号“無比滴”与池田模范堂第9945048号“無比滴”商标构成相同，与第15073459号“MOPIDICK”商标构成相似，容易使相关公众产生误认，该行为属于《最高人民法院关于审理商标民事纠纷案件适用法律若干问题的解释》规定的给池田模范堂注册商标专用权造成其他损害的行为。

关于无比滴公司、聚联公司就上述商标侵权行为是否构成共同侵权。一审法院认为，首先，无比滴公司与聚联公司法定代表人同为李某业，伊茗公司和聚联公司的股东均包括李某业、李某春，伊茗公司系无比滴公司的股东之一，可知无比滴公司、聚联公司在股权控制及人员结构上联系密切，属于关联公司。其次，无比滴公司、聚联公司于2016年共同举办无比滴产品发布会、“金秋战略合作会”，合作关系密切，且在宣传册、商业名片上同为经营主体予以推广宣传，意为打造针对涉案侵权产品的产销联合体。最后，无比滴公司、聚联公司作为药品行业经营者，对“无比滴”品牌在行业中已具有较高知名度不可能不知晓，其就涉案侵权产品的销售主观上存在共同的故意。因此，无比滴公司、聚联公司行为属于分工合作，已存在共同的意思联络，其行为已构成共同侵权。

综上，无比滴公司、聚联公司销售被诉侵权产品“无比滴蚊叮舒缓液”“无比滴舒缓液（儿童型）”“无比膏舒缓软膏”的行为，在被诉侵权产品包装及天猫店铺、微信公众号、产品发布会、战略发布会、产品宣传册、商业名片中使用被诉侵权标识“無比滴”“無比膏”“MOPIDICK”“MOPIKO”的行为，以及突出使用企业字号“無比滴”字样的行为，易使具有一般谨慎程度的消费者对商品的来源产生混淆或者误认，侵害了池田模范堂就第9945048号、第10251049号、第19159894号、第15073459号商标所享有的注册商标专用权，理应承担停止侵权、连带赔偿损失的民事法律责任。

关于无比滴公司、聚联公司辩称被诉侵权标识系合法使用能否成立这一问题。一审法院认为，注册商标的专用权，以核准注册的商标和核定使用的商品为限。珍尔姿公司经核准注册的第14055630号“MOPIKO”及第14055644号“無比膏”商标核定使用商品为第3类的肥皂、化妆品等，无比滴公司经核准注册的第17066602号“無比滴”商标核定使用商品为第5类的卫生球、杀虫剂等，而无比滴公司、聚联公司使用被诉侵权标识“MOPIKO”

“無比膏”“無比滴”，或用于被诉侵权产品包装，或用于相关的商业活动中，使用该些标识的产品“无比滴蚊叮舒缓液”“无比滴舒缓液（儿童型）”“无比膏舒缓软膏”，属于药品或与药品类似的商品，该种商品与被告抗辩的上述商标核定使用商品既不相同亦不类似，无比滴公司、聚联公司超出注册商标核定使用商品予以使用，并不属于合法使用，其抗辩依法不能成立。

二、关于争议焦点二

修正后的《反不正当竞争法》于2019年4月23日起施行。池田模范堂提交的公证书显示，其诉无比滴公司、聚联公司的不正当竞争行为发生在修正决定施行前。鉴于无比滴公司、聚联公司确认并未停止涉案不正当竞争行为，足以认定被诉侵权行为已持续至修正决定施行之后，故该案应适用2019年修正的《反不正当竞争法》。池田模范堂与无比滴公司、聚联公司均属于《反不正当竞争法》所规定的经营者，构成同业竞争关系。

（一）无比滴公司、聚联公司行为是否构成擅自使用有一定影响的商品包装、装潢的不正当竞争

关于池田模范堂是否对涉案“無比滴”“液体無比滴（日文版）”“婴儿無比滴”“無比膏”产品包装、装潢享有在先权利。首先需认定池田模范堂是否在中国境内对涉案产品的包装、装潢进行了在先使用，这里的“使用”是指在中国境内进行的商业使用，亦只有此种使用才能产生《反不正当竞争法》范畴的在先权利。《最高人民法院关于审理不正当竞争民事案件应用法律若干问题的解释》（2022年3月20日废止）第七条规定，在中国境内进行商业使用，包括将知名商品特有的名称、包装、装潢或者企业名称、姓名用于商品、商品包装以及商品交易文书上，或者用于广告宣传、展览以及其他商业活动中，应当认定为《反不正当竞争法》第五条第（二）项、第（三）项规定的“使用”。

结合池田模范堂提交的证据及其当庭陈述，一审法院归纳池田模范堂主张其在中国境内对涉案产品包装、装潢的“使用”分为以下三种：其一，池田模范堂官网对涉案产品包装、装潢进行的主动宣传推广；其二，2007～

2016年，大量媒体如《现代金报》《羊城晚报（全国版）》《南方都市报》等对涉案产品的宣传报道，以及相关网站如新浪网、海外购网等对涉案产品的介绍及评论，其中最早在2014年使用了涉案“液体無比滴（日文版）”“婴儿無比滴”产品包装、装潢；其三，部分商家通过网络销售涉案产品，包括中国境内的网店（如天猫旗舰店）和面向包括中国境内消费者在内的消费群体的境外网站（如莎莎网、卓悦化妆品网等），以及个人海外代购涉案产品在网络上进行销售。针对上述行为是否构成对涉案产品包装、装潢的商业使用，一审法院评析如下：首先，池田模范堂在其公司网站宣传推广涉案产品包装、装潢，系在商业活动中的使用，相关公众访问该网站时可以通过前述标识识别涉案产品，应认定为商业使用。其次，上述媒体或网站刊登的新闻报道、评论文章等，虽未表明池田模范堂所作主动积极的商业宣传，但新闻报道及评论文章等宣传展示涉案产品的包装装潢，目的是简单明了地传达涉案产品的商业标识，该标识指向涉案产品，与产品具有直接对应关系，亦应认定为商业使用。最后，针对网店等方式的销售，虽然莎莎网、卓悦化妆品网等为境外网站，但上述网站所面向的消费群体已明显包含中国境内普通消费者在内，中国境内消费者可在境内依法登录网站购买涉案产品，从效果上看该种网络销售与境内网站的销售并无二致，亦可认定为在中国境内的销售行为。池田模范堂网站中所称其未在中国境内销售或授权他人生产销售其产品，系针对无比滴公司、聚联公司侵权产品而言，并未排除以上使用的实际情形。至于上述销售行为是否因为违反进口审批等方面的规定而不构成商业使用，一审法院认为，《反不正当竞争法》对于商业使用的规定，是为了维护良性的市场竞争环境，只要在商业活动中公开、真实地使用了商业标识，且商业标识的使用行为本身没有违反《反不正当竞争法》的相关规定，则应当认定为商业使用行为。至于池田模范堂使用商业标识有关的其他经营活动中是否违反进口、销售等方面的法律规定，并非《反不正当竞争法》层面所要规范和调整的问题。因此，基于池田模范堂在我国境内对涉案产品的包装、装潢进行了商业使用，且使用时间上早于无比滴公司、聚联公司，应认定池田模范堂在先使用涉案产品包装、装潢并享有在先权利。

关于池田模范堂主张权利的涉案产品包装、装潢是否构成有一定影响的包装、装潢。首先，商品包装是指为识别商品以及方便携带、储运而使用在商品上的辅助物和容器。池田模范堂主张权利的“婴儿無比滴”“無比滴”“液体無比滴（日文版）”所使用的包装为外包装盒以及内包装瓶，包装盒为正长方体纸质容器，包装瓶为白色瓶子，属于液态药品类产品的通用包装；其主张的“無比膏”所使用的包装为外包装正方体纸质容器以及内包装管状容器，属于膏状药品类产品的通用包装。上述包装并不具有区别于同类产品的显著特征。池田模范堂主张该种包装属于《反不正当竞争法》第六条所规定的具有一定影响的产品包装并无依据，对此一审法院不应采纳。商品装潢是指为识别与美化商品而在商品上或者包装上附加的文字、图案、色彩及排列组合。涉案“婴儿無比滴”“無比滴”“液体無比滴（日文版）”“無比膏”使用的内外装潢均是由不同的色彩、图形、卡通形象等多元素构成，如“婴儿無比滴”“無比滴”“液体無比滴（日文版）”装潢中使用企鹅图形、皮肤红肿鼓起的剖面图，以及用不同色彩、形状的椭圆形、方框突出产品的名称和效果等的设计；“無比膏”装潢中绿色或红色的带状图形、不同色块切割的组合设计，已构成具有独创的个性表达，使商品具有色彩明丽、商品标识清晰明了的效果。故上述背景图案、多色色彩搭配及其文字、图案的排列组合具有显著特征，客观上能起到区别商品来源的作用。其次，关于池田模范堂提交的证据能否证明涉案产品在一定区域具有一定的市场知名度和影响力，为相关公众所知悉。应当综合考虑该商品的销售时间、销售区域、销售额和销售对象，进行任何宣传的持续时间、程度和地域范围，以及作为知名商品受保护的情况等因素，综合判断是否具有一定影响。

该案中，池田模范堂提交的证据能够证明涉案产品装潢具有一定影响，理由如下：第一，生效判决已认定在2010年前，池田模范堂的“MOPIDICK”“無比滴”分别使用在药膏等商品和防蚊、止痒商品上，并在中国境内具有一定知名度和影响力，上述商标与涉案产品装潢同时使用在涉案产品上，并通过池田模范堂宣传、媒体报道、网站推介及评论、网络销售等为相关公众所知悉，该商标的知名度能够及于涉案产品装潢；第二，如前所述，2007～

2016年，涉案产品通过若干媒体报道、网络推介及评论进行了广泛、持续的宣传，并对涉案产品装潢进行了展示，一审法院综合考量了上述媒体报道或评论文章的数量，以及所涉媒体的多样性和专业性；第三，涉案产品通过淘宝网、莎莎网、卓悦化妆品网等多个电商平台网店销售的方式进入我国境内，销售时间较长；第四，防蚊止痒、缓解疲劳类药品属于受关注度较高的日常用品，相关公众对该类商品的认知程度有别于其他商品。综合上述因素进行判断，现有证据能够认定池田模范堂主张权利的涉案产品装潢在中国境内已为相关公众所知晓，并形成了一定的知名度，属于《反不正当竞争法》第六条所规定的具有一定影响的商品装潢，无比滴公司、聚联公司的相关抗辩理据不足，一审法院对此不予采纳。

关于无比滴公司、聚联公司是否构成擅自使用有一定影响的装潢的不正当竞争。被诉侵权“无比滴蚊叮舒缓液”“无比滴舒缓液（儿童型）”“无比膏舒缓软膏”与池田模范堂主张权利的涉案“無比滴”“液体無比滴（日文版）”“婴儿無比滴”“無比膏”的装潢相比较，其中“无比滴蚊叮舒缓液”“無比滴”“液体無比滴（日文版）”底色均为白色，主视图同为绿色上斜椭圆形、深蓝底圆角矩形、红色上斜椭圆形依次排列，绿色和红色椭圆形内均为表示产品效果的四字中文字样，中间矩形内均为白色中文与英文的结合；“无比滴舒缓液（儿童型）”“婴儿無比滴”底色均为白色，由白、红、蓝三色组成，主视图顶末两端同为红色梳齿图形，中间为红底蓝白字的方框，下方为上斜的红色或蓝色椭圆形，大小及位置均一致；“无比膏舒缓软膏”“無比膏”底色均为白色，主视图同被带状图形分为两个部分，下部色块比例及字体颜色、大小均一致。上述产品的俯视图、左视图、右视图、后视图的文字、图案排列均对应近似，虽部分视图有所调换，部分文字、企鹅和婴儿的数量、图案等细节上与池田模范堂的涉案装潢相比略有变化，但整体视觉效果上差异不大，相关公众若施加一般的注意力极易产生混淆和误认，结合池田模范堂涉案产品装潢的特有性和影响力，足以认定被诉侵权“无比滴蚊叮舒缓液”“无比滴舒缓液（儿童型）”“无比膏舒缓软膏”的装潢分别与池田模范堂对应主张权利产品的装潢构成近似。

无比滴公司明知涉案产品装潢为池田模范堂在先使用并有一定影响，本应作善意、合理的避让，却在其进口销售的类似产品上使用了相近似的装潢，足以使相关公众产生混淆，对商品的来源产生误认，其行为已构成《反不正当竞争法》第六条第（一）项所规定的不正当竞争，依法应当承担相应的民事责任。无比滴公司、聚联公司以相关专利权作为抗辩，其理由不能成立。聚联公司就该不正当竞争行为，与无比公司构成共同侵权，理由同前论述，不再赘述。

（二）无比滴公司、聚联公司行为是否构成《反不正当竞争法》第八条规定的虚假或者引人误解的商业宣传

《反不正当竞争法》第八条第一款规定，经营者不得对其商品的性能、功能、质量、销售状况、用户评价、曾获荣誉等作虚假或者引人误解的商业宣传，欺骗、误导消费者。因此，经营者就其产品及服务的宣传，应建立在客观真实的基础上，避免造成相关公众误解。该案中，无比滴公司在其官网（www. mopidick. com）、天猫店铺以及产品发布会、战略合作会中，宣称其身份为"无比滴"品牌产品"中国总运营商"，介绍"知名品牌，畅销日韩、中国港澳地区和内地"等，虚构无比滴公司产品与池田模范堂之间的关联；将韩国版与日本版进行对比，并称"韩国版和日本版产地和配方均不同，但使用范围一致，且韩国版为正规渠道引进""原装进口无比滴厂商给予无比滴（广东）药业有限公司相关品牌授权，这是无比滴对国内零售商的唯一授权"等，容易使相关公众将被诉侵权产品等同于池田模范堂在中国境内销售的产品，或者二者存在其他关联，应认定为虚假或引人误解的商业宣传。无比滴公司、聚联公司行为已构成《反不正当竞争法》第八条所规定的不正当竞争行为。聚联公司就上述行为，与无比公司构成共同侵权，理由同前论述，不再赘述。

（三）无比滴公司将"无比滴"作为企业字号使用是否构成不正当竞争

《商标法》第五十八条对"将他人注册商标、未注册的驰名商标作为企业名称中的字号使用，误导公众"的行为单独规定，将其法律适用指向《反不正当竞争法》，但《反不正当竞争法》对该类型行为并无明确的条文规定。如

何予以评价，一审法院认为，应结合具体的案情综合分析被诉侵权行为是否落入了《反不正当竞争法》所规制的行为范畴。

该案中，池田模范堂的“無比滴”“MOPIDICK”商标在2010年前已分别使用在“防蚊、止痒”“药膏”的商品上，并在我国境内具有一定的知名度。该标识经过池田模范堂长期使用和宣传推广，在防蚊、止痒类药品上已具有较高的影响力和知名度，为相关公众广为知悉。作为主营销售防蚊、止痒等相关产品的企业，无比滴公司在2015年1月核准登记该企业名称时，理应知晓池田模范堂及其“無比滴”“MOPIDICK”商标，也应当了解“无比滴”品牌在相关市场具有较高知名度的事实。此外，关联公司伊茗公司于2010年5月曾向原国家工商行政管理总局商标局申请注册第8297442号“無比滴”商标；原国家工商行政管理总局国家商标评审委员会于2014年3月3日作出不予核准注册的裁定，理由即为被异议商标的申请注册已构成以不正当手段抢注池田模范堂已使用并有一定影响的“無比滴”商标。在此情况下，无比滴公司仍将与“無比滴”商标构成相同、与“MOPIDICK”构成近似的“无比滴”字样作为字号，并宣称其为“无比滴”品牌的中国总运营商，明显具有攀附“無比滴”商标商誉的主观意图。相关公众看到无比滴公司的企业字号时，极易联想到涉案“無比滴”商标及其品牌方池田模范堂。加之无比滴公司主营产品为“无比滴蚊叮舒缓液”“无比滴舒缓液（儿童型）”“无比膏舒缓软膏”，恰恰与池田模范堂生产销售的主营产品相对应，足以造成市场混淆及消费者的误认。无比滴公司虽注册第17066602号“無比滴”商标，但现有证据未显示无比滴公司销售有卫生球、杀虫剂、驱虫用香类产品，因此无比滴公司登记使用“无比滴”作为企业字号，显然是在有意误导公众，具有明显主观恶意，且足以造成相关公众对无比滴公司及池田模范堂的产品及其关联性产生混淆或误认，违反了《反不正当竞争法》第二条规定的商业道德和诚实信用原则，应认定为不正当竞争行为。

无比滴公司将“无比滴”字样登记并使用系企业自主行为。鉴于现有证据并未显示聚联公司就该行为有共同的意思联络，构成共同侵权，就池田模范堂对聚联公司的该部分主张，一审法院不予支持。

（四）池田模范堂指控无比滴公司、聚联公司实施了其他违反《反不正当竞争法》第二条规定的行为能否成立

《反不正当竞争法》第二条规定，经营者在生产经营活动中，应当遵循自愿、平等、公平、诚信的原则，遵守法律和商业道德。本法所称的不正当竞争行为，是指经营者在生产经营活动中，违反本法规定，扰乱市场竞争秩序，损害其他经营者或者消费者的合法权益的行为。本法所称的经营者，是指从事商品生产、经营或者提供服务的自然人、法人和非法人组织。

池田模范堂所主张无比滴公司、聚联公司实施的其他不正当竞争行为中，依照行政法律法规作进口申报行为并不属于构成市场竞争的生产经营行为。同理，依据《专利法》《商标法》申请相关专利、注册商标，该行为本身亦不属于生产经营。该案对于侵权产品属于《商标法》意义上的何种商品已作出相应的认定，亦已认定池田模范堂涉案产品就相关装潢的使用在先，无比滴公司、聚联公司的行为构成擅自使用池田模范堂具有一定影响的装潢，池田模范堂主张无比滴公司、聚联公司申请专利、注册商标行为违反法律规定可另循合法途径予以解决，池田模范堂主张适用《反不正当竞争法》一般条款予以调整并无依据，一审法院对于相关诉讼请求不予支持。

三、关于争议焦点三

《商标法》（2013 年修正）第六十四条第一款规定，注册商标专用权人请求赔偿，被控侵权人以注册商标专用权人未使用注册商标提出抗辩的，人民法院可以要求注册商标专用权人提供此前三年内实际使用该注册商标的证据。注册商标专用权人不能证明此前三年内实际使用过该注册商标，也不能证明因侵权行为受到其他损失的，被控侵权人不承担赔偿责任。该案中，无比滴公司、聚联公司以池田模范堂未实际使用过涉案注册商标“無比滴”“MOPIDICK”“MOPIKO”“BABY MOPIKO”商标提出抗辩。对此，一审法院认为，池田模范堂在其生产的涉案产品“無比滴”“液体無比滴（日文版）”“婴儿無比滴”“無比膏”及“Baby Mopiko 宝贝湿疹膏”上使用了“無比滴”“MOPIDICK”“MOPIKO”“BABY MOPIKO”标识，现有证据显示池田模范堂

产品通过天猫旗舰店、莎莎网等多种途径进入我国境内进行销售，池田模范堂代理人亦于2017年购买到了使用上述标识的涉案产品；此外，2007～2016年，有若干媒体、网站等对涉案产品进行过宣传报道及评论等，并使用上述标识。上述使用行为已起到了标识商品来源的作用，构成商标使用行为，理由同前论述，不再赘述。上述标识使用在商标核定使用的商品类别上，且与池田模范堂经核准注册的商标样式一致，故一审法院认定池田模范堂在向一审法院提起诉讼的前三年已实际使用了涉案商标，对于无比滴公司、聚联公司的相关抗辩不予采信。

综上，除无比滴公司将“无比滴”作为企业字号使用构成不正当竞争行为系单独实施之外，无比滴公司、聚联公司就商标侵权及其他不正当竞争行为构成共同侵权，应承担停止侵权、连带赔偿损失的民事法律责任。池田模范堂诉请无比滴公司、聚联公司销毁库存侵权产品及产品宣传手册、商业名片有理，一审法院对此予以支持，但池田模范堂基于停止侵权主张诉请销毁网络软件并无依据，对此一审法院不予支持。鉴于无比滴公司将“无比滴”作为其企业名称中的字号使用已构成不正当竞争，池田模范堂诉请无比滴公司停止使用该字号确有必要，对此一审法院予以支持。

关于消除影响是否应予支持。池田模范堂依据商标侵权主张消除影响虽然不能成立，但无比滴公司、聚联公司行为同时构成不正当竞争，特别是无比滴公司、聚联公司擅自使用池田模范堂具有一定影响的装潢，并在多种宣传销售渠道使用涉案虚假或引人误解的商业宣传内容，极易使相关公众对商品的来源产生误认，故池田模范堂诉请无比滴公司、聚联公司公开消除影响有理，一审法院对此予以支持。综合考虑无比滴公司、聚联公司的侵权性质和情节、主观恶意等因素，一审法院酌情判决无比滴公司、聚联公司在无比滴公司官网首页连续72小时刊登声明，同时在《南方日报》中缝以外版面上刊登声明，以消除其不正当竞争所导致的不良影响。

关于赔偿损失的数额。《商标法》（2013年修正）第六十三条规定，侵犯商标专用权的赔偿数额，按照权利人因被侵权所受到的实际损失确定；实际损失难以确定的，可以按照侵权人因侵权所获得的利益确定；权利人的损失或者侵权人获得的利益难以确定的，参照该商标许可使用费的倍数合理确定。对恶意侵犯商标专用权，情节严重的，可以在按照上述方法确定数额的一倍以上三倍以下确定赔偿数额。赔偿数额应当包括权利人为制止侵权行为所支付的合理开支。人民法院为确定赔偿数额，在权利人已经尽力举证，而与侵权行为相关的账簿、资料主要由侵权人掌握的情况下，可以责令侵权人提供与侵权行为相关的账簿、资料；侵权人不提供或者提供虚假的账簿、资料的，人民法院可以参考权利人的主张和提供的证据判定赔偿数额。权利人因被侵权所受到的实际损失、侵权人因侵权所获得的利益、注册商标许可使用费难以确定的，由人民法院根据侵权行为的情节判决给予三百万元以下的赔偿。

《反不正当竞争法》第十七条第三款、第四款规定，因不正当竞争行为受到损害的经营者的赔偿数额，按照其因被侵权所受到的实际损失确定；实际损失难以计算的，按照侵权人因侵权所获得的利益确定。经营者恶意实施侵犯商业秘密行为，情节严重的，可以在按照上述方法确定数额的一倍以上五倍以下确定赔偿数额。赔偿数额还应当包括经营者为制止侵权行为所支付的合理开支。经营者违反本法第六条、第九条规定，权利人因被侵权所受到的实际损失、侵权人因侵权所获得的利益难以确定的，由人民法院根据侵权行为的情节判决给予权利人五百万元以下的赔偿。

关于池田模范堂主张经济损失的计算依据。池田模范堂依据公证购买及销售的侵权产品之一“无比滴蚊叮舒缓液”所显示的单价以及无比滴公司、聚联公司就该产品提供的报关单，用于确定侵权产品平均售价、成本并计算单位产品获利并无不妥，一审法院对此予以采信。但池田模范堂主张的月销售量仅来自公证的侵权网店，线下店铺相关销售量数据缺失，网店、线下店铺销售量所占总销售量的比重亦无法确定，池田模范堂将此作为无比滴公司官网宣称的三万家店的销售量平均值依据明显不足，一审法院对于池田模范堂以此数据主张无比滴公司、聚联公司获利总额不予采信。

鉴于池田模范堂因被侵权遭受的实际损失和无比滴公司、聚联公司因侵权而获得的利益的具体数额均无足够的证据证明，一审法院综合考虑以下因素：(1) 池田模范堂“無比滴”商标在防蚊、止痒类商品上具有较高知名度，池田模范堂涉案产品已被相关公众所熟知，其装潢具有一定影响力；（2）无比滴公司、聚联公司被控行为构成商标侵权行为，同时构成擅自使用具有一定影响的装潢、虚假宣传以及其他违反公平、诚实信用和商业道德的不正当竞争行为，且无比滴公司、聚联公司自成立以来实施商标侵权行为及不正当竞争，持续至今尚未停止，规模较大；（3）无比滴公司、聚联公司实施上述一系列商标侵权及不正当竞争，该行为属于源头性侵权行为，其主观恶意明显；（4）无比滴公司将“无比滴”作为企业名称的字号使用构成不正当竞争，对此无比滴公司应独立承担相应的赔偿责任；酌定无比滴公司赔偿池田模范堂经济损失300万元，聚联公司对其中260万元承担连带责任。池田模范堂就该案支付的公证费、律师费确系必要，一审法院视其合理性程度酌情支持15万元，无比滴公司、聚联公司应予连带赔偿。对于超出数额部分，一审法院不予支持。

综上，一审法院于2019年10月21日作出如下判决：（1）无比滴公司、聚联公司于判决发生法律效力之日起立即停止涉案侵害池田模范堂享有的注册商标专用权的行为，停止涉案不正当竞争行为，销毁库存侵权产品及产品宣传手册、商业名片；（2）无比滴公司于判决发生法律效力之日起立即停止将“无比滴”作为企业名称中的字号使用；（3）无比滴公司、聚联公司于判决发生法律效力之日起十五日内在无比滴公司官网首页连续72小时刊登声明，以及在《南方日报》除中缝之外的版面刊登声明，以消除不正当竞争所导致的不良影响（内容须经一审法院审定，刊登字体不得小于报纸、网页正文字体，逾期不执行，一审法院将在一家全国发行的报纸上公布判决主要内容，相关费用由无比滴公司、聚联公司负担）；（4）无比滴公司于判决发生法律效力之日起十日内赔偿池田模范堂经济损失人民币300万元，聚联公司对其中260万元承担连带责任；（5）无比滴公司、聚联公司于判决发生法律效力之日起十日内连带赔偿池田模范堂为制止侵权行为所支付的合理开支人民币15万元；（6）驳回池田模范堂的其他诉讼请求。一审受理费49250元，由池田模范堂负担17250元，无比滴公司负担32000元，聚联公司就其中28800元承担连带责任。

二审判决

二审法院认为，根据双方当事人的上诉意见，该案二审审理的焦点问题是：（1）一审认定无比滴公司、聚联公司使用的“MOPI”标识不侵犯池田模范堂第8801472号“MUHI”注册商标专有权是否正确；（2）池田模范堂对其在中国注册的涉案商标在侵权行为发生前三年是否有商标性使用行为；（3）被诉侵权产品与池田模范堂所主张的涉案注册商标核定使用商品是否构成相同或类似；（4）一审认定被诉侵权产品侵犯了池田模范堂有一定影响的产品装潢，构成不正当竞争的依据是否充分；（5）无比滴公司使用其企业名称的行为是否构成不正当竞争；（6）一审认定无比滴公司与聚联公司构成共同侵权并实施了虚假或引人误解的商业宣传行为是否正确；（7）一审审理程序是否违法；（8）一审判决适用2019年修正的《反不正当竞争法》是否正确；（9）一审判决所确定的赔偿金额是否合理。

关于无比滴公司、聚联公司使用的“MOPI”标识是否侵犯池田模范堂第8801472号“MUHI”注册商标专有权的问题。二审法院认为，《商标法》第五十七条第（二）项规定，未经商标注册人的许可，在同一种商品上使用与其注册商标近似的商标，或者在类似商品上使用与其注册商标相同或者近似的商标，容易导致混淆的行为属于侵犯注册商标专用权的行为；《最高人民法院关于审理商标民事纠纷案件适用法律若干问题的解释》第九条规定，《商标法》第五十七条第（二）项规定的商标近似，是指被控侵权的商标与原告的注册商标相比较，其文字的字形、读音、含义或者图形的构图及颜色，或者其各要素组合后的整体结构相似，或者其立体形状、颜色组合近似，易使相关公众对商品的来源产生误认或者认为其来源与原告注册商标的商品有特定的联系。

将被诉侵权产品上使用的“MOPI”标识与池田模范堂第8801472号“MUHI”注册商标进行比较，两者虽均是由四个字母组成，首尾两个字母相同，但是在字母组成以及读音上区别明显，并不会使相关公众产生混淆，因此，一审认定两者不构成相同或近似的认定正确。池田模范堂认为无比滴公司、聚联公司使用的“mopi”标识侵犯池田模范堂第8801472号“muhi”注册商标专有权的上诉理由不能成立，二审法院不予支持。

关于池田模范堂对其在中国注册的涉案商标在侵权行为发生前三年是否有商标性使用行为的问题。无比滴公司、聚联公司上诉认为池田模范堂无合法资质在中国境内生产、销售、许诺销售其产品，其产品至今尚未合法出口至中国，不可能在中国进行商业性使用，即使使用也是在我国境外对其注册商标的实际使用行为。对此，二审法院认为，《商标法》第四十八条规定：“本法所称商标的使用，是指将商标用于商品、商品包装或者容器以及商品交易文书上，或者将商标用于广告宣传、展览以及其他商业活动中，用于识别商品来源的行为。”因此，商标的使用行为并非仅限于使用注册商标的商品在我国境内生产、销售或者许诺销售。根据池田模范堂在一审审理时提交的证据，现有公证书可证明无比滴公司、聚联公司实施被诉侵权行为的最早时间为2016年10月21日，而池田模范堂在此前三年对涉案商标进行商标性使用的情况，二审法院分析如下：

第一，国家图书馆检索到的报道可以证明在该案侵权行为发生前的三年内，包括《都市快报》《假日100天》《南方都市报（广州版）》等媒体报道中均有提到“无比滴”。无比滴公司、聚联公司认为媒体报道并非池田模范堂所为，不属于池田模范堂的商业性宣传，对此，二审法院认为，参照《最高人民法院关于审理商标授权确权行政案件若干问题的规定》第二十六条第一款规定：“商标权人自行使用、他人经许可使用以及其他不违背商标权人意志的使用，均可认定为商标法第四十九条第二款所称的使用。”池田模范堂对上述报道的内容认可且不持异议，故无比滴公司、聚联公司认为上述报道不属于池田模范堂对涉案商标进行商标性使用的理由不充分，二审法院不予采纳。第二，池田模范堂的公司网站可以在我国境内登录，其简体中文版的网页信息实际上是面向我国境内的群体。该网站对使用其涉案商标的商品进行了宣传。第三，2014~2016年相关网站有使用其涉案商标的产品的介绍。第四，网络交易在现今互联网技术条件下已经成为一种较为普遍的交易方式。根据池田模范堂提交的证据，在侵权行为发生前三年内，池田模范堂已经在我国境内采用网络交易的方式购买到使用涉案商标的商品。第五，在中国香港对使用涉案商标的商品的销售和宣传也可以证明池田模范堂在侵权行为发生前三年使用涉案商标的事实。综上，结合无比滴公司、聚联公司以池田模范堂三年未使用涉案商标请求撤销涉案商标未获得国家知识产权局的支持的事实，二审法院认为，无比滴公司、聚联公司认为涉案商标在侵权行为发生前三年内未使用的上诉理由不能成立，要求不承担赔偿责任的请求无事实和法律依据，二审法院不予支持。

关于被诉侵权产品与池田模范堂所主张的涉案注册商标核定使用商品是否构成相同或类似问题。对此，一审法院对此已作详细分析，论理正确，二审法院不予赘述。

关于一审认定被诉侵权产品侵犯了池田模范堂有一定影响的产品装潢，构成不正当竞争的依据是否充分的问题。一审法院根据池田模范堂提交的证据认定池田模范堂在我国境内对涉案商品的装潢进行了商业性使用并且结合生效的判决书，媒体报道，网络推介，商品的销售渠道、销售规模、销售时间等，认定池田模范堂主张权利的商品形成了一定知名度，属于《反不正当竞争法》规定的具有一定影响的商品装潢的证据充分。无比滴公司、聚联公司上诉认为一审认定依据不充分的理由不能成立，二审法院不予支持。

关于无比滴公司使用其企业名称的行为是否构成不正当竞争的问题。根据该案的证据显示，池田模范堂的"无比滴"商标在2010年以前已经被分别使用在"防蚊、止痒""药膏"的商品上，根据前述分析，已经具有一定的影响力。无比滴公司成立于2015年1月，其经营范围包括化妆品及卫生用品的批发及零售等，属于药业行业的经营者，对于用于"防蚊、止痒"且具有较高知名度的"无比滴"商标应当知晓和了解，其仍将"无比滴"的字样作为企业字号，难谓其行为的正当性，因此，一审认定其行为违反了《反不正当竞争法》第二条规定的商业道德和诚实信用原则，构成不正当竞争正确。无比滴公司认为其使用企业名称的行为属于合法行使其权利的上诉理由不能成立，二审法院不予采纳。

关于一审认定无比滴公司与聚联公司构成共同侵权并实施了虚假或引人误解的商业宣传行为是否正确的问题。根据查明的事实，无比滴公司与聚联公司属于关联公司，多次共同对被诉侵权产品进行推广，对侵权行为的实施有共同的意思联络，一审认定两者共同侵权并无不当。两家公司对外宣传的内容容易使相关公众误认为其经营的商品与池田模范堂相关联，一审法院认定其行为为虚假或引人误认的商业宣传行为并无不当。

关于无比滴公司、聚联公司上诉认为一审法院在开庭后，对双方当事人补充提交的证据仅进行送达，并未组织双方当事人进行质证，审理程序违法的问题。二审法院认为，一审法院在庭审结束后，已将当事人补充提交的证据向对方当事人送达，当事人可以就相关证据发表质证意见，故一审法院并未剥夺当事人的诉讼权利，因此，无比滴公司、聚联公司认为一审审理程序违法的上诉意见没有事实和法律依据，二审法院不予支持。

关于无比滴公司、聚联公司上诉认为一审判决适用2019年修正的《反不正当竞争法》不当的问题。二审法院认为，无比滴公司、聚联公司实施的侵权行为持续发生至2019年修正的《反不正当竞争法》施行之后，故一审适用2019年修正的《反不正当竞争法》正确。

关于一审判决所确定的赔偿金额是否合理的问题。由于池田模范堂没有提交充分的证据证明其损失或者无比滴公司和聚联公司的获利，一审法院综合考虑池田模范堂涉案商标的知名度，无比滴公司和聚联公司所实施的侵权行为的规模、时间、主观恶意等，酌定无比滴公司赔偿池田模范堂300万元，聚联公司在260万元范围内承担连带责任合理。池田模范堂、无比滴公司、聚联公司认为一审确定的赔偿金额不当的理由没有事实依据，二审法院不予支持。

无比滴公司、聚联公司在二审法院审理期间，申请二审法院向海关总署办公厅（国家口岸管理办公室）调取以下资料：（1）2017年12月25日前池田模范堂向海关部门申报的“MUHI”品牌药品明细；（2）2017年12月25日前境内公司向海关部门申报的池田模范堂制造的“MUHI”品牌药品明细；（3）刘某芳于2017年通过跨境电商购物所产生的个人通关数据。无比滴公司、聚联公司申请调取证据的目的是证明池田模范堂在我国境内没有销售使用“MUHI”注册商标的药品，相关商品的销售、通关极有可能违反国家监管，涉嫌刑事犯罪。对此，二审法院认为，根据查明的事实已经足以证明池田模范堂在被诉侵权行为发生前三年有使用涉案商标，且就是否涉及刑事犯罪，无比滴公司、聚联公司可另寻法律途径解决，无需通过民事侵权案件调取相关证据，因此，无比滴公司、聚联公司申请二审法院调取证据的理由不能成立，二审法院不予采纳。

综上所述，二审法院判决驳回上诉，维持原判。

案例解析

该案是一个典型的侵害商标权及不正当竞争纠纷案件，各方当事人争议的焦点比较全面地涵盖了此类案件的常见问题。笔者将围绕商标侵权不赔偿规则中的“实际使用”问题以及商标侵权认定中的“商标性使用”问题作简要的分析。

一、关于“实际使用”的认定问题

无比滴公司、聚联公司在上诉理由中对池田模范堂实际使用过涉案第5类注册商标这一事实提出了质疑：“池田模范堂公司无合法的资质在中国境内生产、销售、许诺销售其产品，且其产品至今尚未合法出口至中国，故其根本不可能、也无法进行任何商业性使用。”提出这一质疑的目的在于对池田模范堂诉请第5类注册商标的赔偿责任进行抗辩。

《商标法》第六十四条第一款规定了“三年未实际使用不赔偿”规则：“注册商标专用权人请求赔偿，被控侵权人以注册商标专用权人未使用注册商标提出抗辩的，人民法院可以要求注册商标专用权人提供此前三年内实际使用该注册商标的证据。注册商标专用权人不能证明此前三年内实际使用过该注册商标，也不能证明因侵权行为受到其他损失的，被控侵权人不承担赔偿责任。”也就是说，如果池田模范堂在被诉侵权行为发生的前三年内对其第5

类注册商标的使用不构成我国《商标法》意义上的“实际使用”，也无法证明其因侵权行为受到了其他的损失，则无比滴公司、聚联公司将不承担赔偿责任。结合该案具体情况，解决这一争议的关键就在于准确把握商标的“实际使用”行为。

（一）实际使用的界定

《商标法》第四十八条对“商标的使用”作出了概括性的解释：“本法所称商标的使用，是指将商标用于商品、商品包装或者容器以及商品交易文书上，或者将商标用于广告宣传、展览以及其他商业活动中，用于识别商品来源的行为。”

该解释同样适用于行政机关对“撤三”案件的行政审查。《商标法》第四十九条规定了商标撤销制度，对于没有正当理由连续三年不使用的注册商标，任何单位或者个人都可以向商标行政机关申请撤销。商标行政机关在审查审理该类撤销注册商标案件时所依照的《商标审查审理指南》（以下简称《商标指南》）第十七章中，直接引用了《商标法》第四十八条对“商标的使用”的定义：“商标的使用，是指商标的商业使用。包括将商标用于商品、商品包装或者容器以及商品交易文书上，或者将商标用于广告宣传、展览以及其他商业活动中，用于识别商品来源的行为。”

可见，《商标法》意义上的商标使用有两个构成要件，一是必须实际性、非象征性地用于商业活动中，二是必须具有识别商品来源的功能。

实际使用是实现商标功能与经济价值的前提。商标具有识别功能、广告宣传功能、质量担保功能等多种功能，其中最核心、最基础的是其识别功能，其他功能都是由识别功能派生而来的；保护商标权实质就是保护商标的识别功能不受损害。[1] 实际使用，是《商标法》的基本要求和重要价值取向，是商标识别功能与经济价值得以实现的前提。“商标的本质功能在于识别商品或服务的来源，只有商标实际被用于商品或服务，使消费者能够通过商标识别

[1] 张玉敏．注册商标三年不使用撤销制度体系化解读［J］．中国法学，2015（1）：224－238.

特定的商品或服务提供者，商标的经济价值才得到实现。”[1] 通过对商标的实际性商业使用，消费者可以将品牌与商品或服务一一对应起来，从而与商标使用人建立起一种双向的联系。这种联系一方面激励商标使用人提高商品或服务的品质，诚信合法经营，以赢得良好的商誉和商业效益；另一方面，帮助消费者通过商标来识别品牌，根据经验与偏好挑选商品或服务，在满足个性需求的同时降低劣质产品带来的风险。总之，只有实际使用，商标才具有生命力和价值。

如何判断商标是否实际使用?《最高人民法院关于审理商标授权确权行政案件若干问题的规定》第二十六条第三款明确规定：“没有实际使用注册商标，仅有转让或者许可行为；或者仅是公布商标注册信息、声明享有注册商标专用权的，不认定为商标使用。”《商标指南》对于商标的使用判定有更详细的规定，在第十七章中规定了五种不被视为商标法意义上的商标使用的情形：“（1）商标注册信息的公布或者商标注册人关于对其注册商标享有专用权的声明；（2）未在公开的商业领域使用；（3）改变了注册商标主要部分和显著特征的使用；（4）仅有转让或许可行为而没有实际使用；（5）仅以维持商标注册为目的的象征性使用。”

根据以上规定，笔者认为在判断商标的实际使用问题时，可以从两方面进行考虑：一是主观方面，商标权人是否具有真实的使用意图，或他人对商标的使用是否违反商标权人的意志；二是客观方面，商标权人是否具有实际且合法的使用行为。[2]

主观方面，首先，真实的使用意图应是以发挥商标识别功能为目的进行使用，“在使用的目的上来看，商标使用必须是用于商品或服务交易的使用，而且是直接利用商标促进自己的商品或服务的销售或者提供。”[3] 单纯用于许可、转让获利或者只是声明其享有专有权的行为，无法发挥商标的识别功能，

---

[1] 王迁．知识产权法教程［M］．7 版．北京：中国人民大学出版社，2021：599.

[2] 国家法官学院、最高人民法院司法案例研究院．中国法院 2021 年度案例 · 知识产权纠纷［M］．北京：中国法制出版社，2021：70.

[3] 王太平．商标法：原理与案例［M］．北京：北京大学出版社，2015：248.

也无法促进自己的商品或服务的销售或者提供，因此不能被认定为具有真实的使用意图。其次，对于是否违背商标权人意志的使用，《最高人民法院关于审理商标授权确权行政案件若干问题的规定》第二十六条第一款作出了明确规定："商标权人自行使用、他人经许可使用以及其他不违背商标权人意志的使用，均可认定为商标法第四十九条第二款所称的使用。"

客观方面，首先，实际的使用，应是在公开的商业领域进行使用，且应是具有一定规模的使用。公开的商业领域，指注册商标核定使用的商品进入市场流通领域，应当以相关公众，尤其是消费者能够在市场上明确知晓的方式进行。❶ 一定规模的使用，即使该商标成为创设或维持相关商品或服务的市场份额的手段；仅仅是内部使用或者象征性地使用，并不能构成实际使用。其次，合法的使用，是指注册商标的使用不能违反法律、法规的禁止性规定。如何理解"法律、法规的禁止性规定"，最高人民法院曾有过不同的认识。在"康王"商标撤销复审案中，最高人民法院认为带有注册商标的化妆品上市销售时尚未取得相应的检验合格证违反了关于化妆品的行政管理规定，因此构成违法使用。❷ 但在"卡斯特"商标撤销复审案中❸，最高人民法院修正了其观点，认为只要在商业活动中公开、真实地使用了其注册商标，且注册商标的使用行为没有违反商标法律规定，则注册商标权利人已经尽到法律规定的使用义务，应认可其使用行为，至于相关商标使用的经营活动中是否违反进口、销售等方面的行政管理规定，并非《商标法》所要规范和调整的内容。因此，合法使用之"法"是对商标使用效力进行规定的法律、行政法规，而不是仅对商品进行行政管理的行政法规。而商标使用效力的规定主要体现在《商标法》中，故符合《商标法》及相关行政法规规定的使用行为，就属于合法使用。❹

---

❶ 丁文严．知识产权案件裁判规则（二）：商标授权确权裁判规则［M］．北京：法律出版社，2021：376.

❷ 最高人民法院（2007）行监字第184－1号驳回再审申请通知书。

❸ 最高人民法院（2010）知行字第55号行政裁定书。

❹ 丁文严．知识产权案件裁判规则（二）：商标授权确权裁判规则［M］．北京：法律出版社，2021：377.

（二）非实际使用的法律后果

商标的生命力在于实际使用，为了督促商标权人对其注册商标进行实际使用，《商标法》对怠于使用商标的行为规定了一定的不利后果。如《商标法》第四十九条第二款规定：“注册商标成为其核定使用的商品的通用名称或者没有正当理由连续三年不使用的，任何单位或者个人可以向商标局申请撤销该注册商标……”该制度既不是对商标注册人不使用行为的处罚，也并非为商标注册人设定了使用义务，只是为了在商标注册人连续三年不使用导致注册商标的作用长期没有发挥时，使该商标标志重新回到公有领域，方便他人注册，激活商标资源的一种措施。

再如《商标法》第六十四条第一款规定：“注册商标专用权人请求赔偿，被控侵权人以注册商标专用权人未使用注册商标提出抗辩的，人民法院可以要求注册商标专用权人提供此前三年内实际使用该注册商标的证据。注册商标专用权人不能证明此前三年内实际使用过该注册商标，也不能证明因侵权行为受到其他损失的，被控侵权人不承担赔偿责任。”法律不保护权利上的睡眠者，该制度重在督促权利上的睡眠者积极行使其权利，促进商标发挥应有的经济价值。注册商标只有经过一段时间的使用并具有一定知名度后，才会出现他人擅自使用等侵犯商标权的情况，此时才需要法律的介入，纠正此类侵犯商标权人和消费者利益的行为。然而，如果商标注册后一直没有进行实际使用，该商标无法实现其识别商品或服务来源的功能，消费者与商标权人也就无法建立起互动的联系，在此情况下对商标权提供持续保护缺乏正当性，违背了《商标法》的立法目的，还会妨碍他人的注册、使用，从而影响到商标制度的良好运转，造成资源的浪费。[1]

（三）对该案实际使用认定的分析

该案中，池田模范堂对其第5类注册商标的使用满足法律上对实际使用的要求。按照上述的判断标准及池田模范堂提交的相关证据，分析如下。

主观方面，在侵权行为发生前三年内，我国境内采用网络交易的方式已

[1] 王迁．知识产权法教程［M］．7版．北京：中国人民大学出版社，2021：599－600.

经可以购买到使用涉案商标的商品，而且池田模范堂的网站具有简体中文版网页，在我国境内即可访问浏览，可见网页的宣传信息实际上就是面向我国境内的消费者，由此反映出池田模范堂对其涉案商标的真实使用意图；此外，媒体主动对池田模范堂的商标和产品进行积极正面的宣传，并不违反池田模范堂的意愿。因此池田模范堂对涉案商标的使用满足“实际使用”的主观要求。

客观方面，使用涉案商标的商品可以通过网络交易的方式在中国境内轻松获取，表明池田模范堂公开且具有一定规模地使用了其涉案商标。虽然池田模范堂无合法的资质在中国境内进行生产、经营，产品进入中国境内的方式也可能违法，但根据最高人民法院的观点，经营活动中是否违反进口、销售等方面的行政管理规定，并非《商标法》所要规范和调整的内容，只要符合《商标法》及相关行政法规规定的使用行为，就属于合法使用。因此，池田模范堂对涉案商标的使用也完全满足“实际使用”的客观要求。

根据《商标法》第六十四条第一款规定的“三年未实际使用不赔偿”规则，池田模范堂提供的相关证据足以证明其在侵权行为发生前三年内实际使用了涉案的注册商标，因此无比滴公司、聚联公司提出的上诉理由和抗辩并不能成立，对其要求不承担赔偿责任的请求也不应予以支持。

二、关于“商标性使用”的认定问题

在司法实践中，人民法院对商标侵权案件的处理大都需要先对被诉侵权行为是否构成“商标性使用”作出认定，在构成商标性使用的前提下再对混淆可能性进行分析，从而确定侵权是否成立。“‘商标性使用’和‘混淆可能性’大致类似于‘行为’与‘结果’之间的关系。易言之，商标性使用行为可能导致混淆的结果。”[1] 该案一审法院在分析“池田模范堂主张无比滴公司、聚联公司行为侵害其注册商标权能否成立”这一争议焦点时即采用了这一思路：首先，确定被告将被诉侵权标识用于商品包装、容器、广告宣传、

[1] 吕炳斌．商标侵权中“商标性使用”的地位与认定［J］．法学家，2020（2）：73－87．

展览等行为均系用于识别商品来源的行为，构成对被诉侵权标识的商标性使用；其次，对相关商品是否构成相同或类似类别、相关商标是否相同或近似等问题展开分析。

既然“商标性使用”在处理商标侵权案件中扮演着重要的角色，那么准确理解其内涵，把握其认定标准，就显得尤为重要了。

（一）商标性使用及相关概念

1.“商标性使用”与“商标的使用”

广州知识产权法院认为，“商标性使用”即是指《商标法》第四十八条所述的“商标的使用”。[1]《商标法》第四十八条对“商标的使用”进行了定义。这一定义的前半句话指向的是‘商业性使用’，后半句话‘用于识别商品来源的行为’，则将使用行为限定为‘商标性使用’，即商标法意义上的来源指示性使用。[2] 《商标法》在2013年进行修改时，在《商标法实施条例》（2002年施行）第三条所规定商标使用的基础上，增加了“用于识别商品来源”的内容。《商标法实施条例》关于商标使用的规定，更多地侧重于在哪些商业活动中使用了特定的标志，仅涉及上述关于商标本质界定中的信息论视角下的“可感知的外在形态”或者符号论视角下的能指、对象，并没有包括商标所负载的“信息”或者“所指”，无法称之为是对商标的使用，仅是对标志的使用；修正后的《商标法》关于“识别商品来源”的规定，系对商标中的“信息”或者“所指”的补充规定，使得《商标法》关于商标使用的规定更符合商标的本质。[3]

2013年《商标法》修改之前，法律对“商标的使用”的解释与现行《商标法》中的概念并不完全一致，后者比前者多了“用于识别商品来源的行为”这一内容。前者更偏向于表达“商业性使用”的含义，而后者的表达更符合“商标性使用”的内涵。因此用现行《商标法》第四十八条的内容对“商标性使用”进行解释并无不妥。

---

[1] 广州知识产权法院，王海清．商标法实务研究［M］．北京：法律出版社，2021：27．

[2] 吕炳斌．商标侵权中“商标性使用”的地位与认定［J］．法学家，2020（2）：73－87．

[3] 凌宗亮．商标性使用在侵权诉讼中的作用及其认定［J］．电子知识产权，2017（9）：74－82．

2.“商标性使用”与“实际使用”

“商标性使用”与“实际使用”都从商标的“使用”这一概念衍生而来，二者具有诸多相同内涵，如都要求用于商业活动中，都应发挥商标的识别功能等。但是，二者也存在一定的区别。

首先，二者认定场合不同。“商标性使用”的认定一般出现在权利妨碍案件即侵权案件中，涉案商标的使用是否构成商标性使用，将给侵权认定带来实质影响。而“实际使用”则出现在权利产生、维持规范中，关系到商标权的存续问题，如对“撤三”案件的行政审查和司法审查，以及适用“三年未实际使用不赔偿”规则时要求认定商标权人是否存在实际使用行为。其次，二者对应的行为主体不同。“商标性使用”对应的行为主体是被诉侵权人，司法机关对被诉侵权人的行为是否构成“商标性使用”进行分析和认定；“实际使用”对应的行为主体为商标权人，司法机关或行政机关对商标权人是否构成“实际使用”进行确认。最后，二者的法律后果不同。构成“商标性使用”时，仍需要对混淆可能性进行认定，在二者同时满足的情况下被诉侵权人的行为即构成商标侵权，否则不构成侵权；而满足“实际使用”和法律规定的其他条件时，“撤三”案件中的商标权人对涉案商标的权利便得以存续，但在侵权案件中，被诉侵权人“三年未实际使用不赔偿”的抗辩将不能得到支持。

（二）商标性使用的判定标准

以下引用广州知识产权法院法官们的观点，对司法实践中判定“商标性使用”时考量的因素予以说明。

第一，是否属于商业性使用，即是否将商标使用在实际的商业活动中，用于商品的销售流通。如果用于非商业性使用，如社会公益性使用、家庭内部使用、基于个人爱好的“自用”等，就不属于“商标性使用”。第二，是否属于识别性使用，即使用商标的目的是不是用于说明、标明商品的来源，从而特别突出商标的“识别性”“显著性”特征。这里的使用范围，除直接将商标使用在商品本身之外，还包括将商标使用在商品外包装、容器、标签或附加标牌上，或者将商标使用在产品说明、介绍手册上，以及将服务商标使用在服务介绍手册、服务场所装饰上，或者用于在各类媒体、网络、展览会的推广宣传上等。第三，是否构成突出性使用，这一般是与识别性使用联系在一起的，突出使用的目的是更容易引起消费者的关注，从而表明商品的来源。在判断是否构成突出性使用时，通常应考量标识使用的具体背景、位置、方式、大小、颜色等因素，同时也包括是否容易被相关公众注意等可能产生的实际后果。第四，是否存在使用的故意。在认定是否构成商标性使用，进而认定侵权行为是否成立时，一般也会考量行为人在使用时是否存在主观故意，即是否存在通过使用商标以达到误导公众、造成混淆、获取自身利益的目的。这种主观故意对于确定行为人是否侵权以及承担多大的侵权责任，往往会产生重要影响。[1]

[1] 广州知识产权法院，王海清．商标法实务研究［M］．北京：法律出版社，2021：29.

8　商标使用中改变商标显著特征的认定与商业标识的反不正当竞争法规制

——汉斯格雅欧洲股份公司诉开平市南德黑森林卫浴有限公司及湖南莱茵南德卫浴有限公司侵权注册商标专用权及不正当竞争纠纷案

裁判要旨

被告对原告的商标、品牌历史、品牌形象进行了全方位的摹仿。被告与原告属于同行业经营者，在知悉并了解原告品牌的情况下，有预谋地申请注册与原告主商标相近似的商标，在官网、淘宝店铺、天猫网店、京东网店、苏宁以及1688店铺上销售卫浴产品，在销售的过程中通过改变注册商标的显著特征，使用与“hansgrohe”商标近似的“hansnlin”标识，吸引、误导消费者。

除此之外，被告基于对原告品牌的了解，全面抄袭原告的品牌历史，对原告的历史进行部分修改，意图将自己包装成与原告一样，是来自德国的百年卫浴品牌；在产品宣传的过程中，反复使用原告在多年持续经营过程中使用的、反映原告品牌形象和品牌特点的宣传图片、技术图标、宣传标语，使用原告包装上的认证标志，将原告的合作伙伴宣传为自己的合作伙伴等种种行为，意图通过“搭便车”的不诚信行为，误导消费者，牟取不正当利益。

入选理由

该案是典型的“通过全面摹仿的行为非法牟利”的案件。该案侵权事实十分复杂。被告改变其注册商标的显著特征，有预谋地使用与原告注册商标相同或近似的标识，同时实施了多个虚假宣传和混淆的不正当竞争行为。案件同时涉及“改变注册商标显著特征”“虚假宣传行为的认定”“全面抄袭他人品牌特征是否构成混淆行为”等多个法律问题。

一审、二审法院对被告全面摹仿原告品牌的行为（包括商标侵权、虚假宣传以及混淆行为）进行了全面的、细致的审理，对于上述法律问题进行了详细的、专业的阐述，结合原告的知名度，被告实施侵权行为的主观故意，被告实施侵权行为的具体方式、持续时间及侵权特点，对“搭便车”等严重违反诚实信用原则的行为予以严惩，对有针对性地抄袭仿冒、意图牟利的企业施以一记重拳，有力地维护了权利人的合法权益，维护了公平的市场竞争秩序，对潜在的侵权企业起到了警示作用。

案例索引

一审案号：广东省江门市新会区人民法院（2021）粤0705民初398号

二审案号：广东省江门市中级人民法院（2021）粤07民终5331号

基本案情

一审原告（上诉人）：汉斯格雅欧洲股份公司（HANSGROHESE）（以下简称“汉斯格雅公司”）

一审被告（上诉人）：开平市南德黑森林卫浴有限公司（以下简称“南德黑森林公司”）

一审被告（上诉人）：湖南莱茵南德卫浴有限公司（以下简称“莱茵南德公司”）

一审诉请

（1）判令两被告立即停止侵害原告国际注册第 G854024 号 hansgrohe 颜色文字商标、第 3842601 号“飞雨”商标、第 8967677 号“飞瀑”商标、第 12074283 号“易飞丝”商标注册商标专用权的行为。

（2）判令两被告立即停止对汉斯格雅公司品牌进行全面摹仿，立即停止实施足以使他人误认与汉斯格雅公司存在特定关系的行为以及虚假宣传行为等不正当竞争行为。

（3）判令两被告在全国公开发行的报纸上针对其侵权行为刊登声明，以消除影响。

（4）判令两被告赔偿原告经济损失合计人民币 100 万元，以及原告为该案支出的合理开支及律师费人民币 107760 元。

（5）判令两被告承担该案诉讼费。

一审判决

该案立案案由系侵害商标权纠纷。经审查，原告汉斯格雅公司的诉讼请求另包含有两被告的行为构成不正当竞争。故该案案由应确定为侵害商标权及不正当竞争纠纷。

原告汉斯格雅公司是在德国注册成立的公司，故该案属涉外民事纠纷案件。对该案的法律适用问题，因我国与德国均为《保护工业产权巴黎公约》的成员国，按照该公约第十条之二“本联盟国家有义务对各该国国民保证给予制止不正当竞争的有效保护”，以及《中华人民共和国涉外民事关系法律适用法》（以下简称《涉外民事关系法律适用法》）第四十四条“侵权责任，适用侵权行为地法律，但当事人有共同经常居所地的，适用共同经常居所地法律。侵权行为发生后，当事人协议选择适用法律的，按照其协议”的规定，该案被控侵权行为地为中国，故该案所涉不正当竞争应适用我国《反不正当竞争法》进行审理。同时，依据《保护工业产权巴黎公约》第十条之三“本同盟成员国约定，对本同盟其他成员国国民，保证其可以采取适当的法律补救措施，以有效地制止第九条、第十条和第十条之二中的一切行为”，以及《涉外民事关系法律适用法》第五十条“知识产权的侵权责任，适用被请求保护地法律，当事人也可以在侵权行为发生后协议选择适用法院地法律”的规定，该案所涉商标侵权行为亦应当适用中华人民共和国法律进行审理。

依据《最高人民法院关于适用〈中华人民共和国民法典〉时间效力的若干规定》第一条第三款“民法典施行前的法律事实持续至民法典施行后，该法律事实引起的民事纠纷案件，适用民法典的规定，但是法律、司法解释另有规定的除外”的规定，该案原告汉斯格雅公司主张的相关侵权事实发生在《民法典》施行前并持续至《民法典》施行后，故该案应适用《民法典》规定。

该案的争议焦点在于以下三点：第一，被告南德黑森林公司、莱茵南德公司是否侵犯了原告汉斯格雅公司第 G854024 号“hansgrohe”商标、第 3842601 号“飞雨”商标、第 8967677 号“飞瀑”商标、第 12074283 号“易飞丝”商标的注册商标专用权；第二，被告南德黑森林公司、莱茵南德公司是否实施了不正当竞争行为；第三，如上述侵权事实成立，被告南德黑森林公司、莱茵南德公司的侵权责任应具体如何承担。

一、关于争议焦点一

关于原告汉斯格雅公司的商标权利基础。原告汉斯格雅公司诉请保护的第 G854024 号“hansgrohe”商标系经国际注册并领土延伸至我国受保护的国际注册商标。第 3842601 号“飞雨”商标、第 8967677 号“飞瀑”商标、第 12074283 号“易飞丝”商标系原告汉斯格雅公司依法注册的商标。原告汉斯格雅公司是上述第 G854024 号“hansgrohe”商标、第 3842601 号“飞雨”商标、第 8967677 号“飞瀑”商标、第 12074283 号“易飞丝”商标的注册商标权利人。

（一）被告南德黑森林、莱茵南德公司是否侵犯了原告汉斯格雅公司第G854024号“hansgrohe”商标的注册商标专用权

针对该商标，原告诉称的侵权行为为两被告使用了涉案标识“hansnlin”。具体包括被告南德黑森林公司在其官方网站以及京东、淘宝、天猫、苏宁易购、1688网站店铺首页及产品介绍时使用了“hansnlin”标识；被告莱茵南德公司在其京东、天猫经营店铺多款产品介绍页面使用了“hansnlin”标识。

对上述是否属于商标性使用的问题。法院认为，依据《商标法》第四十八条“本法所称商标的使用，是指将商标用于商品、商品包装或者容器以及商品交易文书上，或者将商标用于广告宣传、展览以及其他商业活动中，用于识别商品来源的行为”的规定，并参照国家知识产权局《商标侵权判断标准》第六条“商标用于广告宣传、展览以及其他商业活动中的具体表现形式包括但不限于：（一）商标使用在广播、电视、电影、互联网等媒体中，或者使用在公开发行的出版物上，或者使用在广告牌、邮寄广告或者其他广告载体上……（三）商标使用在网站、即时通信工具、社交网络平台、应用程序等载体上……”的规定，两被告在相关网站、网络销售平台首页或产品宣传介绍上使用被控侵权标识“hansnlin”，已经起到了识别商品来源的作用，属于商标性使用。

两被告辩称其行为系正当使用依法注册的第32822744号“hansnlin”商标，不构成商标侵权。法院认为，虽然第32822744号“hansnlin”商标系被告南德黑森林公司依法注册的商标，但依据《商标法》第五十六条的规定，被告南德黑森林公司对此享有的注册商标专用权，应当限定于核准注册的商标和核定使用的商品。该案中，两被告使用的涉案标识“hansnlin”，并非规范使用其核准注册的商标，其使用行为已经超出了注册商标专用权的保护范围。该案仍应以其实际使用的标识“hansnlin”，判断是否构成对他人注册商标专用权的侵犯。

对两被告使用涉案标识“hansnlin”是否构成商标侵权的问题。法院

认为，依据《商标法》第五十七条第（二）项的规定，未经商标注册人的许可，在同一种商品上使用与其注册商标近似的商标，或者在类似商品上使用与其注册商标相同或者近似的商标，容易导致混淆的，属侵犯注册商标专用权的行为。而《最高人民法院关于审理商标民事纠纷案件适用法律若干问题的解释》第九条、第十条，对《商标法》第五十七条第（二）项规定的商标近似判断进一步进行了明确。具体到该案，对两被告使用的上述涉案标识与原告商标是否构成近似的问题，原告的注册商标为白色字母“hansgrohe”与底色为绿色的图形组合而成，该商标经过注册使用具有较高的知名度与显著性。两被告使用的被控侵权标识同样使用了白色字母“hansnlin”与底色为绿色的长方形组合。虽然“hansgrohe”与“hansnlin”在字母组合、读音上存在一定差异性，但被控侵权标识白字字母与绿色底色图形的要素组合后形成的整体结构，与原告注册商标整体存在近似。二者的色彩差别，以相关公众的一般注意力为标准也难以进行区分。另原告汉斯格雅公司为德国企业，企业位于德国南部黑森林地区，而两被告在使用被控侵权标识时，通常将被控侵权标识与“德国黑森林”一并使用，更易使相关公众对商品的来源产生误认或者认为其来源与原告注册商标的商品有特定的联系。鉴于两被告被控侵权标识与原告注册商标系在同一种商品上使用，两被告的行为已经构成对原告涉案注册商标专用权的侵犯。

综上，被告南德黑森林公司在其官方网站以及京东、淘宝、天猫、苏宁易购、1688 网站店铺首页及产品介绍时使用“hansnlin”标识，被告莱茵南德公司在其京东、天猫经营店铺多款产品介绍页面使用“hansnlin”标识，两被告的行为，侵犯了原告汉斯格雅公司享有的第 G854024 号“hansgrohe”商标的注册商标专用权。

（二）被告南德黑森林、被告莱茵南德公司是否侵犯了原告汉斯格雅公司第 3842601 号“飞雨”商标、第 8967677 号“飞瀑”商标、第 12074283 号“易飞丝”商标的注册商标专用权

针对上述商标，原告所诉侵权行为为两被告在网站首页及网络销售平台产品介绍时使用了“飞雨”“飞瀑”“飞雨飞瀑”“易飞丝”“易飞思”标识。

对两被告的上述行为是否属于商标性使用的问题。两被告辩称其使用“飞雨”“飞瀑”“飞雨飞瀑”，仅是对产品出水情况的形容，并未将其作为商标使用。法院认为，两被告所称的“飞雨”“飞瀑”“飞雨飞瀑”属于描述性使用不侵犯商标权的抗辩，不能成立，理由如下：

第一，该案两被告使用“飞雨”“飞瀑”“飞雨飞瀑”并非合理描述其产品特征。从内容上分析，作为淋浴产品，对其出水模式的描述，无论是雨水模式或瀑布模式，两被告均可以直接将其描述为雨水模式或瀑布模式，而非使用“飞雨”“飞瀑”字样。从使用方式上分析，事实上，两被告在介绍其产品时，“飞雨”“飞瀑”系直接作为产品名称使用，而非将“飞雨”“飞瀑”介绍为出水模式，一般消费者也难以据“恒温飞雨飞瀑淋浴花洒”“飞雨飞瀑黑”等产品名称，理解“飞雨”“飞瀑”属于对产品出水模式的描述。因此，两被告辩称“飞雨”“飞瀑”系合理描述产品特征，理据不足。第二，两被告并非基于善意使用“飞雨”“飞瀑”“飞雨飞瀑”标识。原告汉斯格雅公司在卫浴产品行业内具有较高的知名度，其作为“飞雨”“飞瀑”注册商标的权利人，通过线上、线下广泛销售并宣传“飞雨”“飞瀑”卫浴产品。两被告作为同行业的从业者，对此理应知晓，并进行合理避让。但两被告不仅未采取合理避让措施，反而在产品介绍时大量使用“飞雨”“飞瀑”标识，存在明显恶意。两被告的上述使用行为容易使相关公众对商品的来源产生误认或误会其商品与原告汉斯格雅公司的商品有特定的联系，造成公众混淆，其描述性使用不侵权的抗辩理由不能成立。

除此之外，两被告还大量在各网络销售平台销售“易飞丝”或“易飞思”软管。依据前述《商标法》第四十八条及参照国家知识产权局《商标侵权判断标准》第六条的相关规定，两被告在相关网站、网络销售平台的产品宣传介绍上使用“飞雨”“飞瀑”“飞雨飞瀑”“易飞丝”“易飞思”标识，已经起到了识别商品来源的作用，属于商标性使用。

对两被告的上述行为是否构成商标侵权的问题。法院认为，《商标法》第五十七条第（一）项、第（二）项规定，有下列行为之一的，均属侵犯注册商标专用权：(1）未经商标注册人的许可，在同一种商品上使用与其注册商标相同的商标的；（2）未经商标注册人的许可，在同一种商品上使用与其注册商标近似的商标，或者在类似商品上使用与其注册商标相同或者近似的商标，容易导致混淆的。两被告在卫浴商品上使用与原告“飞雨”“飞瀑”“易飞丝”注册商标相同的标识，显然构成对原告上述三注册商标专用权的侵犯。对两被告使用的“易飞思”标识是否构成对原告“易飞丝”注册商标专用权的侵犯的问题，法院认为，依据《最高人民法院关于审理商标民事纠纷案件适用法律若干问题的解释》第九条、第十条规定的商标近似判断标准，“易飞丝”与“易飞思”不仅在文字组合上存在近似，而且“易飞丝”非固定汉语词组，消费者更多是从呼读上将“易飞丝”商标与其他商标进行区分，而被控侵权标识“易飞思”与原告注册商标“易飞丝”在呼读上并无差异。因此，法院认为，两被告在卫浴商品上使用“易飞思”标识，属于《商标法》第五十七条第（二）项规定的商标侵权行为，同样构成对原告“易飞丝”商标注册商标专用权的侵犯。

综上，被告南德黑森林公司在其官方网站以及京东、淘宝、天猫、苏宁易购、1688 网站店铺使用“飞雨”“飞瀑”“飞雨飞瀑”“易飞丝”“易飞思”标识，被告莱茵南德公司在其京东、天猫经营店铺使用“飞雨”“飞瀑”“飞雨飞瀑”“易飞丝”“易飞思”标识，两被告的上述行为，侵犯了原告汉斯格雅公司享有的第 3842601 号“飞雨”商标、第 8967677 号“飞瀑”商标、第 12074283 号“易飞丝”商标的注册商标专用权。

二、关于争议焦点二

原告汉斯格雅公司诉称两被告对原告品牌进行了全方面的摹仿，存在系列不正当竞争行为与虚假宣传行为。法院认为，《反不正当竞争法》第六条第（四）项规定，经营者实施的其他足以引人误认为他人商品或者与他人存在特定联系的混淆行为，也属于不正当竞争行为。两被告前述商标侵权行为造成的混淆后果，已经落入原告商标权利的保护范畴，但对于两被告实施的其他混淆行为，如引人误认造成原告权利损害，仍应适用《反不正当竞争法》予以规制，并对原告的权利予以保护。

（一）两被告的虚假宣传行为构成不正当竞争

原告汉斯格雅公司发源于德国南部黑森林地区，成立时间为1901年，为全球具有较高知名度的卫浴产品生产企业。“德国南部黑森林地区的卫浴品牌”为原告企业或产品较为突出的特征。被告南德黑森林公司为国内企业，其企业名称为“开平市南德黑森林卫浴有限公司”，如简称也应称为“南德黑森林公司”，但其在产品介绍时，使用的是“德国黑森林”字样，并与被控侵权标识“hansnlin”一并使用。同时，在其官方网站同样介绍其公司为“卫浴界传奇”“总部设立在德国黑森林南部”“黑森林公司hansnlin为一家跨国公司”等。上述虚假宣传行为属于其他引起误认的混淆行为，足以直接引起他人误认被告南德黑森林公司为来自德国南部黑森林地区的德国卫浴企业，进而误认其公司或产品与原告汉斯格雅公司或其商品存在特定联系。因此，两被告的上述虚假宣传行为构成不正当竞争。

（二）两被告使用原告汉斯格雅公司的相关技术标识图片、宣传图片，构成不正当竞争

从原告提交的系列公证书可知，两被告在相关网络销售平台上对产品介绍时使用了相关技术标识图片，如涉案标识五至涉案标识十四。而上述标识来源于原告汉斯格雅公司官方网站、产品宣传手册、微信公众号。除此之外，两被告在网站上使用的模特图片等，也来源于原告汉斯格雅公司的官方网站、产品宣传手册。两被告抄袭原告汉斯格雅公司官方网站、产品宣传手册、微信公众号上的技术标识图片、宣传图片，用以宣传其公司或产品，属于《反不正当竞争法》第六条第（四）项规定的混淆行为，构成不正当竞争。

（三）对两被告实施的其他行为的评判

两被告在产品介绍中大量使用如德国国旗、“Made in Germany”等德国相关元素，除此之外，还在其公司或产品宣传过程中使用了“FSC（森林管理委员会）”“PHOENIX DESIGN凤凰设计室”的相关信息，同时使用了涉案标识十五、涉案标识十六。原告主张两被告的上述行为亦构成不正当竞争。法院认为，虽然原告汉斯格雅公司为德国企业，同时是“FSC”组织成员、“凤凰设计室”合作方，但上述元素并不能与原告汉斯格雅公司或产品建立一一

对应的联系。作为消费者，并不能基于上述元素的宣传而直接认定行为人与原告汉斯格雅公司之间存在联系。两被告的上述行为并不能单独引起与原告汉斯格雅公司或其产品的误认。但法院认为两被告的行为并非无须规制。依据《反不正当竞争法》第八条的规定，两被告为国内企业，也并非“FSC”组织成员，与“凤凰设计室”也并无合作关系，两被告的行为属于虚假宣传行为。两被告的上述虚假宣传行为，亦可加重前述两点不正当竞争行为的混淆后果，同样应予禁止。

两被告宣传其产品为“CCTV展播品牌”“央视展播品牌”的行为，同样属于虚假宣传行为。但是，两被告的上述虚假宣传行为可能造成的结果，并非能够对该案原告汉斯格雅公司的权益造成直接损害，难以获得两被告的上述虚假宣传行为与原告的损害后果之间存在因果关系。此外，两被告还宣传其产品使用了相关技术、德国工艺等。如两被告的产品确实使用了相关技术或工艺，则并不能对此进行禁止，即便构成虚假宣传。同前论述，上述虚假宣传行为亦不能够给原告权益造成直接损害。原告不能针对两被告的上述虚假宣传行为主张不正当竞争损害赔偿。

三、对于争议焦点三

两被告辩称并非涉案侵权产品的生产者。法院认为，原告公证购买的产品分别来源于两被告的官方网络销售平台，侵权产品实物包装、说明书、保修卡亦多处标注有侵权标识“hansnlin”及被告南德黑森林公司的企业名称。其中，(2020)京中信内经证字45344号公证书的侵权实物包装注明制造商为“开平市南德黑森林卫浴有限公司”，被告南德黑森林公司亦具有生产涉案侵权产品的生产能力。因此，应认定被控侵权产品的生产者为被告南德黑森林公司。鉴于两被告在庭审中明确被告莱茵南德公司为经被告南德黑森林公司授权成立的经营主体，二者的责任承担为共同，故该案侵权责任亦应由两被告共同承担。

关于停止侵权问题。原告汉斯格雅公司诉请两被告停止侵犯原告国际注册第G854024号“hansgrohe”颜色文字商标、第3842601号“飞雨”

商标、第8967677号“飞瀑”商标、第12074283号“易飞丝”商标注册商标专用权以及停止实施不正当竞争行为。对此，法院认为，基于前文争议焦点一的论述，两被告的行为构成对原告上述注册商标专用权的侵犯，依据《民法典》第一百七十九条、《最高人民法院关于审理商标民事纠纷案件适用法律若干问题的解释》第二十一条的规定，两被告应承担停止侵害原告上述注册商标专用权的民事责任，不得在其官方网站、网络销售平台、产品实物或包装上继续使用“hansnlin”“飞雨”“飞瀑”“飞雨飞瀑”“易飞丝”“易飞思”侵权标识。基于前文争议焦点二的论述，并依据《民法典》第一百七十九条，以及《反不正当竞争法》第十七条第一款“经营者违反本法规定，给他人造成损害的，应当依法承担民事责任”的规定，两被告的不正当竞争行为同样应予停止，两被告不得再在其官方网站、网络销售平台、产品实物或包装上继续宣传其公司为德国公司、全球知名卫浴品牌等引起他人误认公司或产品与原告汉斯格雅公司或其商品存在特定联系的虚假宣传行为，停止宣传其为“FSC”组织成员、“凤凰设计室”合作方的虚假宣传行为，不得继续使用原告汉斯格雅公司的相关技术标识图片、宣传图片等。

原告汉斯格雅公司诉请两被告在全国公开发行的报纸上针对其侵权行为刊登声明，以消除影响。法院认为，消除影响作为民事责任的承担方式之一，其适用条件除考虑权利人的权利保护外，另应考虑竞争秩序的恢复。该案中，原告汉斯格雅公司虽未提供证据证明其商誉因两被告的侵权行为而受损，但客观上两被告的商标侵权行为与不正当竞争行为已经造成消费者将原告公司及其产品与两被告公司及其产品产生混淆的后果，造成原告汉斯格雅公司商誉下降或存在其他负面影响的可能（如产品质量问题等）。考虑原告汉斯格雅公司及其商标的知名度，并为修复市场竞争秩序，依据《民法典》第一百七十九条的规定，法院认为两被告有承担刊登声明以消除影响的必要，以修复权利人因涉诉行为造成的商誉实际或可能的受损，恢复受损的市场竞争秩序。具体的责任承担方式为两被告在《中国市场监管报》上刊登声明以消除影响。

关于损失赔偿问题。原告汉斯格雅公司在庭审中主张适用法定赔偿，其中就商标侵权行为与不正当竞争行为分别赔偿损失50万元，合理费用107760

元，总计1107760元。庭后代理意见中，原告汉斯格雅公司主张该案应根据被告获利情况计算损害赔偿，并适用惩罚性赔偿。

对于原告能否主张适用惩罚性赔偿的问题。法院认为，依据《最高人民法院关于审理侵害知识产权民事案件适用惩罚性赔偿的解释》第二条“原告请求惩罚性赔偿的，应当在起诉时明确赔偿数额、计算方式以及所依据的事实和理由。原告在一审法庭辩论终结前增加惩罚性赔偿请求的，人民法院应当准许；在二审中增加惩罚性赔偿请求的，人民法院可以根据当事人自愿的原则进行调解，调解不成的，告知当事人另行起诉”的规定，该案原告提出惩罚性赔偿请求时间在一审法庭辩论终结后，对其适用惩罚性赔偿的诉请，法院在此不予审查，原告可另行主张。该案仍应以法定赔偿方式确定赔偿数额。

对赔偿数额的确定问题。对于商标侵权部分，依据《商标法》第六十三条第三款的规定，权利人因被侵权所受到的实际损失、侵权人因侵权所获得的利益、注册商标许可使用费难以确定的，由人民法院根据侵权行为的情节判决给予五百万元以下的赔偿。对不正当竞争部分，依据《反不正当竞争法》（2017年修订）第十七条第四款的规定，经营者违反本法第六条、第九条规定，权利人因被侵权所受到的实际损失、侵权人因侵权所获得的利益难以确定的，由人民法院根据侵权行为的情节判决给予权利人三百万元以下的赔偿。法院主要考量以下因素确定两被告的商标侵权与不正当竞争的赔偿数额。

第一，原告汉斯格雅公司及其商标的知名度。原告汉斯格雅公司为全球知名的卫浴产品生产企业，其第G854024号“hansgrohe”颜色文字商标、第3842601号“飞雨”商标、第8967677号“飞瀑”商标、第12074283号“易飞丝”商标经宣传、使用在卫浴行业具有广泛的知名度。第二，两被告的主观恶意。（1）两被告作为卫浴生产企业，理应熟知原告诉请保护的系列商标，通过两被告特意使用与原告诉请保护的系列商标相同或近似的标识以达到混淆目的的行为亦可知，主观上两被告对原告的系列商标亦属知晓。（2）原告汉斯格雅公司于2018年、2019年两次向被告南德黑森林公司发送警告函件，但两被告对于函中涉及的商标侵权行为与不正当竞争行为并未自行规范，至此次诉讼仍在持续。（3）两被告对原告的相关技术标识图片、宣传图片系直接抄袭使用，恶意明显。（4）被告南德黑森林公司 2018 年 8 月 13 日曾因虚假宣传行为被相关部门行政处罚，但由原告 2020 年度公证购买的产品可见，两被告仍使用“德国黑森林”字样及使用德国国旗等标识，进行虚假宣传。第三，被告侵权行为的影响。（1）该案原告被侵犯商标涉及四个商标，其中含一个国际商标。（2）两被告除生产涉案侵权产品外，另在京东、天猫、阿里巴巴、苏宁多个网络销售平台上开设旗舰店，进行网络销售，对原告正常的市场份额造成一定程度的挤占。（3）两被告的侵权持续时间较长。原告（2018）沪长证经字第 344 号公证书显示从 2018 年 1 月 23 日起，被告南德黑森林公司的侵权行为即已存在并持续至今。（4）两被告产品的销量与定价。两被告部分产品的定价高达 5000 元，部分产品的销量较多。如（2020）京潞洲内经证字第 00291 号公证书第 39 页显示产品“德国黑森林飞雨飞瀑恒温款”产品标价“1980 元”，累计评价“400 +”。第四，原告为制止侵权行为的合理费用。原告提交了相应票据证实原告为此支出公证费用 29260 元（该案仅主张 7760 元）、律师费用 10 万元。

综合上述因素考量，法院酌定两被告应就其商标侵权行为与不正当竞争行为，赔偿原告汉斯格雅公司损失及合理费用合计 65 万元。

综上所述，一审法院判决：

（1）南德黑森林公司、莱茵南德公司应于该判决生效之日立即停止实施侵犯原告汉斯格雅公司第 G854024 号“hansgrohe”商标、第 3842601 号“飞雨”商标、第 8967677 号“飞瀑”商标、第 12074283 号“易飞丝”商标注册商标专用权的行为。（2）被告南德黑森林公司、莱茵南德公司应于该判决生效之日立即停止实施针对原告汉斯格雅公司的涉案不正当竞争行为。包括不得再在其官方网站、网络销售平台、产品实物或包装上宣传公司为“德国公司”“全球知名卫浴品牌”“‘FSC’组织成员”“‘凤凰设计室’合作方”以及实施其他虚假宣传行为，不得使用原告汉斯格雅公司的涉案相关技术标识图片、宣传图片。（3）被告南德黑森林公司、莱茵南德公司应于该判决生效之日起十日内赔偿原告汉斯格雅公司经济损失及合理开支共计 65 万元。(4) 被告南德黑森林公司、莱茵南德公司应在该判决生效之日起十五日内在《中国市场监管报》上刊登声明，消除其商标侵权行为与不正当竞争行为对原告汉斯格雅公司造成的影响，相应声明内容由法院审核。如被告南德黑森林有限公司、莱茵南德公司逾期未能履行，法院将在报纸上刊登该判决书主要内容，费用由被告南德黑森林公司、莱茵南德有限公司承担。(5) 驳回原告汉斯格雅公司的其他诉讼请求。

二审判决

二审法院认为，结合双方当事人的诉辩意见，该案二审争议的焦点为：(1) 南德黑森林公司、莱茵南德公司是否侵害了汉斯格雅公司的注册商标专用权；(2) 南德黑森林公司、莱茵南德公司是否存在擅自使用汉斯格雅公司技术标识图片、产品宣传图以及虚假宣传等不正当竞争行为；(3) 如存在上述侵权行为，损失金额以及侵权责任承担如何确定。

一、关于争议焦点一

根据《商标法》第五十七条“有下列行为之一的，均属侵犯注册商标专用权：(一) 未经商标注册人的许可，在同一种商品上使用与其注册商标相同的商标的；(二) 未经商标注册人的许可，在同一种商品上使用与其注册商标近似的商标，或者在类似商品上使用与其注册商标相同或者近似的商标，容易导致混淆的；(三) 销售侵犯注册商标专用权的商品的……”第四十八条“本法所称商标的使用，是指将商标用于商品、商品包装或者容器以及商品交易文书上，或者将商标用于广告宣传、展览以及其他商业活动中，用于识别商品来源的行为”，以及《最高人民法院关于审理商标民事纠纷案件适用法律若干问题的解释》第九条“商标法第五十七条第（一）、(二) 项规定的商标相同，是指被控侵权的商标与原告的注册商标相比较，二者在视觉上基本无差别。商标法第五十七条第（二）项规定的商标近似，是指被控侵权的商标与原告的注册商标相比较，其文字的字形、读音、含义或者图形的构图及颜色，或者其各要素组合后的整体结构相似，或者其立体形状、颜色组合近似，易使相关公众对商品的来源产生误认或者认为其来源与原告注册商标的商品有特定的联系”的规定，首先，该案中，汉斯格雅公司诉请保护的第 G854024 号“hansgrohe”商标系经国际注册并领土延伸至我国受保护的国际注册商标，南德黑森林公司、莱茵南德公司在相关网站、网络销售平台首页或产品宣传介绍上使用被控侵权标识“hansnlin”，已经起到了识别商品来源的作用，属于商标性使用。虽然南德黑森林公司、莱茵南德公司上诉主张其行为系正当使用依法注册的第 32822744 号“hansnlin”商标，且在商标底部加上“德国黑森林”字样予以区分，不构成商标侵权，但涉案被控侵权标识“hansnlin”与涉案第 G854024 号“hansgrohe”商标经比对，两者的文字颜色及图形底色相似，虽然两者英文字母组合及读音不完全相同，但开头的四个英文字母及读音均相同，字母与底色图形组合后形成的整体结构相似，且汉斯格雅公司发源于德国南部黑森林地区，“德国南部黑森林地区的卫浴品牌”为汉斯格雅公司及其产品较为突出的特征，即使南德黑森林公司、莱茵南德公司在底部加上“德国黑森林”等字样，亦不足以与汉斯格雅公司进行明确区分，易使相关公众对商品的来源产生误认或者认为其来源与汉斯格雅公司注册商标的商品有特定的联系。因此，南德黑森林公司、莱茵南德公司在与汉斯格雅公司第 G854024 号“hansgrohe”商标同一种商品上使用涉案被控侵权标识“hansnlin”，构成对汉斯格雅公司注册商标专用权的侵犯。其次，汉斯格雅公司经原国家工商管理总局商标局核准享有涉案第 3842601 号“飞雨”商标、第 8967677 号“飞瀑”商标、第 12074283 号“易飞丝”商标。上述注册商标处于注册有效期内，汉斯格雅公司的上述商标专用权应受法律保护。南德黑森林公司、莱茵南德公司在网站首页及网络销售平台产品介绍时使用了“飞雨”“飞瀑”“飞雨飞瀑”“易飞丝”“易飞思”标识，起到了识别商品来源的作用，属于商标性使用。南德黑森林公司、莱茵南德公司在卫浴商品上使用与汉斯格雅公司“飞雨”“飞瀑”“易飞丝”注册商标相同的标识，构成对汉斯格雅公司商标专用权的侵犯；而其使用的“易飞思”标识与“易飞丝”在文字构成、读音、整体组合上均存在近似，易使相关公众对商品的来源产生误认。根据前述法律规定，南德黑森林公司、莱茵南德公司在网站首页及网络销售平台产品介绍时使用了“飞雨”“飞瀑”“飞雨飞瀑”“易飞丝”“易飞思”标识，构成对汉斯格雅公司注册商标专用权的侵犯。因此，一审法院认定南德黑森林公司、莱茵南德公司涉案被控侵权行为侵犯了汉斯格雅公司享有的第 G854024 号“hansgrohe”商标、第 3842601 号“飞雨”商标、第 8967677 号“飞瀑”商标、第 12074283 号“易飞丝”商标的注册商标专用权并无不当，法院予以维持。

二、关于争议焦点二

首先，根据涉案（2018）沪长证经字第 344 号公证书及二审提交的官方宣传网页截图等显示，南德黑森林公司在介绍公司时使用了“卫浴界的传奇”“黑森林/hansnlin 始于 1910 年，总部设立在德国黑森林南部的卫浴基地”“黑森林/hansnlin 成为一家跨国公司”等宣传语，但现有证据显示南德黑森林公司为国内企业，并未能反映南德黑森林公司与“德国黑森林”之间存在联系。虽然南德黑森林公司、莱茵南德公司上诉主张上述宣传语经行政部门处理已全部删除，但并未提供相关证据予以证明或推翻汉斯格雅公司所提供的证据，根据《最高人民法院关于适用〈中华人民共和国民事诉讼法〉的解释》第九十条“当事人对自己提出的诉讼请求所依据的事实或者反驳对方诉讼请求所依据的事实，应当提供证据加以证明，但法律另有规定的除外。在作出判决前，当事人未能提供证据或者证据不足以证明其事实主张的，由负有举证责任的当事人承担不利的后果”的规定，应承担举证不能的法律责任。故南德黑森林公司上述宣传内容为虚假宣传行为，足以引起他人误认南德黑森林公司或其产品与汉斯格雅公司或其商品存在特定联系。根据《反不正当竞争法》第六条“经营者不得实施下列混淆行为，引人误认为是他人商品或者与他人存在特定联系：（一）擅自使用与他人有一定影响的商品名称、包装、装潢等相同或者近似的标识；（二）擅自使用他人有一定影响的企业名称（包括简称、字号等）、社会组织名称（包括简称等）、姓名（包括笔名、艺名、译名等）；（三）擅自使用他人有一定影响的域名主体部分、网站名称、网页等；

（四）其他足以引人误认为是他人商品或者与他人存在特定联系的混淆行为”的规定，上述虚假宣传行为构成不正当竞争。其次，根据汉斯格雅公司提交的系列公证书显示，南德黑森林公司、莱茵南德公司在相关网络销售平台上对产品介绍时使用的技术标识图片及部分网站上使用的模特图片等，与汉斯格雅公司官方网站、产品宣传手册、微信公众号中有关技术标识图片及模特图片完全相同。虽然莱茵南德公司上诉主张相关技术标识系为宣传自身产品技术特征，不构成不正当竞争，但南德黑森林公司、莱茵南德公司抄袭汉斯格雅公司官方网站、产品宣传手册、微信公众号上的技术标识图片、宣传图片，用以宣传其公司或产品，是足以引人误认为是该公司或其商品与汉斯格雅公司存在特定联系的混淆行为，根据《反不正当竞争法》第六条第（四）项的规定，构成不正当竞争。故一审法院认定南德黑森林公司、莱茵南德公司存在擅自使用汉斯格雅公司技术标识图片产品宣传图以及虚假宣传等不正当竞争行为并无不当，二审法院予以维持。

三、关于争议焦点三

首先，如前所述，南德黑森林公司、莱茵南德公司侵犯了汉斯格雅公司第 G854024 号“hansgrohe”、第 3842601 号“飞雨”、第 8967677 号“飞瀑”、第 12074283 号“易飞丝”注册商标的商标专用权。根据《民法典》第一百七十九条、《最高人民法院关于审理商标民事纠纷案件适用法律若干问题的解释》第二十一条的规定，一审法院判决南德黑森林公司、莱茵南德公司停止实施汉斯格雅公司第 G854024 号“hansgrohe”商标、第 3842601 号“飞雨”商标、第 8967677 号“飞瀑”商标、第 12074283 号“易飞丝”注册商标的商标专用权的行为并无不当，二审法院予以维持。其次，如前所述，南德黑森林公司、莱茵南德公司在官方网站等宣传其为德国公司、全球知名卫浴品牌等及其在相关网络销售平台上对产品介绍时使用汉斯格雅公司官方网站、产品宣传手册、微信公众号中有关技术标识图片及模特图片的行为构成不正当竞争。且南德黑森林公司、莱茵南德公司在产品介绍中大量使用的如德国国旗、“Made in Germany”等德国相关元素及使用了“FSC（森林管理委员会）”“PHOENIX DESIGN 凤凰设计室”的相关信息。虽然一般消费者并不能基于上述元素的宣传而直接认定南德黑森林公司、莱茵南德公司与汉斯格雅公司之间存在联系，但上述行为属于虚假宣传行为，可能加重前述不正当竞争行为的混淆后果。因此，一审法院判决南德黑森林公司、莱茵南德公司停止实施针对汉斯格雅公司的涉案不正当竞争行为，包括不得再在其官方网站、网络销售平台、产品实物或包装上宣传公司为“德国公司”“全球知名卫浴品牌”“‘FSC’组织成员”“‘凤凰设计室’合作方”以及实施其他虚假宣传行为，不得继续使用汉斯格雅公司的涉案相关技术标识图片、宣传图片，并无不当，二审法院予以维持。再次，该案南德黑森林公司、莱茵南德公司的涉案商标侵权行为与不正当竞争行为，已经造成消费者将汉斯格雅公司及其产品与南德黑森林公司、莱茵南德公司及其产品产生混淆的后果。一审法院考虑汉斯格雅公司及其商标的知名度，并为修复市场竞争秩序，判决南德黑森林公司、莱茵南德公司在《中国市场监管报》上刊登声明以消除影响并无不当，二审法院予以维持。最后，根据《商标法》第六十三条第一款、第三款，《反不正当竞争法》第十七条及《最高人民法院关于审理侵害知识产权民事案件适用惩罚性赔偿的解释》第二条的规定，由于汉斯格雅公司所提供的证据不足以证明其因侵权所受损失以及南德黑森林公司、莱茵南德公司因侵权所获利润的实际数额，且亦未在一审法庭辩论终结前增加惩罚性赔偿请求，因此该案依法适用法定赔偿原则。一审法院综合考量汉斯格雅公司及其商标的知名度、南德黑森林公司和莱茵南德公司的主观恶意、涉案侵权行为的影响及制止侵权合理费用等因素酌定南德黑森林公司、莱茵南德公司就其商标侵权行为与不正当竞争行为，赔偿汉斯格雅公司损失及合理费用合计 65 万元并无不当，二审法院予以维持。

综上所述，汉斯格雅公司、莱茵南德公司、南德黑森林公司的上诉请求不能成立，应予驳回；一审判决认定事实清楚，适用法律正确，应予维持。依照《民事诉讼法》（2017 年修正）第一百七十条第一款第（一）项的规定，判决如下：

驳回上诉，维持原判。

案例解析

该案是一个典型的侵害商标权及不正当竞争纠纷案件，各方当事人争议的焦点比较全面地涵盖了此类案件的常见问题。笔者将围绕商标使用中的“改变注册商标显著特征”以及反不正当竞争行为中的“混淆行为”的认定等问题作简要的分析。

一、关于改变注册商标显著特征的商标侵权行为的认定

（一）改变商标显著特征的内涵

在我国《商标法》的立法中，商标专用权人依注册获得商标权。通说认为，注册商标的使用通常受到商品或服务的特征、使用方式与惯例、设计风格、时尚观念、识别便利性等因素的影响，因而实际使用的标志与注册商标标志有或多或少的差异，是实践中的常态。[1] 为顺应商业实践并维护市场竞争秩序，实际使用的商标标志与核准注册的商标标志有细微差别，但未改变其显著特征的，可以视为注册商标的使用。[2] 该解释最早用于注册商标撤销制度的使用，而后又衍生至注册商标专用权的维持和保护问题上。

另外，根据我国《商标法》的规定，我国商标专用权采取授权制模式，商标权只有经商标申请人的申请并公告授权，商标申请人才能获得注册商标专用权。而商标侵权中商标显著特征的改变行为通常出现在对注册商标的不完整使用上。虽然根据北京市高级人民法院的观点，不改变商标显著特征的商标使用视为注册商标的使用，然而商标专用权的授权制模式也警示商标专用权人，必须严格按照商标注册证上登载的商标信息规范使用其注册商标，不能超越权利边界。对于超出此限度范围的使用行为，商标专用权人则不享有专有使用权，甚至有可能构成对他人商标专用权的侵犯。现实中对于注册

---

❶ 付继存．注册商标使用中的“未改变显著特征”［J］．法学研究，2021（6）：186－206．

❷ 参见《北京市高级人民法院关于审理商标民事纠纷案件若干问题的解答》（京高法发〔2006〕68号）。

商标的各种使用行为虽然符合现实的需要，但这并不意味着商标使用人可以自行变动注册商标。随意组合使用商标，或对商标进行拆分，单独使用注册商标中的某一标识，则超出了法律赋予的权利范围，不应受到《商标法》的保护，构成对他人商标侵权的，应承担相应的法律责任。❶

从字面上理解“改变商标显著特征”，可以认为是实际使用的标志与注册商标标志具有不同的显著特征，显著特征即显著性或区别性。❷ 有学者认为，显著特征与显著性分别是立法和学理上的习惯表述，但对于显著性，学界的理解并不一致。一种观点认为，显著性包括指示来源显著性和区别显著性两方面，前者是指某个标志具有的使人识别出是谁的商品的能力，又称为对商品来源的客观识别性；后者是指足以将不同经营者提供的相同或类似商品相互区分的特征或能力。❸ 另一种观点认为，显著性仅是商标与指定商品的相关特征的区别性，旨在防止单个主体独占通用名称、描述性标志与功能性标志，进而维护公平竞争。❹ 为从本质上消除两种观点的歧义，有必要从注册商标侵权行为的本质出发进行解读。

（二）构成商标侵权行为的本质

对于上述两个观点的产生，笔者认为是一个问题的两个方面，两个观点侧重点不同。一个观点认为未改变商标显著特征的行为不构成对注册商标专用权的侵犯；另一个观点则认为商标专用权人必须严格按照商标信息规范使用其注册商标，否则可能会构成对他人商标专用权的侵犯。而对于“显著性”理解的两个观点，由于其对应的《商标法》的效果是注册商标保护，因此需要通过注册商标专用权保护的相关规则对其进行解读。

我国《商标法》规定，商标使用是用以识别商品来源的行为。依据我国《商标法》对注册商标专用权保护的有关规定，并无提及商标显著特征的改变是否构成对商标专用权的侵犯。从本质上看，对商标显著特征的改变是否干

---

❶ 胡浩，史凡凡．改变商标显著性特征构成侵权［J］．人民司法，2019（35）：11－13.

❷ 郎胜．中华人民共和国商标法释义［M］．北京：法律出版社，2013.

❸ 吴汉东，等．知识产权基本问题研究：分论［M］．2版．北京：中国人民大学出版社，2009：362.

❹ 刘铁光．商标显著性：一个概念的澄清与制度体系的改造［J］．法学评论，2017（6）：85－97.

扰商标的识别功能，从而使消费者产生混淆，才是判断商标侵权的关键要件。

然而，即使是将显著性解释为来源识别，在显著性所作用的商标对象上，学界也有两种观点。第一，“显著”可以指向商标整体的独特，其与商标在商业使用中形成的声誉密切相关。例如，我国相关司法解释把商标的“显著性”“显著程度”与“知名度”“知名程度”等竞争法概念并列使用。[1] 这一意义上的“显著”直接影响商标的权利范围和保护强度，与传统理论中的获得显著性有关。第二，“显著”又可以仅指向标志本身具有的、能够影响来源识别的独特。我国《商标法》把这一意义上的“显著”表述为“显著特征”。例如，如果对商标标志中关联元素的增删、对元素排列方式的改变等达到影响消费者来源识别的程度，就属于“改变注册商标的显著特征”，将直接影响商标撤销以及侵权行为等的判断结果。[2]

在司法实践中，商标使用人是否具有真实的使用意图和使用行为是重要的判定因素，并且应明确排除象征性使用。在学理上，商标使用产生并强化商标的识别功能。[3] 商标使用应达到能够让消费者识别商品来源的程度。[4] 在判断商标使用人在改变商标显著特征的前提下是否构成对注册商标专用权的侵犯时，应判断实际使用的商标与商标权人的商标是否具有相同的识别效果，如此才契合注册商标专用权保护的法理要求。消费者在商标的认可及商业信誉的形成过程中起到了不可或缺的作用[5]，因此，对商标侵权行为的判断，还是应当从消费者的一方出发，探讨商标功能中客观的识别效果。

（三）对该案商标侵权行为的分析

该案中，被告南德黑森林公司是“hansnlin”商标的注册商标权利人，在其申请注册商标的过程中，原告汉斯格雅公司曾提出异议，但因“hansnlin”

---

[1] 参见《最高人民法院关于审理商标民事纠纷案件适用法律若干问题的解释》（2020 年修正）第 10 条。

[2] 谢晴川．商标“显著特征”之内涵重释［J］．法学研究，2022（4）：93－111．

[3] 张玉敏．注册商标三年不使用撤销制度体系化解读［J］．中国法学，2015（1）：224－238．

[4] 李扬．注册商标不使用撤销制度中的“商标使用”界定：中国与日本相关立法、司法之比较［J］．法学，2009（10）：96－109．

[5] 杜颖．商标法律制度的失衡及其理性回归［J］．中国法学，2015（3）：120－137．

与原告所受保护的商标“HANSGROHE”存在一定差异，未构成近似商标，而导致异议被国家知识产权局驳回。然而，南德黑森林公司在使用其“hansnlin”商标时，多次采用与原告商标相似的白色字体配绿色底色的方式，显然改变了商标的显著特征，超出享有的注册商标专用权的保护范围。被告的使用行为超过了正当界限，构成权利滥用，应是对原告注册商标专用权的侵犯。

法院在审理被告是否侵犯原告注册商标专用权时也强调，根据我国《商标法》第五十七条第（二）项的规定，未经商标注册人的许可，在同一种商品上使用与其注册商标近似的商标，或者在类似商品上使用与其注册商标相同或者近似的商标，容易导致混淆的，属于侵犯注册商标专用权的行为。而《最高人民法院关于审理商标民事纠纷案件适用法律若干问题的解释》第九条、第十条，对《商标法》第五十七条第（二）项规定的商标近似判断进一步进行了明确。虽然“hansgrohe”与“hansnlin”在字母组合、读音上存在一定差异性，但被告将“hansnlin”与白色字母和绿色底色图形的要素组合后形成的整体结构，与原告注册商标存在近似，使相关公众对商品的来源产生误认或认为其来源与原告注册商标的商品有特定的联系。因此，笔者认为，该案中被告“改变商标显著特征”的行为，应当解释为改变商标显著特征后，商标的识别功能受到干扰，从而达到影响消费者对商品或服务的来源识别的程度，构成对商标专用权的侵犯。

二、关于反不正当竞争行为中的混淆行为

（一）商业标识保护中《反不正当竞争法》与《商标法》的交集

我国《商标法》与《反不正当竞争法》在商业标识保护中存在交集。一方面，我国《商标法》保护注册商标专用权；另一方面，我国《反不正当竞争法》保护相同或近似的商业标识。从法理的角度上看，商标即通过商标行政部门注册的商业标识，那么《反不正当竞争法》对商业标识的规定，是否可以看作是针对未注册但已投入使用的各种尚未获得商标专业权保护的商业标识呢？然而在司法实践中，对商业标识的保护模式具有多样性，既有单一适用《商标法》或者《反不正当竞争法》进行保护，也有同时适用《商标

法》《反不正当竞争法》进行保护，因此，较多的案件在起诉商标侵权时，以商标侵权和不正当竞争为案由，虽然《商标法》司法解释对商标侵权案件的诉由有所规定，但是并没有精确划分商标侵权与不正当竞争的各自领域，如此一来，在规范适用时可能造成《反不正当竞争法》与《商标法》的冲突，加上认定不正当竞争行为所表现出的明显“实用主义”倾向，导致《反不正当竞争法》的选择侵蚀了《商标法》在市场领域内的适用。❶ 理论上而言，《反不正当竞争法》提供的是对《商标法》中未注册商标的补充性保护，即对《商标法》中未能完整保护的未注册商标等问题进行进一步的厘清和兜底保护，但遗憾的是《反不正当竞争法》并未提及对于未注册商标的处理。

如何恰当厘定《商标法》与《反不正当竞争法》的关系，如何合理设定商业标识的保护条款，已成为《反不正当竞争法》颇有争论的分歧点。主流观点是扩大《反不正当竞争法》的适用范围❷，尽可能容纳各种违背诚实信用原则、损害市场竞争秩序的不正当行为。在2017年修订的《反不正当竞争法》中也顺应扩大其适用范围的观点，其第六条采用了罗列和兜底的方式规范商业标识，但该条第（四）项“其他足以引人误认为是他人商品或者与他人存在特定联系的混淆行为”的表达可以解释的范围非常广泛，可以容纳注册和未注册的商标。

有学者认为，由于商标起源于普通法的假冒，而假冒隶属于反不正当竞争规范，因而《商标法》从诞生之日起就与《反不正当竞争法》纠缠在一起，在两法的发展进程中交织重叠。就《反不正当竞争法》与《商标法》关系的争论，学界存在三种不同的学说：补充说、一般与特别说、并列说。不管秉持何种观点，皆从两者规制的客体、调整方式、效力范围等方面的差异予以论证。❸ 从本质上看，应当厘清《反不正当竞争法》与《商标法》之间的关系，进而再采取合适的保护措施对《商标法》未能提供保护的商业标识进行保护，而非一味扩大该法的适用范围，囫囵吞枣，对相同的商业标识或

---

❶❷ 焦海涛．不正当竞争行为认定中的实用主义批判［J］．中国法学，2017（1）：150－169.

❸ 李士林．商业标识的反不正当竞争法规整：兼评《反不正当竞争法》第6条［J］．法律科学（西北政法大学学报），2019（6）：167－177.

注册商标进行重复保护。

（二）《反不正当竞争法》对全面抄袭他人品牌特征的规制

该案中，两被告通过侵犯注册商标专用权，抄袭原告商业标识、字号以及整体形象侵犯原告合法权益。法院在援引《反不正当竞争法》的条文时谈到根据《反不正当竞争法》第六条第（四）项的规定，经营者实施了其他足以引人误认为是他人商品或者与他人存在特定联系的混淆行为，引人误认为是他人商品或者与他人存在特定联系的，属于不正当竞争行为。两被告除侵犯注册商标专用权外，实施的其他行为如引人误认造成原告权利损害，仍应适用《反不正当竞争法》予以规制。可见，法院认为该案全面抄袭他人品牌特征的行为，应援引《反不正当竞争法》中所规定的不正当竞争行为的兜底条款进行规制。

品牌特征在《反不正当竞争法》中并无专门规定，要寻求《反不正当竞争法》保护的话必须援引兜底条款。有学者认为，以整体营业形象为例，受我国《反不正当竞争法》保护应当满足两个要件。笔者认为，品牌特征的《反不正当竞争法》保护也可以沿用此思路。

1. 具有非功能性及识别性

根据我国《最高人民法院关于审理不正当竞争民事案件应用法律若干问题的解释》第二条第（三）项的规定，仅由商品自身的性质产生的形状，为获得技术效果而需有的商品形状以及使商品具有实质性价值的形状不认定为知名商品特有的名称、包装、装潢。品牌特征应当符合其他商业标识的特征，其本身具有装饰的内涵，应具有非功能性。

品牌特征仅需具备最低限度的审美意义，即可符合商业标识的要求，但品牌特征之所以能够成为一种应受法律保护的商业标识，主要基于其具有区分服务来源的作用，因此，受法律保护的品牌特征，除非功能性外，还应具备识别性，亦即显著性，是指品牌特征应可以起到识别或区分商品或服务来源之作用。品牌特征的识别性分为两种情况：一种为其品牌自身具有显著性，其整体形象能够体现出独特的创意与设计；另一种为品牌通过长期使用已经取得第二含义。对品牌特征的识别性应从其整体进行判断，品牌特征的元素即使为行业通用，也不影响品牌特征整体显著性的认定。

2. 来源关系应为相关公众知悉

由于我国2017年修订的《反不正当竞争法》第六条第（一）项将商品名称、包装、装潢的判定标准修改为“一定影响”，2019年修正的《反不正当竞争法》也沿用了该规定，因此，在判断品牌特征在《反不正当竞争法》层面的保护上，应当考虑品牌特征在达到“一定影响”的前提下，其与商品或服务的来源关系应当为相关公众所知悉。具体而言，不同于其他商业标识，品牌特征应当具有独立性，并且应当着重考量商业主体在商品或服务上使用相关包装或装潢的情况，判断使用程度能否使其二者之间的对应关系在相关公众中具有一定影响，为相关公众所知悉。❶

（三）对该案反不正当竞争行为的分析

该案中，汉斯格雅公司诉称两被告对原告品牌进行了商标权方面的模仿，存在系列不正当竞争行为与虚假宣传行为。法院认为依据《反不正当竞争法》第六条第（四）项的规定，经营者实施了其他足以引人误认为是他人商品或者与他人存在特定联系的混淆行为，引人误认为是他人商品或者与他人存在特定联系的，属于不正当竞争行为。两被告的商标侵权行为造成的混淆后果，已经落入原告商标权利的保护范畴，但对于两被告实施的其他混淆行为，如引人误认造成原告权利损害，仍应适用《反不正当竞争法》予以规制，并对原告的权利予以保护。

该案两被告在相关网络销售平台上对产品介绍时使用了相关技术标识图片，而相关技术标识图片来源于原告官方网站、产品宣传手册、微信公众号上的技术标识图片、宣传图片，用以宣传其公司或产品。显然，原告经过长期使用的其他商业标识未经注册而尚未获得注册商标专用权的保护，然而其商业标识与其商品或服务之间存在一定联系，两被告使用相同或近似的商业标识引起他人误认造成混淆的，原告可以寻求《反不正当竞争法》第六条第

---

❶ 雒欣. 受反不正当竞争法规制的整体营业装潢的司法认定：西贝莜面村餐厅商标侵权及不正当竞争纠纷案［J］. 法治论坛，2021（2）：277－286.

（一）项的保护。此外，原告品牌特征具有非功能性和识别性，且其来源性为相关公众所知悉，两被告全面抄袭其品牌特征，引人误认为是原告商品或与原告存在特定联系，原告可以就此寻求《反不正当竞争法》第六条第（四）项的兜底条款对此进行规制。而该案中两被告在宣传过程中使用的与原告一样的“FSC（森林管理委员会）”“PHOENIX DESIGN 凤凰设计室”的相关信息，虽然与原告标识的合作单位一样，但该两元素并不能与原告及原告产品建立一一对应的联系，相关公众并不能基于上述元素的宣传而直接认定两被告与原告之间存在联系，因此对该标识的使用不能单独引起他人对原告或原告产品的误认。

综上所述，应当厘清《反不正当竞争法》与《商标法》之间的关系，对《商标法》未能保护的未注册商标或商业标识进行补充性保护；而对于《反不正当竞争法》兜底条款的适用，被诉侵权行为所指代的客体应当遵循非功能性和识别性要件，并且来源性为相关公众所知悉，引人误认为与他人商品或服务存在一定联系，由此可以寻求《反不正当竞争法》第六条第（四）项对此进行规制。

9　商标注册过程中是否损害他人“在先权利”的判断标准

——广州市梦庄国际贸易有限公司诉国家知识产权局、第三人爱敬产业（株）商标无效宣告行政诉讼案

裁判要旨

我国《商标法》第三十二条规定：“申请商标注册不得损害他人现有的在先权利，也不得以不正当手段抢先注册他人已经使用并有一定影响的商标。”上述规定的“在先权利”包含他人在先享有的著作权，而判断诉争商标的申请注册是否损害他人在先著作权时，应考虑以下要件：（1）涉案作品构成《著作权法》的保护客体；（2）当事人为涉案作品的著作权人或者利害关系人；（3）在诉争商标申请日前，诉争商标申请人有可能接触涉案作品；（4）诉争商标标志与涉案作品构成实质性相似。

入选理由

商标权和著作权同属于知识产权领域，但权利取得方式和保护的范围不同却有重合之处，使得两者之间容易产生冲突。当中国的注册商标与外国的著作权作品之间产生权利冲突，更是在举证和法律适用方面面临重重挑战。

商标权利的取得和保护具有严格的地域性，并且我国的商标权利取得以

注册在先为原则。因此当具有一定知名度的外国商标在国内被抢注时，难以通过直接主张在先注册商标权保护自己的原创智力成果。然而，“保护在先权利”是知识产权权利冲突纠纷中的基本处理原则和法律原则。包括著作权在内的在先权利均应得到尊重。而著作权恰好突破了商标权的地域性限制和以注册为取得要件的限制。如果这个外国已注册商标是具有一定造型的非纯文字商标，可以尝试通过主张外国已注册商标标志构成在先著作权作为维护自身权益的方式。

案例索引

无效宣告请求程序：国家知识产权局商评字［2019］第0000298921号

一审案号：北京知识产权法院（2020）京73行初1990号

二审案号：北京市高级人民法院（2020）京行终5314号

基本案情

一审原告：广州市梦庄国际贸易有限公司（以下简称“梦庄公司”）

一审被告：中华人民共和国国家知识产权局

一审第三人：韩国爱敬产业株式会社（以下简称“爱敬产业”）

一审诉请

原告主张，其于1988年创立于浙江义乌，是一家以彩妆、护肤品、洗涤品、化妆品为经营内容，集生产、销售于一体的综合性企业，诉争商标是以原告在先商标“kerasys”为基础衍生设计所得，经过长期的宣传与使用，已经在相关公众中具有一定知名度，且该在先商标曾被认定为广州市著名商标；诉争商标的注册不存在违反2013年修正的《商标法》第四十四条第一款关于“以……其他不正当手段取得注册”之情形。被告作出的被诉裁定认定事实不清、适用法律错误，综上，原告请求依法撤销被诉裁定，并判令被告重新作出裁定。

一审判决

一审法院认为，2013 年修正的《商标法》系于 2014 年 5 月 1 日施行。2019 年 4 月 23 日修正的《商标法》已于 2019 年 11 月 1 日起施行。因诉争商标系在 2018 年 2 月 14 日经核准注册，被告于 2019 年 12 月 10 日作出无效宣告裁定，根据《最高人民法院关于商标法修改决定施行后商标案件管辖和法律适用问题的解释》（2014 年施行）第七条“对于在商标法修改决定施行前已经核准注册的商标，商标评审委员会于决定施行前受理、在决定施行后作出复审决定或者裁定，当事人提起行政诉讼的，人民法院审查相关程序问题适用修改后的商标法，审查实体问题适用修改前的商标法”的规定，该案对诉争商标是否应当宣告无效所依据的法律规定在实体方面适用 2013 年修正的《商标法》，在程序方面适用 2019 年修正的《商标法》。根据各方当事人的诉辩主张，该案的争议焦点为：诉争商标申请注册是否违反 2013 年修正的《商标法》第三十二条、第四十四条第一款的规定。

一、关于焦点问题一

《商标法》第三十二条规定：“申请商标注册不得损害他人现有的在先权利……”其中，“在先权利”是指除商标权之外的其他在先合法权利，包括著作权。

《最高人民法院关于审理商标授权确权行政案件若干问题的规定》第十九条规定：“当事人主张诉争商标损害其在先著作权的，人民法院应当依照著作权法等相关规定，对所主张的客体是否构成作品、当事人是否为著作权人或者其他有权主张著作权的利害关系人以及诉争商标是否构成对著作权的侵害等进行审查。商标标志构成受著作权法保护的作品的，当事人提供的涉及商标标志的设计底稿、原件、取得权利的合同、诉争商标申请日之前的著作权登记证书等，均可以作为证明著作权归属的初步证据。商标公告、商标注册证等可以作为确定商标申请人为有权主张商标标志著作权的利害关系人的初步证据。”

根据《中华人民共和国著作权法实施条例》（以下简称《著作权法实施条例》）第二条的规定，著作权法所保护的作品，是指文学、艺术和科学领域内具有独创性并能以某种有形形式复制的智力成果。其中，“独创性”要求作品系作者独立创作完成，且体现了作者个人的选择、判断和个性。涉案作品融入了设计者的审美理念和个性表达，具有独创性，构成《著作权法》中所规定的作品。该案中，第三人提交的著作权登记证书以及商标注册文件可以证明第三人对于该作品享有著作权，且通过在韩国注册商标的方式于2002年和2003年完成发表了与该登记作品近似的作品，时间均早于诉争商标申请日，第三人提交的证据形成了完整的证据链，可以认定第三人享有涉案作品的著作权。中韩两国均为《保护文学和艺术作品伯尔尼公约》成员国，根据我国《著作权法》，第三人就其美术作品所享有的著作权亦受我国法律保护。涉案作品在诉争商标申请注册日之前已公之于众，诉争商标申请注册过程中，有机会接触涉案作品。诉争商标与涉案作品高度近似，构成实质性相似。诉争商标的申请注册系对涉案作品的复制，损害了第三人对该作品的在先著作权，构成《商标法》第三十二条所指“损害他人现有的在先权利”的情形。被诉裁定的相关认定正确，一审法院对此予以确认。原告相关诉讼主张依据不足，一审法院不予支持。

二、关于焦点问题二

《商标法》（2013年修正）第四十四条第一款规定：“已经注册的商标，违反本法第十条、第十一条、第十二条规定的，或者是以欺骗手段或者其他不正当手段取得注册的，商标局宣告该注册商标无效；其他单位或者个人可以请求商标评审委员会宣告注册商标无效。”其中，“以其他不正当手段”取得商标注册的情形主要是指以欺骗手段以外的其他方式扰乱商标注册秩序、损害公共利益、不正当占用公共资源或者谋取不正当利益的情形。该条款规定针对的是损害公共秩序或者公共利益，或者妨碍商标注册管理秩序的行为。认定“其他不正当手段”，包括规模性抢注他人在先具有一定知名度的商标并转让牟利的行为，该规模性抢注应该具备一定的条件，即或者抢注是同样的商标，且数量较大，构成没有实际使用可能的商标囤积行为；或者抢注多个不同的在先知名商标，涉及多个主体的商标标志。此外，依据《商标法》相关规定，民事主体申请商标注册，应该有使用的真实意图，以满足自己的商标使用需求为目的，其申请注册商标的行为应具有合理性或正当性。

在案证据可以证明在诉争商标申请日之前，第三人早在2006年就以“爱敬克拉洗丝”作为商品名称，对其生产的商品进行送检，并分别于2006年、2008年在国家食品药品监督管理局进口非特殊用途化妆品备案平台上对其生产的英文名称为“KERASYS”，中文名称为“克拉洗丝”的产品进行备案，并在2008年5月12日之前向中国出口了一定数量的名称为“爱敬克拉洗丝”“KERASYS 克拉洗丝”的商品进入我国市场领域，并合法流通。原告作为一家从事国际贸易的公司，其对第三人商标理应知晓，而诉争商标与第三人商标标志基本相同，难谓巧合。除诉争商标之外，原告还在20多个商品或服务类别上申请注册了120余件商标，其中包括“克拉洗丝”“白加黑”“农夫果园”“特仑苏”“LIOR NATURE&BEAUTY”“ARMANI”“梦庄”“中瑞丽”“超级女声”“女子十二美坊”等多件与他人知名商标相同或相近似的商标，明显具有搭他人商誉、声誉便车之故意，其行为扰乱了正常的商标注册管理秩序，有损于公平竞争的市场环境，违反了公序良俗原则，已构成《商标法》第四十四条第一款“以其他不正当手段取得注册”所述情形。被诉裁定对此认定正确，一审法院予以确认。

综上所述，被诉裁定认定事实清楚，适用法律正确，原告的诉讼请求缺乏事实或法律依据，一审法院不予支持。一审法院依照《中华人民共和国行政诉讼法》（以下简称《行政诉讼法》）第六十九条之规定，判决如下：驳回原告梦庄公司的诉讼请求；案件受理费人民币一百元，由原告梦庄公司负担。

二审判决

二审法院认为，2013年修正的《商标法》第三十二条规定：“申请商标注册不得损害他人现有的在先权利，也不得以不正当手段抢先注册他人已经使用并有一定影响的商标。”

二审法院认为上述在先权利即包含他人在先享有的著作权，而判断诉争商标的申请注册是否损害他人在先著作权时，应考虑以下要件：（1）涉案作品构成《著作权法》的保护客体；（2）当事人为涉案作品的著作权人或者利害关系人；（3）在诉争商标申请日前，诉争商标申请人有可能接触涉案作品；（4）诉争商标标志与涉案作品构成实质性相似。

该案中，首先，爱敬产业主张享有在先著作权的“”图样（以下简称“涉案作品”）融入了设计者的审美理念和个性表达，具备一定的审美意义，属于《著作权法》所保护的美术作品。其次，爱敬产业提交的涉案作品著作权登记证书显示涉案作品创作完成于2002年5月1日，且在韩国通过注册商标的方式于2002年和2003年完成发表了与该登记作品近似的作品，时间早于诉争商标申请日，据此现有证据足以形成完整的证据链证明爱敬产业对涉案作品享有在先著作权。再次，涉案作品于诉争商标申请注册日之前即已公之于众，梦庄公司在诉争商标申请注册过程中有机会接触到涉案作品。最后，将诉争商标与涉案作品相比，二者几乎完全相同，构成实质性近似。鉴于此，诉争商标的注册损害了爱敬产业对涉案作品享有的在先著作权，构成2013年修正的《商标法》第三十二条有关“申请商标注册不得损害他人现有的在先权利”规定之情形。一审判决对此认定正确，二审法院予以支持。

鉴于二审法院已认定在案证据能够适用2013年修正的《商标法》第三十二条对诉争商标宣告无效，故二审法院不再适用《商标法》第四十四条第一款。

综上所述，二审法院判决驳回上诉，维持原判。

案例解析

该案属于在先著作权与商标权冲突。主要争议点有两个：（1）爱敬产业是否在先享有著作权；（2）梦庄公司所注册的商标是否应该被宣告无效。对于上述焦点问题，合议庭已经在该案判决理由中作了较为详尽而充分的论述，现结合该案，对其中反映的理论和实践问题，再作简要的分析。

一、关于爱敬产业是否在先享有著作权

2013 年修正的《商标法》第三十二条规定：“申请商标注册不得损害他人现有的在先权利，也不得以不正当手段抢先注册他人已经使用并有一定影响的商标。”其中，“在先权利”是指在注册商标申请人提出注册商标申请以前，他人已经依法取得或者依法享有并受法律保护的权利。在先权利既包括在先商标专用权，也包括其他在先权利，如著作权，外观设计专利权、企业名称权，知名商品的特有名称、包装或装潢使用权，地理标志权等。因此，该案例中所讨论的商标属于《商标法》中所指的在先权利范围。未经著作权人的许可，将他人享有著作权的作品申请注册商标，应认定为对他人在先著作权的损害。

《最高人民法院关于审理商标授权确权行政案件若干问题的规定》第十九条规定：“当事人主张诉争商标损害其在先著作权的，人民法院应当依照著作权法等相关规定，对所主张的客体是否构成作品、当事人是否为著作权人或者其他有权主张著作权的利害关系人以及诉争商标是否构成对著作权的侵害等进行审查。商标标志构成受著作权法保护的作品的，当事人提供的涉及商标标志的设计底稿、原件、取得权利的合同、诉争商标申请日之前的著作权登记证书等，均可以作为证明著作权归属的初步证据。商标公告、商标注册证等可以作为确定商标申请人为有权主张商标标志著作权的利害关系人的初步证据。”

根据《著作权法实施条例》第二条的规定，著作权法所保护的作品，是指文学、艺术和科学领域内具有独创性并能以某种有形形式复制的智力成果。其中，“独创性”要求作品系作者独立创作完成，且体现了作者个人的选择、判断和个性。该案中涉案作品融入了设计者的审美理念和个性表达，具有独创性，属于《著作权法》所保护的美术作品。

该案中，爱敬产业提交的著作权登记证书以及商标注册文件可以证明其对于该作品享有著作权，且早于诉争商标申请日在韩国以注册商标的方式发表了与该登记作品近似的作品。爱敬产业提交的证据形成了完整的证据链，

可以认定爱敬产业享有涉案作品的著作权。而梦庄公司提交的在案证据无法证明其在2002年之前已经公开发表涉案美术作品。故在无相反证据反驳的情况下，根据证据高度盖然性的证明标准，可以认定爱敬产业对涉案美术作品享有在先著作权。

中韩两国均为《保护文学和艺术作品伯尔尼公约》成员国，根据我国《著作权法》，爱敬产业就其美术作品所享有的著作权亦受我国法律保护。涉案作品在诉争商标申请注册日之前已公之于众，诉争商标申请注册过程中，梦庄公司有机会接触涉案作品。诉争商标与涉案作品高度近似，构成实质性相似。诉争商标的申请注册系对涉案作品的复制，损害了爱敬产业对该作品的在先著作权，构成《商标法》第三十二条所指“损害他人现有的在先权利”的情形。

二、梦庄公司所注册的商标是否应该被宣告无效

2013年修正的《商标法》第十三条第二款、第三款规定：“就相同或者类似商品申请注册的商标是复制、摹仿或者翻译他人未在中国注册的驰名商标，容易导致混淆的，不予注册并禁止使用。就不相同或者不相类似商品申请注册的商标是复制、摹仿或者翻译他人已经在中国注册的驰名商标，误导公众，致使该驰名商标注册人的利益可能受到损害的，不予注册并禁止使用。”

2013年修正的《商标法》第四十四条第一款规定：“已经注册的商标，违反本法第十条、第十一条、第十二条规定的，或者是以欺骗手段或者其他不正当手段取得注册的，由商标局宣告该注册商标无效；其他单位或者个人可以请求商标评审委员会宣告该注册商标无效。”

其中“以其他不正当手段”取得商标注册的情形主要是指以欺骗手段以外的其他方式扰乱商标注册秩序、损害公共利益、不正当占用公共资源或者谋取不正当利益的情形。该规定针对的是损害公共秩序或者公共利益，或者妨碍商标注册管理秩序的行为。认定“其他不正当手段”，包括规模性抢注他人在先具有一定知名度的商标并转让牟利的行为，该规模性抢注应该具备一

定的条件，即或者抢注同样的商标，且数量较大，构成没有实际使用可能的商标囤积行为；或者抢注多个不同的在先知名商标，涉及多个主体的商标标志。此外，依据《商标法》相关规定，民事主体申请商标注册，应该有使用的真实意图，以满足自己的商标使用需求为目的，其申请注册商标的行为应具有合理性或正当性。

该案中，爱敬产业提供的证据无法证明梦庄公司的争议商标是对其知名“KERASYS”商标的摹仿，也无法直接证明其产品在中国已经具有一定知名度，不足以证明在争议商标申请日之前，爱敬产业的“KERASYS”商标经过大量的宣传和使用已为相关公众所熟知，因此，争议商标的注册未违反2013年修正的《商标法》第十三条的规定。

而对于梦庄公司无法对其商标的出处作出合理解释的事实，梦庄公司的商标注册行为具有明显的复制、抄袭及摹仿他人知名商标的故意，违反了诚实信用原则，扰乱了正常的商标注册管理秩序，有损于公平竞争的市场秩序。争议商标的注册已构成2013年修正的《商标法》第四十四条第一款规定所指的“以其他不正当手段取得注册”的情形，因此，梦庄公司的注册商标应当被宣告无效。

总而言之，该案一审法院和二审法院的判决认定事实清楚，适用法律正确，梦庄公司的诉讼请求不应得到支持。

10 知识产权保护中的民事、刑事交叉问题

——麦克劳希尔全球教育股份有限公司诉陈某侵害商标权纠纷案

裁判要旨

由于知识产权本质上属于民事权利之一，法院在处理涉及知识产权刑事责任与民事责任并存的情形下，一般会遵循先刑后民的处理模式，这是由刑事犯罪的严重性、所对应刑事程序的严谨性以及定罪量刑的严格性所决定的。一般认为，在经历了刑事诉讼程序后的案件进入民事诉讼程序后，由于有先行刑事判决或其他刑事诉讼程序中所固定的证据作为支撑，可以直接在民事诉讼中作为证据使用，大大增加了刑事诉讼被害人一方在民事诉讼中作为原告的胜算。在知识产权纠纷民事、刑事交叉的情形下，应加强对知识产权权利人的保护，处理好权利人追究侵权人民事和刑事法律责任的衔接，在严厉打击知识产权犯罪活动的同时，弥补权利人经济上的损失。

入选理由

该案涉及针对盗版书籍的商标侵权行为所采取的司法维权行为，该案中已经作出的刑事处罚停止了犯罪分子的侵权行为，依法追究了责任人员的刑事责任。被侵权人配合侦查机关的调查取证，作为被害人参与了刑事诉讼，

并协同民事诉讼手段，较好地处理了民事、刑事交叉下追究侵权人民事与刑事责任的衔接，在打击知识产权犯罪的同时，也利用民事诉讼程序获得了赔偿。此外，该案被控侵权书籍涉及权利人多个版本书籍，同时侵犯权利人所享有的著作权和商标权。因涉及著作权的复杂性，权利人选择从商标权入手进行维权活动，为今后此类案件的知识产权保护提供可借鉴的参考。

案例索引

一审案号：广东省深圳市龙岗区人民法院（2019）粤0307民初19510号

二审案号：广东省深圳市中级人民法院（2020）粤03民终30190号

基本案情

上诉人（一审原告）：麦克劳希尔全球教育股份有限公司（以下简称“麦克劳希尔公司”）

被上诉人（一审被告）：陈某

一审诉请

麦克劳希尔公司向一审法院起诉请求：（1）陈某赔偿麦克劳希尔公司因侵权行为造成的损失以及因制止侵权而支付的合理维权支出人民币150万元；（2）案件诉讼费用及保全费用由陈某承担。

一审判决

一审法院认为，根据已生效的（2019）粤0307刑初1982号刑事判决认定的事实，足以证明被告陈某实施了假冒原告注册商标的行为，侵犯了原告的注册商标专用权，依法应当承担赔偿损失等民事责任。对于赔偿损失的数额问题，鉴于原告未提交充分的证据证明其因被告侵权所受到的实际损失或被告因侵权所获得的利益，一审法院无法依据权利人的损失或侵权人的获利确定侵权赔偿数额。关于原告维权支出的合理费用，包括财产保全保险费、律师费等，合理部分应予支持；关于原告主张的查册费、仓储费用，或并不必然发生，或不限于该案的维权费用，一审法院不予支持。

以上维权支出的合理费用均在判决赔偿总额内一并支持。一审法院综合考虑涉案注册商标的知名度、被告侵权行为的性质及情节、原告为制止侵权行为所支付的合理费用等因素，酌情判决被告陈某赔偿原告经济损失及合理的维权费用。

综上，经合议庭评议，依照《商标法》第五十七条第（一）项，第六十三条第一款、第三款，《最高人民法院关于审理商标民事纠纷案件适用法律若干问题的解释》第十六条第一款、第二款和第十七条，《民事诉讼法》第六十四条第一款之规定，判决如下：（1）被告陈某应于判决生效之日起十日内赔偿原告麦克劳希尔公司经济损失及合理的维权费用共计人民币 40 万元；（2）驳回原告麦克劳希尔公司的其他诉讼请求。案件受理费人民币 18300 元，保全费人民币 5000 元，合计人民币 23300 元，由陈某负担 6300 元，由麦克劳希尔公司负担 17000 元。

二审调解协议

经法院主持调解，双方当事人自愿达成以下调解协议，请求人民法院确认。

（1）陈某应向麦克劳希尔公司支付人民币 40 万元（按汇款时的同期利率转换美元），以赔偿麦克劳希尔公司因陈某侵权行为所遭受的经济损失、为制止陈某侵权行为而产生的律师费等合理支出。相关款项的金额为净额，所有与相关款项有关的政府机构所征收的税费和电汇相关的银行手续费由陈某承担。

（2）陈某应在双方签署该协议之后 10 日内向麦克劳希尔公司支付第一期赔偿金人民币 20 万元，于 2021 年 4 月 30 日前向麦克劳希尔公司支付第二期赔偿金 10 万元，并于 2021 年 6 月 30 日前向麦克劳希尔公司支付第三期赔偿金 10 万元。陈某应将上述相关款项支付至麦克劳希尔公司指定的银行账号，并向麦克劳希尔公司或其代理人提供相关的银行转账凭证副本，而该转账凭证副本必须注明陈某或其授权代理人为付款人，至此视为陈某完成上述相关款项的支付。

（3）陈某承诺，将来不会从事任何损害麦克劳希尔公司涉案知识产权的行为，并保证不诱导、帮助、促使任何第三方进行任何侵犯麦克劳希尔公司知识产权的行为，包括但不限于生产、销售、宣传及展示等。

（4）如果陈某不能按约定履行上述（1）、（2）条调解协议付款内容的保证或义务，陈某自愿向麦克劳希尔公司支付人民币 5 万元的违约金，麦克劳希尔公司有权要求一次性支付剩余所有款项并向法院申请强制执行。如果陈某继续实施任何侵害麦克劳希尔公司知识产权的行为，麦克劳希尔公司也可以选择对陈某的侵权行为提起诉讼，并要求陈某支付至少为人民币 100 万元的经济损失赔偿款。

（5）在陈某完全履行其在该协议中负有的所有义务的前提下，麦克劳希尔公司承诺在 10 日内向广东省深圳市龙岗区人民法院申请解除此前提交的财产保全申请并不再申请执行。如若陈某逾期付款超过 7 天，麦克劳希尔公司就不再负有上述义务。

（6）该案诉讼费由上诉人麦克劳希尔公司自行承担。

（7）该调解协议自双方在调解笔录签字之日起生效。

上述协议，不违反法律规定，二审法院予以确认。

案件受理费 14700 元，减半收取计人民币 7350 元，由上诉人麦克劳希尔公司负担，其余受理费予以退还。

案例解析

该案系侵犯商标权纠纷案件，该案在刑事判决认定陈某构成假冒注册商标罪的基础上，再通过民事诉讼程序对陈某实施的侵犯注册商标行为进行裁判，以民事赔偿的方式对被侵权人进行经济上的弥补。现结合该案所涉及的知识产权保护中的民事、刑事交叉问题，对其中反映的理论和实践问题，再作简要的分析。

一、知识产权保护中的民事、刑事交叉问题

知识产权作为《民法典》所规定的民事权利之一，其带有浓厚的私法属性。但知识产权与传统民法中的其他权利不同。作为知识产权权利客体的知识产品的非排他性决定着，一旦其离开法律的保护，知识产品的“搭便车”行为就极易发生，随之知识产权也极易受到他人的侵害。而另外，由于知识产品与其他一般公共产品不同，具有一种完全的竞争性，其一旦生产出来，可以被无数消费者同时在不同空间进行消费，增加多少人的消费也不会减少或影响其他人对该知识消费的数量和质量，即知识产品的边际消费成本为零。[1] 对于社会而言，又需要更多的知识产品出现，此时，知识产权法应运而生，它一方面赋予知识产品创造者以专有的私人的知识产权，从而激励知识创新，保障知识产品的充足供给；另一方面又把知识产权控制在能够促进社会科技文化进步的范围，借以实现一国社会经济快速发展[2]。知识产权法通过保护私人的知识产权达到刺激知识创新的直接目的也表明，对于私人知识产权的保护在我国现阶段显得尤为重要。

如前文所述，知识产权的特殊性使得权利人极易受到他人的侵害，而在发生了知识产权侵权行为的情形下，在实践中对于被侵权人的保护无论在时间还是空间中都显得困难重重。在此背景下，我国在知识产权法律保护体系的构造上双管齐下，在《刑法》第二编第三章第七节专门规定了侵犯知识产权罪，而在各个知识产权的专门法中也规定了不同于传统侵权责任法的侵权责任要件，当然也包括了利用行政机关对知识产权扰乱市场秩序的行为进行处罚。以该案为例，与传统诉讼法中的民事、刑事交叉问题相类似，该案中的侵权人陈某，在触犯了《刑法》第二百一十三条所规定的假冒注册商标罪的同时被权利人以民事诉讼的方式追究其侵犯注册商标权的民事责任，其实施的侵犯商标权的行为同时造成了民事责任以及刑事责任的重叠和交叉。该

---

[1] 温芽清，南振兴．知识产权法的二元价值目标及其均衡：基于法经济学视角的分析［J］．河北大学学报（哲学社会科学版），2010（5）：47－54.

[2] 南振兴，温芽清．知识产权法经济学论［M］．北京：中国社会科学出版社，2010.

案中注册商标权人的代理人选择以受害人的身份参与刑事诉讼程序，并在刑事诉讼程序终结形成刑事判决后，再以刑事判决作为证据使用，追究该案侵权人陈某的民事责任，并最终获得民事赔偿。

二、关于知识产权民事、刑事交叉的处理模式

从本质上而言，知识产权属于民事权利的一种，知识产权纠纷诉讼本质上也归于民事诉讼，这无论在司法实践还是学术界都并无争议。而按照现有司法解释的规定，法院在处理民事、刑事交叉案件时，一般情况下应当坚持“先刑后民”的处理模式，强调刑事程序在位序上的优先性，仅在个别案件中才可依据案件特殊性突破对该模式的适用。从该案所经历的程序也能得知，注册商标权人在等待法院作出刑事判决后，才继续起诉该案侵权人，以民事诉讼的方式追究侵权人的民事责任。该案采用了先刑事后民事模式，遵循传统民事、刑事交叉案件的处理模式，知识产权纠纷采取先刑事后民事的方式即回归民事诉讼的原则，并不会产生立法上的冲突，对案件的处理也合法有据。

（一）知识产权案件“先刑后民”模式的利弊

从立法上看，我国现行法律针对知识产权民事、刑事交叉并没有具体的法律规定，但是一方面由于我国传统的“重刑轻民”的思想根基，如《民事诉讼法》第一百五十条的规定和《上海市高级人民法院关于审理民事纠纷案件中涉及刑事犯罪若干程序问题的处理意见》第一条的规定，都认为如果民事案件中所涉及的刑事案件确认的事实将直接影响民事案件判决结果的，应当暂停民事诉讼程序；另一方面由于刑事程序侧重于保护公共利益，民事程序侧重于维护私权的利益，故普遍认为刑事审判应先于民事审判进行，“先刑后民”审判制度遂在我国基本确定下来[1]。从程序所要达到的目的上看，刑事诉讼程序旨在查明刑事案件、确定刑事责任，而由于《刑法》所要惩罚的行

[1] 冯晓青，涂靖．商业秘密案件民刑交叉问题研究［J］．河南大学学报（社会科学版），2020（6）：6－44.

为无一不具有相当的严重性，并且《刑法》所规定的刑罚通常要对犯罪人剥夺人身自由或处置其私有财产，因此在刑事诉讼中证据的审查必须达到排除合理怀疑的程度才能定罪，相比起处理平等主体之间民事法律关系的民事诉讼程序“高度盖然性”的证明标准而言更为严谨和苛刻，因此以先刑事后民事模式处理的民事、刑事交叉案件，更有利于查明事实真相并妥善处理民事、刑事交叉案件双方的责任。

然而，正因为民事诉讼与刑事诉讼在证据认定和事实认定上的标准不一，立法上对知识产权保护的交叉重叠性给知识产权案件中的民事、刑事、行政各部门提出了难题。与传统民法上的其他权利客体不同，知识产权的客体由于其本身的无形性、地域性、专业性等特点，在其本身构成要件的认定上就具有许多模糊地带，即使在不同的处理知识产权案件的专业法官手上也会产生不一样的事实认定结果，更不用说在差异化更大的民事审判庭和刑事审判庭，在证据认定和事实认定上的标准不一的情况下，民事诉讼与刑事诉讼只会产生更为严重的冲突。比如在计算机软件侵权认定上，其采用“实质性相同+接触+排除合理解释”的侵权判断标准，在“相似加接触”的情况下，虽然犯罪嫌疑人有很大的可能采取不正当手段获取商业秘密，但与刑事证明要求的“排除合理怀疑”仍有相当差距。事实认定标准的不一，不仅与刑事诉讼所追求的“疑罪从无”的价值理念相违背，而且也不利于保护知识产权权利人的合法权利。在司法实践中，先刑事后民事的模式已经在民事、刑事交叉的知识产权案件中产生了重大的争议，其中就包括了民事、刑事判决不一的情况，让知识产权权利人无所适从。

（二）知识产权民事、刑事交叉程序的理论观点

横向对比知识产权民事侵权与知识产权犯罪不难看出，从逻辑上讲，未经知识产权权利人同意而实施的侵犯知识产权的行为是民事侵权，当该民事侵权达到严重危害公共利益而应受到刑事处罚程度时，就构成刑事犯罪。基于知识产权侵权与犯罪在逻辑上的递进性关系，知识产权犯罪必须以知识产权侵权行为的发生作为前提性条件。有学者提出，知识产权犯罪均是侵权行为达到一定程度后，在对同一行为判令承担民事责任的基础上再予以刑事处

罚，不能实行“先刑后民”，反而只能实行“先民后刑”才符合案件的特点和审判规律。[1] 还有学者认为，侵犯知识产权犯罪案件先交由审理知识产权民事案件的审判庭就是否构成民事侵权进行审理，审理完结认为有构成犯罪嫌疑地再交由刑事审判庭审理或由部分原民事合议庭成员与刑事法官组成的混合合议庭来刑事裁决。[2] 这实际上就是更为彻底的“民事附带刑事诉讼”的观点，此时刑事责任实际上在民事责任之后，刑事责任的承担所依托的恰恰是侵权责任的查明。还有学者从两种模式出发，批判性地认为绝对地实行“先民后刑”对知识产权刑事、民事交叉案件的关系的把握有失偏颇：刑事、民事诉讼证明标准有差异，权属、侵权等问题的民事判断不必然成为定罪的依据；刑事、民事诉讼的取证能力存在巨大差异。[3] 另有学者提出，现有研究关于“先刑后民”还是“先民后刑”的争论无法令人信服，我国应考虑在“先刑后民”与“先民后刑”之前构建预审机制。[4]

还有学者提出对“先刑后民”进行完善的观点。基于“先刑后民”模式所透射的制度理念及其能带来的程序效率，知识产权案件虽具有一定特殊性，仍应坚持“先刑后民”模式；为克服其所引发的制度性障碍，“先刑后民”模式需要在“三合一”审判实质化、明确知识产权案件可以提起刑事附带民事诉讼、加强刑事与民事程序之间的制度衔接等方面进行完善。[5]

（三）知识产权“三合一”制度的时代背景

基于民事、刑事交叉的知识产权案件在侵权责任要件和犯罪要件递进性上的逻辑关系，以及司法实践对于知识产权案件处理所造成的混乱局面，早在2008年6月，国务院在《国家知识产权战略纲要》中就提出“研究设置统一受理知识产权民事、行政和刑事案件的专门知识产权法庭”的试点要求后，

---

[1] 江伟，范跃如．刑民交叉案件处理机制研究［J］．法商研究，2005（10）：31－36．

[2] 胡良荣．侵犯商业秘密刑民交叉案件处理的困惑与出路［J］．知识产权，2011（6）：49－52．

[3] 朱文彬．知识产权刑事、民事、行政“三审合一”审判方式改革中的若干疑难问题［J］．司法改革论评，2008（1）：228－237．

[4] 于改之．刑民交错案件的类型判断与程序创新［J］．政法论坛，2016（3）：142－153．

[5] 贺志军．知识产权案件刑民程序关系的理论反思与规则构建［J］．湖湘论坛，2019（2）：116－124．

到2014年十八届中央全面深化改革领导小组第三次会议审议通过的《关于设立知识产权法院的方案》提出了新的路径探索，再至2016年7月，《最高人民法院关于在全国法院推进知识产权民事、行政和刑事案件审判“三合一”工作的意见》将“三合一”全面制度化，知识产权保护通过“三合一”的制度，整合了民事、刑事、行政力量对知识产权案件进行处理。知识产权专门法院的设立，不仅进一步强化了知识产权保护意识，加大了司法保护力度，同时统一了知识产权审判标准，整合了知识产权司法资源，对于建立一支更加具有专业性和国际视野的高素质知识产权法官队伍起到了巨大的促进作用。并且，通过知识产权司法保护，促进社会科技创新，服务于创新型国家建设目标，从而在国际社会中树立了中国知识产权保护的新形象。[1] 有学者基于“三合一”的制度背景，提出对“先州后民”模式的完善观点，认为基于“先刑后民”模式所透射的制度理念及其能带来的程序效率，知识产权案件虽然具有一定特殊性，仍应坚持“先刑后民”模式；为克服其所引发的制度性障碍，“先刑后民”模式需要在“三合一”审判实质化、明确知识产权案件可以提起刑事附带民事诉讼、加强刑事与民事程序之间的制度衔接等方面进行完善。[2]

三、我国知识产权案件“三合一”改革

如前文所述，国务院与最高人民法院在知识产权民事、刑事、行政“三合一”路径上的探究愈来愈深，在实践中也有超过10个省（直辖市）高级人民法院制定了实施方案报最高人民法院批准实施，知识产权案件集中“合庭审理”模式成为大势所趋。然而，在现行我国程序法框架下，三大诉讼程序仍处于分立运行的轨道上，知识产权“三合一”审理模式势必会给传统诉讼程序造成冲击。另从实体法上而言，属于民商法领域下的知识产权法，其私权属性在诉讼中受到刑事与行政程序的干预，也会在权利人和侵权人的知识

[1] 易继明．为什么要设立知识产权法院［N］．人民法院报，2014－06－18（5）．

[2] 徐家力，张军强．对知识产权案件先刑后民模式的反思与完善［J］．中国刑事法杂志，2018（4）：134－144．

产权权利界限上产生模糊，从而给知识产权理论造成一定的问题。因此，在“三合一”模式下一个知识产权案件同时涉及多种形式的责任时，是应当采取单一程序处理形成特殊的综合判决，抑或是应当按程序分别处理，形成多份判决？换言之，“三合一”制度如何构造和实现，成为当今知识产权民事、刑事交叉案件中的紧迫问题。

值得庆幸的是，国家在推进知识产权案件“三合一”审理模式的过程中，已经对其中的程序问题有过考量。早在2018年2月，中共中央办公厅、国务院办公厅发布《关于加强知识产权审判领域改革创新若干问题的意见》，就“建立健全知识产权专门化审判体系”问题提出，要“实现有关知识产权案件审理专门化、管辖集中化、程序集约化和人员专业化，从根本上解决知识产权裁判尺度不统一、诉讼程序复杂等制约科技创新的体制性难题”。可见，从国家释放的信号而言，以“专门化审判体系”为基本思路的知识产权案件审理成为主流。在知识产权案件处理上，应当具备创新精神，回归知识产权的本质，以知识产权人专业的眼光解决知识产权纠纷，在知识产权保护大局面上开拓新的路径。

按照现行的知识产权诉讼民事、刑事交叉的标准，不难发现，在实践中知识产权民事、刑事交叉应存在以下情形：

第一种情形是民事、刑事在时间上并无交叉，即知识产权民事诉讼与刑事诉讼分别在两个时间点进行，具体表现为在知识产权侵权民事诉讼完结后，公安、检察院或法院又启动了刑事诉讼程序；或者如此案一样，在刑事诉讼完结后，知识产权权利人又另案提起诉讼，启动民事诉讼程序。第二种情形是民事、刑事在时间上存在交叉，在民事诉讼进行的过程中，在同一或不同法院中也存在同案的刑事诉讼。

按照此分类，便可以从时间线的角度，分别构建两类民事、刑事交叉知识产权案件的“三合一”审判模式。

（一）时间上并无交叉的知识产权案件

对于时间上并无交叉的知识产权民事、刑事案件，所涉及的民事、刑事冲突其实并不在于程序上的冲突，而是制度衔接上的问题。正如此案所示，对于具备在先生效刑事判决的知识产权案件，权利人另案提起民事诉讼维护自身合法权益，因在先判决为有罪判决，在后的民事诉讼应当受此约束，认定民事侵权并判决相应的民事责任。然而若在先判决为无罪判决，由于知识产权侵权与犯罪之间存在递进性，在民事上是否侵权则需要民事审判庭按照民事程序进行认定，而不能仅仅通过刑事判决认为不构成犯罪的知识产权案件就必定不侵权。

而在民事诉讼后再启动刑事诉讼的情形下，对在先的事实也需要进行进一步的审查才能作为刑事诉讼的证据使用。同样由于递进性的特点，在先认定不侵权的事实当然可以作为刑事诉讼无罪的证据，但在先认定侵权的判决则需要刑事审判庭进一步的审理，才能在侵权责任构成的基础上对刑事责任构成进行审理判断。

（二）时间上存在交叉的知识产权案件

对于时间上存在交叉的知识产权民事、刑事案件，在“三合一”模式的背景下，传统“先刑后民”的形式已经形成突破之势，因此在处理该类案件上，应把目光从民事、刑事审理顺序问题上转移到对程序的合并问题上。综观我国司法程序体系，在应对民事、刑事交叉问题上，“刑事附带民事诉讼”无疑是民事、刑事程序合并的典型。但是根据 2003 年施行的《最高人民法院关于适用〈中华人民共和国刑事诉讼法〉的解释》第一百三十八条规定，刑事附带民事诉讼的赔偿范围必须是人身权利受到犯罪侵犯或者财物被犯罪分子毁坏而遭受的物质损失，知识产权天然的无形性使得从文义解释上在知识产权案件中被侵权人无法提起刑事附带民事诉讼，而在实务中，也确实存在法院否定在知识产权刑事案件中的附带民事诉讼，如 2018 年《浙江省高级人民法院刑二庭关于审理侵犯知识产权刑事案件若干问题的解答》对此指出，根据 2013 年施行的《最高人民法院关于适用〈中华人民共和国刑事诉讼法〉的解释》第一百三十八条的规定，被害人不宜提起附带民事诉讼，理由正是“知识产权表现为智力成果，系一种无形财产。侵犯知识产权罪中既不涉及人身权利受侵犯，也不存在有形财物被犯罪分子毁坏的情形”。笔者认为，在知识产权案件审理“三合一”的背景下，机械地以文义解释否定知识产权案件的刑事附带民事诉讼，不利于实现公正和效率的圆满，并且，刑事附带民事诉讼规则的设立，出发点就是为了给予当事人便利、节约诉讼成本，这与知识产权民事、刑事交叉案件所追求的合并审理初衷并无二致。试以此案为例，若被侵权人在案件的刑事诉讼阶段提起刑事附带民事诉讼，而非再经历民事诉讼的一审以及二审调解阶段，是否更有力地促进对被侵权人知识产权的保护？因此，在现今已全面“三合一”审理的条件下，刑事侵权中民事责任的“附带诉讼”模式更有利于实现公正与效率的双赢，采用民事责任“另行起诉”模式已是实无效率的做法。基于目的解释和价值衡量，在“三合一”条件下对知识产权刑事附带民事诉讼应当毫不含糊地采取肯定论。[1]

在司法实践中，尽管有如前述浙江省高级人民法院对知识产权刑事附带民事诉讼的否定观点，但也愈来愈频繁地出现大量适用刑事附带民事诉讼的知识产权案件。2002 年最高人民法院的重点调研课题《知识产权刑法保护有关问题的调研报告》指出：“无论是在公诉案件还是在自诉案件中，被侵权人还可以同时提出附带民事诉讼。”2016 年第 12 期《最高人民法院公报》刊登的西安市人民检察院诉裴某良侵犯商业秘密案适用了刑事附带民事诉讼。该案件虽然只是陕西省高级人民法院作出的判决，但是被最高人民法院公报案例收入并推广，说明该案例具有一定的典型性，且最高人民法院认可在知识产权案件中适用刑事附带民事诉讼的做法。可见，虽然在立法上，《中华人民共和国刑事诉讼法》（以下简称《刑事诉讼法》）并未对知识产权刑事诉讼作出突破，但是在实践中，知识产权刑事附带民事诉讼已经得到越来越多法院的认可。

有学者认为，从刑事附带民事诉讼的制度构成上看，刑事“合一”审理内在地就侵权责任构成问题进行了判断，故“刑事附带民事”完全可以做到同一侵权、同一法庭、同一程序和同一判决，“附带”民事诉讼请求不存在也不应允许“继续审理”的迟延可能。但是，由于“附带”民事诉讼请求是以构成高位阶的刑事犯罪为前提的，如果附带民事部分未获得支持的，仍应当

---

[1] 贺志军．知识产权案件刑民程序关系的理论反思与规则构建［J］．湖湘论坛，2019（2）：116－124.

允许在法定期限内按“刑后继民”模式单独提起后续的民事诉讼。[1] 回归此案，侵权人在涉及知识产权刑事犯罪的范畴上，若能与刑事附带民事诉讼一并进行，势必会大大提高知识产权犯罪案件的司法效率，若附带民事部分未获支持，被侵权人也可以依据知识产权侵权构成要件，单独提起民事诉讼，从而全方面保护自己的合法权益。

2020 年 11 月 30 日，习近平总书记在主持第十九届中央政治局第二十五次集体学习时强调，知识产权保护工作关系国家治理体系和治理能力现代化，关系高质量发展，关系人民生活幸福，关系国家对外开放大局，关系国家安全。全面建设社会主义现代化国家，必须从国家战略高度和进入新发展阶段要求出发，全面加强知识产权保护工作，促进建设现代化经济体系，激发全社会创新活力，推动构建新发展格局。笔者认为，要做好民事、刑事交叉下的知识产权保护工作，不仅要做好知识产权刑事诉讼与民事诉讼的衔接工作，并且应当发挥知识产权专门法院的作用，以知识产权专门保护的方式从刑事、民事、行政三方面对知识产权权利人加以全面的保护，从而激励社会创新，实现知识产权法的最终目的，即促进知识产权的传播和使用，推进经济社会发展和科学文化繁荣，推动人类进步。

---

[1] 贺志军．知识产权案件刑民程序关系的理论反思与规则构建［J］．湖湘论坛，2019（2）：116－124.

11　商品相同或类似的判断以及知识产权案件惩罚性赔偿的适用

——阿尔塞拉公司诉广州市柯派实业有限责任公司侵害商标权纠纷案

裁判要旨

被诉侵权商品与涉案注册商标核定使用的商品，二者在消费和服务对象上存在重合之处，容易使相关公众认为商品和服务系同一主体提供，或者提供者之间存在特定联系。即使被诉侵权商品超声刀不属于《类似商品和服务区分表》（该案例中简称“区分表”）第10类所列商品，亦不能仅据此认定其与涉案注册商标核定使用的商品不类似。被告仅以被诉侵权产品超声刀在侵权行为发生时未被列入《医疗器械分类目录》管理为由，主张其与涉案注册商标核定使用的商品不属于相同商品，依据不足。法院依法认定被告生产、销售的超声刀与涉案第7083456号“ULTHERA”及第17876530A号“ULTHERA”注册商标核定使用的商品属于相同商品。

原告提交的证据足以证实其在被诉侵权行为发生前三年内实际使用了涉案注册商标。被告以涉案注册商标核定使用的Ulthera超声治疗仪在中国并未上市销售为由，主张原告未实际使用涉案注册商标缺乏依据，法院不予支持。

原告主张被告故意侵害其依法享有的知识产权且情节严重，请求判令被告承担惩罚性赔偿责任的，人民法院应当依法审查处理。被告具有侵权故意，且侵权情节严重，原告请求对被告适用惩罚性赔偿。即使被告主要负责人已被执行过刑事罚金，亦不能作为减免惩罚性赔偿的抗辩理由，仅能作为确定惩罚性赔偿倍数的考虑因素。

考虑到被告主观恶意明显、侵权情节严重，法院判决支持二倍的惩罚性赔偿。由于依法计算出的侵权获利金额的二倍已超过原告所请求的包含合理支出在内总计100万元的损害赔偿金额，法院对权利人的主张予以全额支持。

入选理由

知识产权侵权屡禁不止的主要原因之一，是损害赔偿的数额过低，不足以有效威慑侵权行为。故针对恶意侵权者或反复侵权者适用惩罚性赔偿制度，将是我国加强知识产权保护，促进市场经济发展的必然选择。广州知识产权法院根据侵权人在受到刑事处罚，甚至在与权利人和解后，仍继续实施侵权行为等情况，认定侵权人存在主观故意且侵权情节严重，判令支持二倍的惩罚性赔偿，明确传递了我国加强知识产权司法保护力度的强烈信号，不仅可震慑恶意侵权者，还可为惩罚性赔偿制度司法适用提供参考借鉴。该案裁决为优化我国知识产权法治环境作出了有益探索。

案例索引

一审案号：广东省广州市白云区人民法院（2019）粤111民初23340号

二审案号：广州知识产权法院（2020）粤73民终2442号

基本案情

一审原告：阿尔塞拉公司

一审被告：广州市柯派实业有限责任公司（以下简称“柯派公司”）

一审诉请

阿尔塞拉公司请求：（1）判令柯派公司立即停止生产、销售涉案第7083456号和第17876530A号注册商标的侵权行为，并销毁库存侵权商品；（2）依照《商标法》第六十三条的惩罚性赔偿规则，判令柯派公司赔偿阿尔塞拉公司经济损失95万元及合理费用5万元，共计100万元。

一审判决

二审法院广州知识产权法院认为，该案为侵害商标权纠纷。阿尔塞拉公司是该案注册商标的权利人，该商标处于有效保护期内，依法受法律保护。根据双方的诉辩意见，该案争议焦点是被诉侵权商品与涉案注册商标核定使用的商品是否属于相同或类似商品，涉案注册商标是否实际使用，以及一审判赔数额是否适当。

一、关于被诉侵权商品与涉案注册商标核定使用的商品是否相同或类似的问题

《最高人民法院关于审理商标民事纠纷案件适用法律若干问题的解释》第十一条第一款规定，《商标法》第五十七条第（二）项规定的类似商品，是指在功能、用途、生产部门、销售渠道、消费对象等方面相同，或者相关公众一般认为其存在特定联系、容易造成混淆的商品；第三款规定，商品和服务类似，是指商品和服务之间存在特定联系，容易使相关公众混淆。该解释第十二条规定，人民法院依据《商标法》第五十七条第（二）项认定商品或者服务是否类似，应当以相关公众对商品的一般认识综合判断；区分表可以作为判断类似商品的参考。可见，在商标侵权判定过程中，进行《商标法》意义上相关商品是否类似的判断，避免来源混淆，是商品类似关系判断时要坚持的一项基本原则，因此，人民法院在审理商标侵权案件时，审查判断相关商品是否类似，应当考虑商品的功能、用途、生产部门、销售渠道、消费群体等是否相同或者具有较大的关联性，两个商标是否容易使相关公众认为商品或者服务是同一主体提供的，或者其提供者之间存在特定联系。

涉案第7083456号“ULTHERA”注册商标核定使用商品为第10类超声成像治疗仪器，第17876530A号“ULTHERA”注册商标核定使用商品包括第10类“医用超声器械、医用超声成像仪”。被诉侵权商品为超声刀。

首先，第865号刑事判决书认定根据国家食品药品监督管理总局于2002年发布的《医疗器械分类目录》界定该案产品聚焦超声治疗仪（俗称“超声刀”）在案发期间未被纳入医疗器械管理，故不构成非法经营罪。可见，在被诉侵权行为发生时，被诉侵权商品未被列入《医疗器械分类目录》。由国家食品药品监督管理局北京医疗器械质量监督检验中心于2015年5月出具的清关说明、2015年11月出具的检验报告以及上海市食品药品监督管理局于2017年1月出具的医疗器械临床试验备案表所涉商品均包括“超声治疗仪 Ulthera® System”。可见，虽然超声刀未被纳入《医疗器械分类目录》，但在该案侵权行为发生时，相关行政管理部门实际已经将超声刀等商品作为医疗器械进行管理。

其次，涉案注册商标核定使用商品是第10类商品，而区分表第10类商品除包括外科、医疗、牙科和兽医用仪器及器械等外，还包括整形用品等。同时，由于区分表的商品分类原则上以功能、用途、原材料、成分等作为一般原则进行归类，同一群组下，各部分商品或服务未必类似，而不同群组间亦未必一定不类似。根据《最高人民法院关于审理商标民事纠纷案件适用法律若干问题的解释》第十二条的规定，区分表仅仅是判断商品或服务是否类似的参考。因此，即使被诉侵权商品超声刀不属于区分表第10类所列商品，亦不能仅以此认定其与涉案注册商标核定使用商品不类似。

最后，从商品功能、用途、销售渠道和消费群体分析，阿尔塞拉公司的Ulthera超声刀是用于局部皮肤紧致的，主要用于治疗面部皱纹，产品主要销售渠道和消费群体是医疗美容行业；被诉侵权产品超声刀为美容仪器，其销售渠道主要是美容行业的从业者，柯派公司亦在广州、上海举办的“美博会”上宣传推介被诉侵权商品。可见，被诉侵权商品与涉案注册商标核定使用的商品，二者在消费和服务对象上亦存在重合之处，容易使相关公众认为商品和服务系同一主体提供，或者提供者之间存在特定联系。

综上，一审法院认定柯派公司生产、销售的超声刀与涉案第 7083456 号“ULTHERA”及第 17876530A 号“ULTHERA”注册商标核定使用商品属于相同商品依据充分，二审法院予以维持；柯派公司仅以被诉侵权产品超声刀在侵权行为发生时未被列入《医疗器械分类目录》管理为由主张其与涉案注册商标核定使用商品不属于相同商品，依据不足，二审法院不予支持。至于被诉侵权标识与涉案注册商标是否构成近似，一审法院论述充分，且柯派公司并未就此提出上诉，故二审法院对此不予赘述。

二、关于涉案注册商标是否实际使用的问题

我国《商标法》于 2019 年 4 月 23 日修正，被诉侵权行为在修正前发生，故该案应当适用 2013 年修正的《商标法》。2013 年修正的《商标法》第四十八条规定：“本法所称商标的使用，是指将商标用于商品、商品包装或者容器以及商品交易文书上，或者将商标用于广告宣传、展览以及其他商业活动中，用于识别商品来源的行为。”该条规定的“用于识别商品来源”指的是商标使用人的目的在于识别商品来源，包括可能起到识别商品来源的作用和实际起到识别商品来源的作用。

该案中，阿尔塞拉公司提交了百度词条、百度搜索、相关媒体报道、学术文章、医疗宣传、商标“撤三”决定书、清关说明、检验报告、研讨会等相关证据，拟证明其已经实际使用了涉案注册商标。对此，法院具体分析如下。

首先，阿尔塞拉公司提交相关百度词条、媒体报道、学术文章等拟证实其对涉案注册商标进行了实际使用，但上述文章或报道的主体均不是阿尔塞拉公司，阿尔塞拉公司亦未举证证明系其自身或其代理人对涉案注册商标进行的广告宣传，故上述商标系相关消费者的被动使用行为，并非阿尔塞拉公司的主动使用行为，不属于《商标法》意义上的使用。

其次，《最高人民法院关于审理商标民事纠纷案件适用法律若干问题的解释》第八条规定：“商标法所称相关公众，是指与商标所标识的某类商品或者服务有关的消费者和与前述商品或者服务的营销有密切关系的其他经营者。”

该案中相关公众除被诉侵权商品的消费者外，还应该包括与被诉侵权商品的营销密切相关的经营者。阿尔塞拉公司提交的研讨会资料显示其关联公司Merz公司2016年在上海、厦门等地举办Ulthera系统研讨会，参与研讨会的包括多位医院的专家，其中包括皮肤科、整形外科的医生。可见，参与研讨会的专家包括涉案注册商标所标识的Ulthcra超声刀潜在的使用者，故上述使用属于阿尔塞拉公司主动宣传、推广涉案注册商标的行为，属于《商标法》意义上的使用。

最后，国家知识产权局作出的《关于第7083456号第10类“ULTHERA”注册商标连续三年不使用撤销申请的决定》认定，阿尔塞拉公司提供的2015年8月16日至2018年8月15日商标使用的证据有效，案外人以无正当理由连续三年不使用为由申请撤销第7083456号第10类“ULTHERA”注册商标的理由不成立，驳回了案外人的撤销申请。

综上，阿尔塞拉公司提交的现有证据足以证实其在被诉侵权行为发生前三年内实际使用了涉案注册商标。柯派公司以涉案注册商标核定使用的Ulthera超声刀在中国并未上市销售主张阿尔塞拉公司未实际使用涉案注册商标缺乏依据，法院不予支持。

三、关于一审判赔数额是否适当的问题

2013年修正的《商标法》第六十三条第一款规定：“侵犯商标专用权的赔偿数额，按照权利人因被侵权所受到的实际损失确定；实际损失难以确定的，可以按照侵权人因侵权所获得的利益确定；权利人的损失或者侵权人获得的利益难以确定的，参照该商标许可使用费的倍数合理确定。对恶意侵犯商标专用权，情节严重的，可以在按照上述方法确定数额的一倍以上三倍以下确定赔偿数额。赔偿数额应当包括权利人为制止侵权行为所支付的合理开支。”《最高人民法院关于审理侵害知识产权民事案件适用惩罚性赔偿的解释》第一条第一款规定：“原告主张被告故意侵害其依法享有的知识产权且情节严重，请求判令被告承担惩罚性赔偿责任的，人民法院应当依法审查处理。”阿尔塞拉公司提起该案诉讼时即主张按照前述法律规定对柯派公司适用惩罚性

赔偿。根据上述法律及相关司法解释的规定，该案依法可以适用惩罚性赔偿，理由如下：

第一，柯派公司具有侵权故意。《最高人民法院关于审理侵害知识产权民事案件适用惩罚性赔偿的解释》第三条第二款第（一）项规定，被告经原告或者利害关系人通知、警告后，仍继续实施侵权行为的，人民法院可以初步认定被告具有侵害知识产权的故意。2016 年 10 月 17 日，柯派公司因销售侵犯涉案“ULTHERA”注册商标专用权的超声刀被工商部门作出罚款等行政处罚；2017 年 8 月 8 日，阿尔塞拉公司与柯派公司就柯派公司侵犯含涉案“ULTHERA”注册商标在内的侵权行为达成和解；第 856 号刑事判决书查明，柯派公司在 2017 年 8 月 8 日后仍在销售侵害涉案注册商标专用权的商品。和解协议签订后，销毁库存侵权商品等行为需要一定的合理时间，但柯派公司可以立即履行停止销售的侵权行为。而柯派公司在与阿尔塞拉公司达成和解后并未全面、如实履行协议，在 2017 年 8 月 9 日至 11 月 6 日期间仍继续实施该案侵权行为。柯派公司不履行和解协议、无视他人知识产权的行为，是对诚实信用原则的违背，侵权恶意极其严重。

第二，《最高人民法院关于审理侵害知识产权民事案件适用惩罚性赔偿的解释》第四条规定：“对于侵害知识产权情节严重的认定，人民法院应当综合考虑侵权手段、次数，侵权行为的持续时间、地域范围、规模、后果，侵权人在诉讼中的行为等因素。被告有下列情形的，人民法院可以认定为情节严重：（一）因侵权被行政处罚或者法院裁判承担责任后，再次实施相同或者类似侵权行为；（二）以侵害知识产权为业；（三）伪造、毁坏或者隐匿侵权证据；（四）拒不履行保全裁定；（五）侵权获利或者权利人受损巨大；（六）侵权行为可能危害国家安全、公共利益或者人身健康；（七）其他可以认定为情节严重的情形。”柯派公司在 2016 年 10 月即因侵权而被行政处罚，时隔一年后仍再次实施相同的侵权行为；第 856 号刑事判决书查明，柯派公司 2016 年 11 月 28 日至 2017 年 11 月 6 日生产、销售侵权商品价值高达 2290410 元，现场缴获的侵权商品价值达到 193100 元；涉案侵权商品为超声刀，是用于医疗美容行业的产品且直接用于人体面部，即侵权行为可能危及人体健康。根据上述司法解释的规定，柯派公司侵权情节严重。

第三，关于赔偿数额。《最高人民法院关于审理侵害知识产权民事案件适用惩罚性赔偿的解释》第二条第一款规定："原告请求惩罚性赔偿的，应当在起诉时明确赔偿数额、计算方式以及所依据的事实和理由。"该案中，阿尔塞拉公司明确主张以"侵权人因侵权所获得的利益"来计算赔偿数额，具体公式为"侵权获利 = 产品销售量 × 侵权产品单位利润"，柯派公司对此不予认可，但并未就赔偿数额的计算提出自己的依据及方法。2002 年施行的《最高人民法院关于审理商标民事纠纷案件适用法律若干问题的解释》第十四条规定："商标法第五十六条第一款规定的侵权所获得的利益，可以根据侵权商品销售量与该商品单位利润乘积计算；该商品单位利润无法查明的，按照注册商标商品的单位利润计算。"法院认可阿尔塞拉公司所主张的计算公式，并根据已查明之事实逐一确定上述公式中各项参数的具体数值，最终确定侵权获利数额。

具体理由如下：(1) 关于侵权产品销售量的确定。第 856 号刑事判决书查明柯派公司生产、销售的含"6S"的商品均为标有"ULTHERA"注册商标的商品，上述商品销售数量为 2355 台、销售总价为 2480610 元，据此计算商品单价为 1053 元（按 2480610 元/2355 台计算），第 856 号刑事判决书最终认定构成侵犯涉案注册商标专用权的商品总销售额为 2290410 元，据此计算，柯派公司实际销售侵权商品数量达 2175 台（按 2290410 元/1053 元计算）。(2) 关于侵权商品的单位利润。第 856 号刑事判决书查明时任柯派公司法定代表人卢某姣供述"每卖出一台假冒 ULTHERA 超声刀能有三四百元钱的利润"，可见，侵权商品单位利润为 300 ~ 400 元。(3) 侵权获利 = 产品销售量 × 侵权产品单位利润，据此计算，柯派公司侵权获利在 652500 元（按 2175 台 ×300 元计算）至 870000 元（按 2175 台 ×400 元计算）之间。

第四，柯派公司辩称其两位主要负责人已因涉案同一侵权行为被判处罚金，故不应再适用惩罚性赔偿。《最高人民法院关于审理侵害知识产权民事案件适用惩罚性赔偿的解释》第六条规定："人民法院依法确定惩罚性赔偿的倍数时，应当综合考虑被告主观过错程度、侵权行为的情节严重程度等因素。

因同一侵权行为已经被处以行政罚款或者刑事罚金且执行完毕，被告主张减免惩罚性赔偿责任的，人民法院不予支持，但在确定前款所称倍数时可以综合考虑。”即使柯派公司两位主要负责人已执行了刑事罚金，亦不能作为减免惩罚性赔偿的抗辩理由，仅能作为确定惩罚性赔偿倍数的考虑因素。

考虑到柯派公司主观恶意明显、侵权情节严重，应加大对柯派公司的惩罚力度，故在该案中确定两倍的惩罚性赔偿比例。根据第 856 号刑事判决书查明的事实，柯派公司生产、销售的侵权商品中除含“6S”的商品均为侵权商品外，含“HF6”的商品中亦包含部分侵权商品，即该案侵权获利的计算基数已经排除了上述含“HF6”的侵权商品。在此情况下，根据含“6S”的侵权商品确定的侵权获利金额的两倍已超过 100 万元。鉴于阿尔塞拉公司在该案中主张包含合理支出在内总计 100 万元的损害赔偿金额，故对其主张，二审法院予以全额支持。

关于停止侵权的诉讼请求，一审法院认为公安机关已经对柯派公司的侵权产品进行了查扣，阿尔塞拉公司未举证证明在公安机关查扣后柯派公司仍实施侵权行为，故一审法院驳回该项诉讼请求并无不当，二审法院予以维持。

综上所述，阿尔塞拉公司关于请求适用惩罚性赔偿及赔偿数额的上诉请求，有事实根据和法律依据，二审法院予以支持，依法判决：

（1）撤销广东省广州市白云区人民法院（2019）粤 0111 民初 23340 号民事判决第二项。（2）变更广东省广州市白云区人民法院（2019）粤 0111 民初 23340 号民事判决第一项为：广州市柯派实业有限责任公司于该判决发生法律效力之日起十日内赔偿阿尔塞拉公司经济损失（包含合理费用）100 万元。（3）驳回阿尔塞拉公司的其他诉讼请求。

案例解析

该案是一个典型的商标侵权纠纷案件。根据双方的诉辩意见，该案争议焦点是被诉侵权商品与涉案注册商标核定使用商品是否属于相同或类似商品，以及能否及如何适用惩罚性赔偿，这均属于知识产权侵权案件要解决的关键问题。以下结合该案对这两个问题作简要分析。

一、商标侵权纠纷案件中对相同或类似商品的认定

商标是用以区分商品或服务来源的标识，不管是在商标授权确权，还是在商标侵权案件审理中，往往都会涉及相同或类似商品（服务）认定的问题。这是商标侵权行为判定中的基础性问题，尚存较多争议。❶

根据《最高人民法院关于审理商标民事纠纷案件适用法律若干问题的解释》❷，类似商品是指在功能、用途、生产部门、销售渠道、消费对象等方面相同，或者相关公众一般认为其存在特定联系、容易造成混淆的商品。当前我国法院在审理此类案件时，依法主要通过比较商品客观属性以及混淆可能性来作出认定。该解释第十二条还规定：人民法院依据《商标法》第五十二条第（一）项的规定，认定商品或者服务是否类似，应当以相关公众对商品或者服务的一般认识综合判断；《商标注册用商品和服务国际分类表》区分表可以作为判断类似商品或者服务的参考。

《商标注册用商品和服务国际分类》主要的宗旨是建立一个国际统一的注册商品和服务国际分类体系，以供各国参考使用。我国编订的区分表则是我国商标行政主管机关结合我国近些年在商标授权确权过程中积累的丰富经验，综合考虑商品的各种客观属性和一般消费者的认知制定的判断标准，提供了相对客观的参考依据。在商标行政管理中，应当肯定区分表的重要参考作用。在商标侵权纠纷的认定中，法官在判断两商品是否构成类似时，通常也参考区分表作出认定。

尽管区分表有其不可取代的优势，但商品的类似关系也会随着技术的进步不断发生变化，区分表始终无法解决其滞后性的问题。对类似商品的判断不是作物理属性的比较，而主要参考商标能否共存；避免商品来源混淆是类

---

❶ 刘祎歆．商标侵权之类似商品认定标准研究［J］．质量与市场，2020（14）：118－120.

❷《最高人民法院关于审理商标民事纠纷案件适用法律若干问题的解释》第十一条第一款规定：“商标法第五十七条第（二）项规定的类似商品，是指在功能、用途、生产部门、销售渠道、消费对象等方面相同，或者相关公众一般认为其存在特定联系、容易造成混淆的商品。”

似商品判断时要坚持的基本原则。由于类似商品判断应考虑个案情况，相关商品是否类似并非绝对一成不变，基于不同的案情可能得出不同的结论，只要容易使相关公众认为商品是同一主体提供的，或者其提供者之间存在特定联系，在法律上即构成类似商品。❶

该案中，被告柯派公司抗辩称，国家行政部门对超声刀的性质的认识是模糊不清的，直到2017年新的《医疗器械分类目录》出台之后才正式将超声刀纳入医疗器械管理范畴；案发时超声刀并不属于医疗器械，与原告商标核定使用的商品“医疗用超声器械”并不属于类似商品。广州知识产权法院认为，虽然涉案产品在案发时未被列入《医疗器械分类目录》，但有其他证据表明相关的监管部门将涉案产品视为医疗器械进行管理，并从商品功能、用途、销售渠道和消费群体等方面对被诉侵权商品与涉案注册商标核定使用的商品是否构成类似商品进行了分析，得出结论是相关公众会认为二者存在特定联系、容易造成混淆。最终法院认定柯派公司所销售的超声刀与原告注册商标核定使用的商品属于相同商品。

二、如何适用惩罚性赔偿制度

为加强知识产权保护力度，我国《商标法》于2013年修正时首次引入惩罚性赔偿。其第六十三条第一款规定：“侵犯商标专用权的赔偿数额，按照权利人因被侵权所受到的实际损失确定；实际损失难以确定的，可以按照侵权人因侵权所获得的利益确定；权利人的损失或者侵权人获得的利益难以确定的，参照该商标许可使用费的倍数合理确定。对恶意侵犯商标专用权，情节严重的，可以在按照上述方法确定数额的一倍以上三倍以下确定赔偿数额。赔偿数额应当包括权利人为制止侵权行为所支付的合理开支。”2019年修正的

❶ 刘庆辉．我国商标近似、商品类似的判定：标准、问题及出路［J］．知识产权，2013（4）：35－40.

《商标法》将恶意侵权的赔偿数额由一倍以上三倍以下变更为一倍以上五倍以下。❶ 2019 年修正的《反不正当竞争法》亦新增恶意侵犯商业秘密的惩罚性赔偿规定。❷《民法典》第一千一百八十五条确立了知识产权惩罚性赔偿的一般性规定❸，其后 2020 年修正的《专利法》、2020 年修正的《著作权法》也相继引入了惩罚性赔偿制度❹，至此我国已建立由《民法典》基本条款指引，知识产权领域基本全覆盖的知识产权惩罚性赔偿制度体系❺。

习近平总书记强调，要深化知识产权保护工作体制机制改革，抓紧落实知识产权侵权惩罚性赔偿制度。❻ 在强化知识产权保护的大背景下，惩罚性赔偿制度成为一种知识产权"强保护"政策选择。❼ 在审判实践中适用惩罚性赔偿制度，从而加大知识产权侵权者的违法成本，可以有效遏制和打击侵权行为，弥补补偿性赔偿的不足。然而，知识产权侵权惩罚性赔偿制度在司法

---

❶ 该案适用的是 2013 年修正后的《商标法》。全国人民代表大会常务委员会于 2019 年再次修改《商标法》，大幅提高处罚性赔偿的限额。如修改后的第六十三条第一款规定："侵犯商标专用权的赔偿数额，按照权利人因被侵权所受到的实际损失确定；实际损失难以确定的，可以按照侵权人因侵权所获得的利益确定；权利人的损失或者侵权人获得的利益难以确定的，参照该商标许可使用费的倍数合理确定。对恶意侵犯商标专用权，情节严重的，可以在按照上述方法确定数额的一倍以上五倍以下确定赔偿数额。赔偿数额应当包括权利人为制止侵权行为所支付的合理开支。"

❷ 2019 年修正的《反不正当竞争法》第十七条第三款规定："因不正当竞争行为受到损害的经营者的赔偿数额，按照其因被侵权所受到的实际损失确定；实际损失难以计算的，按照侵权人因侵权所获得的利益确定。经营者恶意实施侵犯商业秘密的行为，情节严重的，可以按照上述方法确定数额的一倍以上五倍以下确定赔偿数额。赔偿数额还应当包括经营者为制止侵权行为所支付的合理开支。"

❸ 《民法典》第一千一百八十五条规定："故意侵害他人知识产权，情节严重的，被侵权人有权请求相应的惩罚性赔偿。"

❹ 2020 年修正的《专利法》第七十一条第一款规定："侵犯专利权的赔偿数额按照权利人因被侵权所受到的实际损失或者侵权人因侵权所获得的利益确定；权利人的损失或者侵权人获得的利益难以确定的，参照该专利许可使用费的倍数合理确定。对故意侵犯专利权，情节严重的，可以在按照上述方法确定数额的一倍以上五倍以下确定赔偿数额。"2020 年修正的《著作权法》第五十四条第一款亦规定："侵犯著作权或者与著作权有关的权利的，侵权人应当按照权利人因此受到的实际损失或者侵权人的违法所得给予赔偿；权利人的实际损失或者侵权人的违法所得难以计算的，可以参照该权利使用费给予赔偿。对故意侵犯著作权或者与著作权有关的权利，情节严重的，可以在按照上述方法确定数额的一倍以上五倍以下给予赔偿。"

❺ 何国强．知识产权惩罚性赔偿的数额量定［J］．广东社会科学，2022（3）：247－255．

❻ 习近平．全面加强知识产权保护工作，激发创新活力推动构建新发展格局［J］．求是，2021（3）．

❼ 苏泽儒．知识产权侵权惩罚性赔偿制度探究［J］．社会科学动态，2021（4）：49－59．

实践中“遇冷”[1]，制度自设立以来适用率很低，立法目的及功能未能充分彰显。当前，如何准确适用惩罚性赔偿制度，成为亟待深入研究的重要问题。

尽管在“先试先行”的商标法领域，惩罚性赔偿制度于立法层面已完成修正多年，但该制度在司法实务中的运行效果并不理想，原因是多方面的。

其一，按照《商标法》的规定，商标专用权人欲主张惩罚性赔偿责任，应当分别证明商标侵权的“恶意”与“情节严重”要件，然而对以上两要件的具体含义仍尚存疑惑。首先是关于“恶意”的争议。《最高人民法院关于审理侵害知识产权民事案件适用惩罚性赔偿的解释》第一条规定知识产权侵权惩罚性赔偿应符合“故意”且“情节严重”，同时规定“故意”包括了《商标法》第六十三条和《反不正当竞争法》第十七条第三款规定的“恶意”。[2]诸多学者认为“恶意”与“故意”不同，主观“恶意”应在“故意”之上，也有学者认为二者皆为“明知故犯”之意[3]，并且作为《商标法》上位法的《民法典》只有“故意”而无“恶意”，因此依文义解释与体系解释应判定“故意”等同于“恶意”。然而“司法解释在效力位阶上要低于法律，现有的分歧虽有所缓解，但还未彻底解决”[4]，实践中的法院裁判理由也夹杂着两种标准。其次是情节严重之认定标准不够明确。《最高人民法院关于审理商标民事纠纷案件适用法律若干问题的解释》第十六条第二款规定了一些“情节”要素[5]，但是对于是否“严重”还是得依靠法官的自由裁量，司法实务中难

---

[1] 陈宗波，黄术．论知识产权侵权惩罚性赔偿基数与倍数的认定［J］．广西社会科学，2022（5）：122－129.

[2] 《最高人民法院关于审理侵害知识产权民事案件适用惩罚性赔偿的解释》第一条规定：“原告主张被告故意侵害其依法享有的知识产权且情节严重，请求判令被告承担惩罚性赔偿责任的，人民法院应当依法审查处理。本解释所称故意，包括商标法第六十三条第一款和反不正当竞争法第十七条第三款规定的恶意。”

[3] 王利明．论我国民法典中侵害知识产权惩罚性赔偿的规则［J］．政治与法律，2019（8）：95－105.

[4] 徐俊，叶明鑫．商标惩罚性赔偿法律适用要件的类型化研究［J］．知识产权，2021（4）：79－96.

[5] 《最高人民法院关于审理商标民事纠纷案件适用法律若干问题的解释》第十六条第二款规定：“人民法院在适用商标法第六十三条第三款规定确定赔偿数额时，应当考虑侵权行为的性质、期间、后果，侵权人的主观过错程度，商标的声誉及制止侵行为的合理开支等因素综合确定。”

以形成统一的认定标准。[1]《最高人民法院关于审理侵害知识产权民事案件适用惩罚性赔偿的解释》第四条规定了以下足以认定侵犯知识产权情节严重的因素：因侵权被行政处罚或法院裁判承担责任后，再次实施相同或者类似侵权行为；以侵害知识产权为业；伪造、毁坏或者隐匿侵权证据；拒不履行保全裁定；侵权获利或者权利人受损巨大侵权行为可能危害国家安全、公共利益或者人身健康；其他可以认定为情节严重的情形。这无疑能进一步为法官具体认定“情节严重”提供指引。

其二，赔偿基数难以确定。惩罚性赔偿“三大”计算基数难以确定[2]，这不仅与当事人举证难或怠于举证有关，也与司法解释中确定的计算方式单一且不甚合理有关。就权利人而言，其日常生产、销售商品的数据一般属于商业秘密，为避免泄密，权利人往往怠于举证；而市场份额缩水或销售额减少与侵权行为之间的因果关系，亦难充分证明。对于被控侵权方来说，一般不会主动提供因侵权事实获利的证据。至于商标许可使用费，权利人一般难以找到可资参考的依据，而法院在认定时却必须兼顾数据真实性与可比性，对数据的采纳十分谨慎。[3] 这样，参照许可使用费确定赔偿基数的可操作性亦不强。[4]

目前，法院确定商标侵权损害赔偿额，主要以《最高人民法院关于审理商标民事纠纷案件适用法律若干问题的解释》第十三条至第十五条提供的侵权获利和侵权致损计算方法为据。[5] 其中，侵权获利可以根据侵权商品销售量

---

[1] 高原．商标侵权惩罚性赔偿制度适用研究［J］．中阿科技论坛（中英文），2021（8）：191－193．

[2] 参见2019年修正的《商标法》第六十三条第一款。

[3] 广东省深圳市福田区人民法院课题组．商标侵权惩罚性赔偿的制度构建［J］．知识产权，2020（5）：40－54．

[4] 彭学龙，徐瑛晗．论商标侵权惩罚性赔偿的司法适用：兼评法释〔2021〕4号第1条［J］．大庆师范学院学报，2022（1）：44－56．

[5] 《最高人民法院关于审理商标民事纠纷案件适用法律若干问题的解释》第十三条规定：“人民法院依据商标法第六十三条第一款的规定确定侵权人的赔偿责任时，可以根据权利人选择的计算方法计算赔偿数额。”第十四条规定；“商标法第六十三条第一款规定的侵权所获得的利益，可以根据侵权商品销售量与该商品单位利润乘积计算；该商品单位利润无法查明的，按照注册商标商品的单位利润计算。”第十五条规定：“商标法第六十三条第一款规定的因被侵权所受到的损失，可以根据侵权人因侵权所造成商品销售减少量或者侵权商品销售量与该注册商标商品的单位利润乘积计算。”

与单位利润乘积计算。倘若单位利润无法查明，则按照注册商标商品的单位利润计算。侵权致损，则根据因侵权所致商品销量下降或侵权商品销量与该注册商标商品的单位利润乘积计算。但在司法实践中，上述计算方法往往不符合实用，以至于在多数情况下，法院径直采用法定赔偿确定侵权数额。

该案中，阿尔塞拉公司主张对柯派公司适用惩罚性赔偿，其主张的依据是：柯派公司重复实施侵权行为，罔顾诚信，违背和解协议，属“恶意”侵权；柯派公司侵权时间长，以侵权为业，侵权规模大、侵权区域广；涉案侵权商品为超声刀，用于人体面部，可能危及人体健康，其侵权行为属“情节严重”。对于赔偿数额的确定，阿尔塞拉公司在上诉中通过侵权人自认的产品利润计算出侵权获利，请求法院将此作为计算惩罚性赔偿的基数，为赢得上诉奠定了基础。法院据此判令柯派公司承担侵权获利金额二倍的惩罚性赔偿责任。

12　商标近似性的认定标准以及侵害在先著作权的证明要件

——波罗/劳伦有限公司诉国家知识产权局商标权无效宣告请求行政纠纷案

裁判要旨

上诉人在其提出的商标权无效宣告请求中，使用了商标近似的概念。虽然使用诉争商标的商品和使用引证商标的商品构成了类似商品，但该案商标是否构成近似，还需要综合考虑多种因素。

混淆可能性是商标侵权判定的核心标准，商标标志的近似、商品的类似仅是判断混淆可能性的前提和重要因素，消费者是否因此发生混淆还要受到其他多种市场因素的影响。在进行混淆可能性判断时，应充分考虑涉案商标的显著性和知名度、涉案商标与被控侵权标志的实际使用情况、消费者的认知、被控侵权人的主观意图等因素，综合考量被控侵权标志的使用是否足以引起消费者的混淆或者误认，进而判定是否构成商标侵权。

入选理由

为强化知识产权保护，规范商标的合理使用，应当加强商标专用权保护。该案对商标授权确权案件的近似性判断具有较高的参考价值。进行商标近似性判断，不能机械地比对商标的构成要素，而是要正确理解商标近似与商标构成要素近似的关系，准确把握商标近似的法律尺度。在上诉人未能提出有力证据并进行合理说明的情况下，二审法院进一步明确了认定商标近似的法律尺度，对上诉人要求撤销一审判决和被诉裁定的诉讼请求不予支持，判决驳回上诉，维持原判。

案例索引

北京市高级人民法院（2019）京行终3954号行政判决书

基本案情

上诉人（一审原告）：波罗/劳伦有限公司（以下简称“波罗/劳伦公司”）
被上诉人（一审被告）：中华人民共和国国家知识产权局

二审诉请

波罗/劳伦公司不服一审判决，向法院提起上诉，请求撤销一审判决和被诉裁定，判令国家知识产权局重新作出裁定。

一审判决

一审法院认为：（1）该案相关实体问题的审理适用2001年修正的《商标法》，相关程序问题的审理适用2013年修正的《商标法》。（2）诉争商标的图形与引证商标的图形在形态、表现形式、整体视觉效果上存在一定差异，鉴于诉争商标自申请注册后经过了广泛、大量的使用，形成了一定的市场知名度，且在服装市场上实际共存一定数量的以马球运动图形作为商标的同业经营者，即便诉争商标与引证商标具有一定程度的近似性，亦尚可被相关公众所区分。综合考虑上述因素，诉争商标与引证商标一、二、三未构成使用在同一种或类似商品上的近似商标，诉争商标的注册并未违反2001年修正的

《商标法》第二十八条的规定。(3) 诉争商标与引证商标的图形部分存在一定差异，不构成复制、摹仿或者翻译，诉争商标的注册亦未违反2001年修正的《商标法》第十三条之规定。(4) 诉争商标与涉案作品在构图角度、马的奔跑姿态、骑手挥杆动作等方面均存在一定的差异，未构成美术作品的实质性近似，诉争商标未侵害在先著作权，未违反2001年修正的《商标法》第三十一条前段之规定。(5) 波罗/劳伦公司所主张在先使用的商标均为其已注册的引证商标，该案不适用2001年修正的《商标法》第三十一条后段，诉争商标的注册未违反该条款之规定。(6) 波罗/劳伦公司提交的证据不足以证明诉争商标系以不正当手段申请注册并损害公共秩序和公共利益，诉争商标的注册未构成2001年修正的《商标法》第四十一条第一款规定的情形。北京知识产权法院依照《行政诉讼法》第六十九条之规定，判决：驳回波罗/劳伦公司的诉讼请求。

波罗/劳伦公司不服一审判决，提起上诉，请求撤销一审判决和被诉裁定，判令国家知识产权局重新作出裁定。其主要上诉理由为：(1) 诉争商标与引证商标一、二、三构成使用在同一种或类似商品上的近似商标；(2) 诉争商标申请日前，引证商标一在“服装”商品上已达到驰名程度，诉争商标的申请注册构成2001年修正的《商标法》第十三条第二款规定的情形；(3) 诉争商标与涉案作品构成实质性近似，诉争商标的注册侵害波罗/劳伦公司的在先著作权；(4) 诉争商标原所有人、爱驰公司及其关联公司违反诚实信用原则，以欺骗手段及其他不正当手段获得商标，损害公共利益，构成2001年修正的《商标法》第四十一条第一款规定之情形。

二审判决

二审法院认为，《最高人民法院关于商标法修改决定施行后商标案件管辖和法律适用问题的解释》(2020年修正) 第七条规定，对于在《商标法》修改决定施行前已经核准注册的商标，国家知识产权局于决定施行前受理、在决定施行后作出复审决定或者裁定，当事人提起行政诉讼的，人民法院审查相关程序问题适用修改后的《商标法》，审查实体问题适用修改前的《商标法》。由于该案诉争商标注册公告日为2015年10月28日，因此被诉裁定、一审判决依据2001年修正的《商标法》审理实体问题，存在适用法律不当，法院予以纠正。该案实体问题应适用2013年修正的《商标法》进行审理。

2013年修正的《商标法》第三十条规定：“申请注册的商标，凡不符合本法有关规定或者同他人在同一种商品或类似商品上已经注册的或者初步审定的商标相同或者近似的，由商标局驳回申请，不予公告。”类似商品是指在功能、用途、生产部门、销售渠道、消费群体等方面相同，或者相关公众一般认为存在特定联系、容易造成混淆的商品。在判定商品是否类似时，应当以商标注册时指定使用的商品为准，以相关公众对商品的一般认识综合判断。《类似商品和服务区分表》可以作为判断类似商品的参考。商标近似是指商标文字的字形、读音、含义或者图形的构图及颜色，或者其各要素组合后的整体结构相似，或者其立体形状、颜色组合近似，易使相关公众对商品或服务的来源产生误认或者认为其来源与注册商标的商品或服务有特定的联系。该案中，诉争商标核定使用的“服装、帽”等商品，与引证商标一、二、三核定使用的“服装”等商品在功能、用途等方面存在密切关联，构成同一种或类似商品。诉争商标与引证商标一均表现为骑马挥杆的图形，骑手、马、球杆是图形的主要构成元素，虽然两个商标均使用了上述元素，但整体视觉效果并不相同。引证商标二、三均为图文组合商标，图形仅为商标的显著识别部分之一，文字部分“POLORALPHLAUREN”等对于相关公众识别、记忆、呼叫方面的作用更为突出，显著性更强，且波罗/劳伦公司提交的在先使用证据也大多指向“POLORALPHLAUREN”等。综合上述因素，考虑到这些图形属于马球运动中常见的动作造型，且诉争商标核准注册后已经长期、大量使用，因此，被诉裁定和一审判决认定诉争商标与引证商标一、二、三并未构成使用在同一种或类似商品上的近似商标，并无不当，波罗/劳伦公司的该项上诉理由依据不足，法院不予支持。

2013年修正的《商标法》第十三条第三款规定，就不相同或者不相类似商品申请注册的商标是复制、摹仿或者翻译他人已经在中国注册的驰名商标，误导公众，致使该驰名商标注册人的利益可能受到损害的，不予注册并禁止使用。该案中，波罗/劳伦公司主张诉争商标是对引证商标一的复制、摹仿，属于前述法律规定的情形，但是综合在案证据，波罗/劳伦公司提交的大多数证据形成于诉争商标申请注册日之后，且很多证据并不唯一指向引证商标一，更多的是关于“POLORALPHLAUREN”等标志的宣传和使用。同时，引证商标一的图形属于马球运动中常见的动作造型，诉争商标与其差异明显，并不构成对其的复制、摹仿，因此被诉裁定和一审判决认定的结论并无不当，波罗/劳伦公司的相关主张依据不足，法院不予支持。

2013年修正的《商标法》第三十二条规定，申请商标注册不得损害他人现有的在先权利，也不得以不正当手段抢先注册他人已经使用并有一定影响的商标。其中，“在先权利”是指除商标权之外的其他在先合法权利，包括著作权。认定诉争商标损害他人在先著作权的，应具备以下要件：该作品具有独创性，符合作品的构成要件；该作品的著作权归属于权利主张人；该作品完成日期在诉争商标申请日之前；诉争商标与该作品实质性相似，且诉争商标申请注册人具有接触该作品的可能性。该案中，波罗/劳伦公司主张诉争商标属于对其“马球骑手”作品的复制，二者均表现为骑马挥杆，系马球运动中常见的动作造型，骑手、马、球杆是作品的主要构成元素。但二者在骑手的坐姿、挥杆的姿势、马匹运动的形态方面存在很多差异，整体上不构成实质性相似，被诉裁定和一审判决认定诉争商标的注册并未损害波罗/劳伦公司的在先著作权，结论正确。波罗/劳伦公司的相关上诉理由，依据不足，法院不予支持。

2013年修正的《商标法》第四十四条第一款规定：“已经注册的商标，违反本法第十条、第十一条、第十二条规定的，或者是以欺骗手段或者其他不正当手段取得注册的，由商标局宣告该注册商标无效；其他单位或者个人可以请求商标评审委员会宣告该注册商标无效。”该条规定的“以欺骗手段或者其他不正当手段取得注册的”情形，要考虑是否属于当事人使用欺骗的手段或使用欺骗手段之外的扰乱商标注册秩序、损害公共利益、不正当占用公共资源或者以其他方式谋取不正当利益的手段。该案中，波罗/劳伦公司提交的商标列表显示爱驰公司申请注册的商标主要涉及“POLO”“打马球图案”等，结合其他在案证据亦不足以证明爱驰公司注册申请诉争商标系采用欺骗手段或其他不正当手段。因此，商标评审委员会及一审法院认定，诉争商标的注册未构成2013年修正的《商标法》第四十四条第一款规定的情形，结论正确，应予维持。波罗/劳伦公司的相关上诉理由，缺乏依据，法院不予支持。综上，一审判决虽然适用法律存在不当，但认定事实清楚，结论正确，依法应予维持。波罗/劳伦公司的上诉理由缺乏事实及法律依据，对其上诉请求，法院不予支持。

综上所述，北京市高级人民法院判决：驳回上诉，维持原判。

案例解析

该案是一宗比较典型的商标权纠纷案件。该案双方争议的焦点涵盖了这类案件所涉及的基本问题，也是关键问题：一是商标是否构成近似；二是诉争商标是否侵害他人的在先著作权，或以不正当手段抢先注册他人已经使用并有一定影响的商标。以下结合该案，对这两个问题作简要分析。

一、商标近似性的认定标准问题

根据2013年修正的《商标法》第三十条的规定[1]："申请注册的商标，凡不符合本法有关规定或者同他人在同一商品或者类似商品上已经注册的或者初步审定的商标相同或者近似的，由商标局驳回申请，不予公告。"商标近似的认定问题，虽然细微却不容忽视，看似简单但往往在实践中存在诸多争议。商标近似问题在商标授权确权行政案件中占据比较大的比例，关乎商标权人在商标注册审查阶段和商标侵权诉讼阶段是否可以得到有效保护，故商标近似的判断标准十分重要。

在讨论商标近似的判断标准之前，应当先明确"商标近似"的内涵。根据《商标审查及审理标准》的规定："商标近似是指商标文字的字形、读音、含义近似，商标图形的构图、着色、外观近似，或者文字和图形组合的整体

[1] 该案适用的是2013年修正后的商标法，全国人民代表大会常务委员会于2019年再次对《商标法》进行了修正。

排列组合方式和外观近似，立体商标的三维标志的形状和外观近似，颜色商标的颜色或颜色组合相似，使用在同一种或者类似商品或服务上易使相关公众对商品或者服务的来源产生误认。”❶

从世界各国或地区的商标实践来看，判断商标近似的标准存在“客观标准”和“主观标准”的分野。其中，美国和欧盟商标法主要持“客观标准”；日本商标法主要持“主观标准”，即“混淆性近似”。❷ 前者侧重商标标志本身，着眼于商标标志的具体构成要素，如文字商标的字形、字义、读音及单复数变化等。后者则将消费者混淆作为考量因素之一，不仅需要考虑商标标志本身，还需要考虑商标的显著性和知名度以及混淆可能性。《最高人民法院关于审理商标授权确权行政案件若干问题的规定》第十二条就商标近似判定的相关因素进行了明确列举。❸ 2002 年《最高人民法院关于审理商标民事纠纷案件适用若干问题的解释》第十条规定了近似商标的评判原则，具体为：以相关公众的一般注意力为标准；既要进行对商标的整体比对，又要进行对商标主要部分的比对，比对应当在比对对象隔离的状态下分别进行；判断商标是否近似，应当考虑请求保护注册商标的显著性和知名度。❹ 由此可见，我

---

❶ 《商标审查及审理标准》，原国家工商行政管理总局商标局、商标评审委员会 2016 年 12 月印发，第 63 页。

❷ 王太平，卢结华．商标法中商标近似的界定与判断［J］．中华商标，2015（3）．

❸ 《最高人民法院关于审理商标授权确权行政案件若干问题的规定》第十二条第一款规定：“当事人依据商标法第十三条第二款主张诉争商标构成对其未注册的驰名商标的复制、摹仿或者翻译而不应予以注册或者应予无效的，人民法院应当综合考虑如下因素以及因素之间的相互影响，认定是否容易导致混淆：（一）商标标志的近似程度；（二）商标的类似程度；（三）请求保护商标的显著性和知名度；（四）相关公众的注意程度；（五）其他相关因素。”

❹ 2020 年 12 月 23 日最高人民法院审判委员会第 1823 次会议通过的《最高人民法院关于修改〈最高人民法院关于审理侵犯专利权纠纷案件应用法律若干问题的解释（二）〉等十八件知识产权类司法解释的决定》对此作出修正。修改后的《最高人民法院关于审理涉及驰名商标保护的民事纠纷案件应用法律若干问题的解释》第九条第一款规定：“足以使相关公众对使用驰名商标和被诉商标的商品来源产生误认，或者足以使相关公众认为使用驰名商标和被诉商标的经营者之间具有许可使用、关联企业关系等特定联系的，属于商标法第十三条第二款规定的‘容易导致混淆’”。第十条规定：“原告请求禁止被告在不相类似商品上使用与原告驰名的注册商标相同或者近似的商标或者企业名称的，人民法院应当根据案件具体情况，综合考虑以下因素后作出裁判：（一）该驰名商标的显著程度；（二）该驰名商标在使用被诉商标或者企业名称的商品的相关公众中的知晓程度；（三）使用驰名商标的商品与使用被诉商标或者企业名称的商品之间的关联程度；（四）其他相关因素。”

国商标近似性判断立法实际上采用的是“主观的商标近似判断标准”，即对商标近似的认定既要考虑商标标志本身的近似，又要考虑商标的显著性和混淆可能性。

该案中，波罗/劳伦公司以诉争商标与其在第25类服装等商品上在先注册的商标构成在同一种或类似商品上的近似商标为主要理由，请求宣告诉争商标无效。在“类似商品”问题上，诉争商标核定使用的“服装、帽”等商品，与引证商标一、二、三核定使用的“服装”等商品在功能、用途等方面存在密切关联，构成同一种或类似商品。诉争商标和引证商标的构成要素都包括骑手、马、球杆，但是商标构成要素的近似不等同于商标近似：首先，两者在构图角度、马的奔跑姿态、骑手挥杆动作等方面均存在一定的差异，整体外观、设计风格等方面区别明显，未构成美术作品的实质性近似；其次，综合该案证据，波罗/劳伦公司提交的大多数证据形成于诉争商标申请注册日之后，不足以认定在诉争商标申请注册日之前，引证商标已在中国达到驰名程度；最后，诉争商标自申请注册后已经过广泛、大量的使用，形成了一定的市场知名度，而且在服装市场上实际共存有一定数量的以马球运动图形作为商标的同业经营者，即使诉争商标和引证商标具有一定程度的近似性，亦尚可被相关公众所区分，不会致使相关公众混淆。综合考虑上述因素，法院认定诉争商标与引证商标不构成使用在同一种或者类似商品上的近似商标。

二、构成侵害在先著作权的证明要件

2013年修正的《商标法》第三十二条规定：“申请商标注册不得损害他人现有的在先权利，也不得以不正当手段抢先注册他人已经使用并有一定影响的商标。”其中，“在先权利”是指除商标权以外的其他受法律保护的在先权利，主要包括字号权、著作权、外观设计权、姓名权、肖像权，以及其他合法在先权益。该案主要涉及在先著作权权利。《最高人民法院关于审理商标授权确权行政案件若干问题的规定》第十九条第一款规定：“当事人主张诉争商标损害其在先著作权的，人民法院应当依照著作权法等相关规定，对所主张的客体是否构成作品、当事人是否为著作权人或者其他有权主张著作权的利害关系人以及诉争商标是否构成对著作权的侵害等进行审查。”据此，相关标志是否具有一定的独创性并符合作品的构成要件、在先著作权的权属以及诉争商标是否构成对在先著作权的侵害，是解决商标授权确权案件在先著作权问题的主要考量因素。

《北京市高级人民法院商标授权确权行政案件审理指南》第16.4条对侵害在先著作权的认定要件作出指引：“判断诉争商标的申请注册是否损害当事人在先著作权时，应考虑以下要件：（1）涉案作品构成著作权法的保护客体；（2）当事人为涉案作品的著作权人或利害关系人；（3）在诉争商标申请日前，诉争商标申请人有可能接触涉案作品；（4）诉争商标标志与涉案作品构成实质性相似……”该指南不仅要求认定侵害在先著作权应满足上述要件，并且在要件的分析判断是应保持次第向后的逻辑顺序：作品形成是主张著作权的前提；在已构成作品从而产生著作权的前提下，进一步证明其为著作权人本人或为应当受到著作权保护的利害关系人；进而分析是否可能接触及实质性相似。但任何一个要件被否定，即可认定未侵害在先著作权。

该案中，波罗/劳伦公司主张诉争商标属于对其“马球骑手”作品的复制，与涉案作品构成实质性相似，诉争商标侵害波罗/劳伦公司的在先著作权。考虑到诉争商品与引证商品均表现为骑马挥杆，是马球运动中常见的动作造型，骑手、马、球杆是作品的主要构成元素，但两者的图形在形态、表现形式、整体视觉效果上存在一定差异，整体上不构成实质性相似，故被诉行政裁定和一审、二审司法判决均认定诉争商标的注册并未损害波罗/劳伦公司的在先著作权，认为波罗/劳伦公司相关诉求理由的依据不足。

13　适用惩罚性赔偿、法定赔偿的考量因素以及反不正当竞争法对商标侵权纠纷的适用补充性

——范斯公司诉名扬（广州）体育有限公司等侵害商标权及不正当竞争纠纷案

裁判要旨

原告主张的惩罚性赔偿要求侵权行为满足主观“恶意”和客观“情节严重”的法律要件，在诉讼过程中应当由原告负举证责任说明侵权行为及其主客观因素。涉案商标经审查满足知名度较高的条件，且各被告在实施侵权行为时应当知道原告的商标，却仍在宣传、生产、销售等环节使用被诉的侵权商标，主观上满足“恶意”的认定。至于在客观上是否属于情节严重，原告以各被告侵权行为时长、侵权产品销售范围、各被告以侵权为业为由主张构成“情节严重”的情形，但原告提供的上述证明不足以证明各被告的行为构成“情节严重”的条件，故法院最终未能就原告诉求的惩罚性赔偿予以支持。

原告请求判令各被告停止不正当竞争行为，是商标权纠纷案件中最常见的诉讼请求之一。商标侵权纠纷案件往往与不正当竞争商业行为存在千丝万缕的关系，在处理商标侵权纠纷案件过程中，如何准确使用法律条文定分止争，维护当事人合法权利，是处理该类案件的重点问题。应当明确《反不正当竞争法》与《商标法》之间一般法与特殊法的适用关系，充分考量《反不

正当竞争法》的补充性。该案中原告主张的被侵权商标经核准注册已取得注册商标使用权，应当适用《商标法》予以保护，故法院对于原告有关不正当竞争的诉讼请求未予支持。

原告主张以各被告的侵权获利为标准计算赔偿损失金额，并提供了某一次行政机关对案外人的处罚决定，要求以该处罚决定书中的相关金额为侵权产品单价计算标准；要求以两宗行政机关所查获案外人所涉被诉侵权商标的商品数额为标准计算销售数量及相关商铺数量；要求以四家上市公司年报数据显示的毛利率为标准计算侵权产品利润率。法院对此认为，原告提供的证据材料与案涉侵权产品实际造成损失及侵权获利均缺乏必要的关联性，存在明显的依据不足、难以采信的情形。

综合涉案商标权利的类型、知名度，涉案侵权行为的性质、期间、后果，侵权人的主观过错程度，以及原告为制止侵权行为的合理支出等因素，特别考虑到在原告请求由各被告提交关于被诉侵权商品的全部财务账簿、记账凭证等足以证明其销售金额及销售获利的证据时，各被告当庭明确表示不能提交相应证据材料等因素，法院最终酌定各被告应当共同连带赔偿原告经济损失及合理支出 120 万元。

入选理由

加强知识产权保护，应以准确适用法律为条件。在权利人所提供证据的证明力或关联性不充分时，为防止权利滥用，实现法律效果和社会效果的有机统一，司法机关应当通过严格的证据审查和充分的说理，彰显司法公信力。该案法院虽然对于原告请求的惩罚性赔偿未予支持，但在充分说理的基础上，适用法定赔偿标准酌定判令各被告连带赔偿原告经济损失以及合理费用支出共计 120 万元。

案例索引

广州知识产权法院（2020）粤73民初1449号

基本案情

一审原告：范斯公司（Vans，Inc.）

一审被告：名扬（广州）体育有限公司（以下简称“名扬公司”）等

一审诉请

范斯公司向法院提出诉讼请求：（1）判令名扬公司、他她公司、美双公司、王某兰、邓某立即停止侵害原告第544720号、第4724337号及第21171127A号注册商标专用权，包括立即停止生产、销售的鞋产品及一切商业宣传中使用与上述商标相同或近似的标识；（2）判令名扬公司、他她公司、美双公司、王某兰、邓某立即停止不正当竞争行为；（3）判令名扬公司、他她公司、美双公司、王某兰、邓某立即销毁所有库存侵权产品、包装及带有涉嫌侵权标识的商业资料；（4）判令六被告共同赔偿原告经济损失及为制止侵权行为的合理支出共计300万元；（5）判令被告名扬公司、他她公司、美双公司、王某兰、邓某在《中国知识产权报》非中缝版面刊登公告消除影响；（6）判令由六被告承担该案诉讼费用及保全费用。

一审判决

广州知识产权法院认为，该案属于侵害商标权及不正当竞争纠纷。根据当事人的诉辩意见，该案主要审查以下问题：（1）各被告行为是否构成商标权侵权；（2）各被告行为是否构成被诉不正当竞争；（3）各被告的民事责任。

一、各被告行为是否构成商标侵权

关于原告的涉案商标权，根据现有证据，原告享有的第544720号“”、第4724337号“”及第21171127A号“”在运动鞋类商品上具有较高知名度。被诉侵权的运动鞋上使用了被诉“WOOVANS”商标（见图13－1）。由于原告的涉案商标知名度较高，被诉“WOOVANS”商标的英文“VANS”与原告涉案商标中的“VANS”在呼叫、字母构成方面相近，构成近似；且被诉侵权商品与原告涉案商标的核定使用商品构成同类商品，因此被诉“WOOVANS”商标的使用容易使相关公众产生混淆、误认，故被诉侵权的运动鞋属于侵害原告第544720号“”、第4724337号“”及第21171127A号“”商标权的商品。

理由如下：（1）被告名扬公司是被宣告无效的第18271471号“WOOVANS”商标的商标权人，且其也承认被诉“WOOVANS”商标是第18271471号“WOOVANS”商标的变形使用；并且各被告确认被告名扬公司授权注销前的晋江市新万体育用品有限公司使用第18271471号“WOOVANS”商标，而且晋江市新万体育用品有限公司的微信公众号、新浪等媒体使用了“WOOVANS”商标进行宣传，综上可知被告名扬公司存在《商标法》第五十七条第（二）项规定的商标使用侵权行为。（2）被诉侵权的运动鞋中包含“”标识，而被告王某兰是被北京市高级人民法院判决维持无效宣告的第21574540号“”商标的申请人，且被告王某兰亦于2019年6月17日对“”图形办理了美术作品登记，根据《最高人民法院关于产品侵权案件的受害人能否以产品的商标所有人为被告提起民事诉讼的批复》（2020年修正）关于“任何将自己的姓名、名称、商标或者可资识别的其他标识体现在产品上，表示其为产品制造者的企业或个人，均属于《中华人民共和国民法典》和《中华人民共和国产品质量法》规定的‘生产者’”之规定，被告王某兰属于被诉侵权运动鞋的生产者。（3）被诉侵权运动鞋上标注了被告美双公司是生产者、被告他她公司是运营商，故法院对此亦予以认定。(4) 2018年4月10日至2020年6月29日，被诉侵权行为发生时被告名扬公司的股东仅为被告罗某容一人，且被告罗某容以其个人手机号注册的微信号朋友圈对被诉侵权产品进行宣传，并将该微信号提供给被告邓某销售被诉侵权产品。(5) 被告王某兰、被告邓某、被告罗某容不仅存在上述以个人主体身份参与侵权的行为，而且他们与被告名扬公司、美双公司、他她公司的关系亦极为密切，被告王某兰曾经是被告名扬公司的法定代表人，也是被告美双公司和被告他她公司的股东；被告邓某曾经是被告名扬公司的股东、被告他她公司的法定代表人及股东；被告罗某容是被告名扬公司的股东和法定代表人，也是各被告确认的被告名扬公司授权使用第18271471号“WOOVANS”商标的晋江市新万体育用品有限公司注销前的股东；而且被告王某兰与被告邓某存在夫妻关系。因此，综合以上事实，法院认定被告名扬公司、被告美双公司、被告他她公司、被告王某兰、被告邓某、被告罗某容之间对于在宣传、生产、销售等环节中使用被诉“WOOVANS”商标，在主观上存在共同的意思联络，在客观上存在分工合作，共同实施了上述商标侵权行为。

图13－1　被诉侵权标识“WOOVANS”

二、各被告行为是否构成被诉不正当竞争

在上述被诉侵权运动鞋上，除了被诉“WOOVANS”商标外，鞋子侧面均可见“”图形，其中白色的“”图形格外突出。原告主张上述图形是该案的被诉装潢，并认为原告运动鞋商品中侧面“”属于《反不正当竞争法》第六条第（一）项规定的有一定影响的商品装潢，主张通过《反不正当竞争法》获得保护。根据《最高人民法院关于当前经济形势下知识产权审判服务大局若干问题的意见》第十一条的规定，应“妥善处理专利、商标、著作权等知识产权专门法与反不正当竞争法的关系，反不正当竞争法补充性保护不能抵触专门法的立法政策，凡专门法已作穷尽规定的，原则上不再以反不正当竞争法作扩展保护”。据此，《反不正当竞争法》第六条（仿冒混淆条款）对于未注册的有一定影响的商品名称、包装装潢所进行的保护，本质上是对未注册商标的保护，相对于《商标法》对注册商标的保护而言具有补充性。因此，即使当事人的商品装潢因商业使用而产生显著性，在未注册之前构成《反不正当竞争法》所保护的有一定影响的商品装潢，但是若当事人已将该商品装潢申请注册商标并获核准后，其权利性质已发生变化，即未注册商标的商品装潢权益已转变为注册商标专用权，商品装潢上附载的知名度、显著性亦为注册商标承受。因此，对于注册商标权产生后所发生的侵权行为，不宜在保护商标权人注册商标专用权之外，另行通过《反不正当竞争法》对转化为注册商标专用权之前的商品装潢等进行扩展保护。该案中，虽然原告主张在运动鞋上使用的“”装潢具有较高的知名度，原告也提交了自2006年至2016年该装潢在中国进行宣传和使用等证据予以证明，但原告于2010年8月25日申请第8606383号“”商标，核准注册是2011年9月14日，核定使用商品包括第25类鞋、运动鞋。原告于2011年12月26日申请第10347758号“”商标，核准注册是2013年5月28日，核定使用商品包括第25类鞋和运动衫等。以上两枚商标特别是第8606383号注册商标与原告主张的装潢基本一致，而该案的被诉侵权行为

发生于2018年之后，远远晚于以上两枚注册商标的核准注册时间，因此在被诉侵权行为发生时，原告没有主张商标侵权，反而依据《反不正当竞争法》第六条第（一）项的规定请求反不正当竞争保护，该诉求有违《反不正当竞争法》第六条第（一）项的立法宗旨，法院对此不予支持。

三、各被告的民事责任

如前所述，各被告行为构成共同侵害原告涉案第544720号“VANS”、第4724337号“VANS OFF THE WALL”及第21171127A号“VANS”商标权，故被告名扬公司、他她公司、美双公司、王某兰、邓某应承担停止侵害涉案商标权的民事责任，各被告应承担共同连带赔偿损失的民事责任。对于原告主张的销毁库存侵权产品及包装以及登报消除影响的诉讼请求，依据不充分，法院不予支持。

关于赔偿数额，原告在该案中主张惩罚性赔偿。《商标法》第六十三条第一款规定：“……对恶意侵犯商标专用权，情节严重的，可以在按照上述方法确定数额的一倍以上五倍以下确定赔偿数额……”《最高人民法院关于审理侵害知识产权民事案件适用惩罚性赔偿的解释》第五条规定，人民法院确定惩罚性赔偿数额时，应当分别依照相关法律，以原告实际损失数额、被告违法所得数额或者因侵权所获得的利益作为计算基数。该基数不包括原告为制止侵权所支付的合理开支；法律另有规定的，依照其规定。前款所称实际损失数额、违法所得数额、因侵权所获得的利益均难以计算的，人民法院依法参照该权利许可使用费的倍数合理确定，并以此作为惩罚性赔偿数额的计算基数。人民法院依法责令被告提供其掌握的与侵权行为相关的账簿、资料，被告无正当理由拒不提供或者提供虚假账簿、资料的，人民法院可以参考原告的主张和证据确定惩罚性赔偿数额的计算基数。构成《民事诉讼法》第一百一十一条规定情形的，依法追究法律责任。

该案中，原告的涉案商标知名度较高。作为同类商品的经营者，各被告在实施被诉侵权行为前应当知道原告的商标，却仍然在宣传、生产、销售等环节中使用被诉侵权商标，主观上存在共同的意思联络，客观上存在分工合作，且导致被诉侵权产品销售涉及全国数省市，因此法院认定各被告对于侵权行为的发生主观恶意明显。至于适用惩罚性赔偿所要求的计算基数以及侵权情节严重要件，原告应予举证证明。法院还指出，无论被诉侵权产品仅仅侵害了原告的涉案商标权还是包含原告所主张的商品装潢，各被告通过被诉侵权产品获得的侵权获利都应当是相同的数额，据此所确定的原告赔偿金额也应当是相同的。原告请求依据《最高人民法院关于适用〈中华人民共和国民事诉讼法〉的解释》（2020 年修正）第一百一十二条的规定，由各被告提交关于被诉侵权商品的全部财务账簿、记账凭证等足以证明其销售金额及销售获利的证据，但各被告当庭明确表示不能提交原告请求的上述证据。在此种情况下，若原告提供的证据能够基本证明各被告侵权获利金额的合理区间、获利下限金额（即侵权获利至少高于某一项能够查明的具体金额）等情形，则法院可以对原告的主张和证据予以参考确定作为计算基数。但经查，原告在该案中主张的以下几项关键数据均难以采信：

第一，关于被诉侵权产品的单价，原告主张按某一次行政机关针对案外人的处罚决定的货款及货量（165311.7 元/1751 双）计算出单价为 94 元/双，但该次处罚并非针对该案各被告，且原告从各被告处购买被诉侵权产品的实际单价 49 元（按 245 元/5 双计算）远远低于原告主张的 94 元，各被告对 94 元的单价亦不予确认，因此原告以 94 元为被诉产品单价计算出各被告的侵权获利为 70 余万元，依据不足。第二，关于每一家相关商铺的销售数量以及相关商铺的家数，原告主张按照两次行政机关查获案外人的包含“WOOVANS”商标的运动鞋共 1981 双（按 230 双 + 1751 双计算），认为平均每家商铺的销售数量为 990 双［按（230 双 + 1751 双）/2 计算］，但这两次行政查处均非针对各被告，而且与其他相关商铺也无直接关联，即使所查获的包含“WOOVANS”商标的运动鞋确实是被诉侵权产品，以两次行政查处的运动鞋总数的平均数作为其他与这两次行政查处并无关联的每家商铺的销售数量，依据明显不够充分；并且原告对其所主张的 17 家相关商铺并非全部都进行了购买被诉侵权产品公证，对其中不少仅有商场宣传、消费者评论而缺少购买被诉侵权产品公证的情况，因此原告所主张的每一家相关商铺的销售数量 990 双以及销售商铺的家数为17家，也存在依据不足的情形。第三，原告所主张的利润率来自案外四家上市公司鞋类产品的毛利率计算平均值。考虑到各被告的经营规模和公司性质均与四家上市公司有明显区别，而且各被告的侵权行为直接影响的是原告的市场份额，因此在各被告拒绝提交利润率数据时，原告更应当提交自己使用涉案商标运动鞋的利润率作为合理参考。综上，原告以其所主张的以上数据根据“被诉侵权产品销售单价×每家销售数量×商家数×利润率”计算出的各被告的侵权获利为70余万元，因该计算方式中几项关键数据均存在明显依据不足、难以采信的情况，法院不采纳原告关于计算基数所主张的计算结论。原告既无法证明适用惩罚性赔偿的计算基数具体数额或者合理可作参考的相关数额，也无法证明各被告的侵权行为已达到情节严重的标准，故法院对于原告请求惩罚性赔偿不予支持。综合考虑原告商标的知名度、该案侵权行为的性质、期间、后果，侵权人的主观过错程度，原告为制止侵权所应支付的合理支出，以及各被告当庭拒绝提交有关被诉侵权商品的全部财务账簿、记账凭证等足以证明其销售金额及销售获利的证据等因素，根据《商标法》第六十三条第二款和第三款的规定，法院酌定各被告应当共同连带赔偿原告经济损失及合理支出120万元。

综上所述，法院判决如下：（1）被告名扬公司、美双公司、他她公司，以及王某兰、邓某于该判决发生法律效力之日起立即停止侵害原告范斯公司商标权的涉案行为；（2）被告名扬公司、美双公司、他她公司，以及王某兰、邓某、罗某容于该判决发生法律效力之日起十日内连带赔偿原告范斯公司经济损失及合理开支120万元；（3）驳回原告范斯公司的其他诉讼请求。

案例解析

该案是一个典型的侵害商标权纠纷及不正当竞争纠纷案，该案双方争议的焦点涵盖了这类案件所涉及的三个主要问题：（1）如何适用惩罚性赔偿及相关的考量因素；（2）商标侵权的法定赔偿数额；（3）侵害商标权与不正当竞争之间的关系。以下结合该案，对这三个方面的问题作简要分析。

一、商标侵权纠纷适用惩罚性赔偿的考量因素

不同于解决传统民事纠纷的填平性赔付原则，惩罚性赔偿制度旨在提高恶意侵权行为的代价，从而达到遏制恶意侵害他人合法权利的目的。通过判令侵权人支付超出其获得的利益或由侵权行为产生的实际损害数额等具有惩罚性质的赔偿数额，加强对权利人的保护，避免出现“维权成本高、侵权代价低”的不利局面。《民法典》第一千一百八十五条规定，故意侵害他人知识产权，情节严重的，被侵权人有权请求相应的惩罚性赔偿。值得注意的是，在通过惩罚性赔偿制度维护合法权利的同时，也要警惕权利人滥用该项制度谋取不当利益。2019年修正《商标法》时将针对恶意侵犯商标专用权情节严重的惩罚性赔偿标准从一倍以上三倍以下提高至一倍以上五倍以下❶，不仅通过提高惩罚倍数加大对知识产权的保护，而且将其适用范围限定于主客观要件同时满足“恶意侵犯商标专用权”且“情节严重”的情形，若当事人无法证明或不存在上述情形的，则不能适用惩罚性赔偿。

（一）适用惩罚性赔偿主观要件——恶意侵权

适用惩罚性赔偿的主观要件为“恶意”。对于恶意的认定，应当综合侵权人实施行为的目的及其存在的过错。商标侵权行为的认定采用一般过错责任。如《民法典》第一千一百六十五条第一款规定，行为人因过错侵害他人民事权益造成损害的，应当承担侵权责任。司法实践中，通常认为过错主要应考察行为人行为的主观层面，包含“故意”和“过失”。“恶意”属于“故意”的范畴，且区别于一般故意。恶意的侵权行为造成的损害结果更加严重，且主观恶性更大。也有观点认为，“恶意”应当等同“故意”中的“直接故意”。还有观点认为，“恶意”是在“故意”的基础上增加了道德层面的谴责。❷ 故需要对持恶意的侵权行为人施以较一般侵权故意更为严重的责任。但《最高人民法院关于审理侵害知识产权民事案件适用惩罚性赔偿的解释》认

---

❶ 参见2019年修正的《商标法》第六十三条第一款。

❷ 徐俊，叶明鑫．商标惩罚性赔偿法律适用要件的类型化研究［J］．知识产权，2021（4）：79－96．

定，《商标法》中所称的恶意与侵犯其他知识产权中的故意存在一致性，[1] 故在认定此类故意的过程中，应当综合考虑被侵害知识产权的客体类型、权利状态和相关产品的知名度、被告与原告或者利害关系人之间的关系等因素。司法实践中，判断构成“恶意”的主要情形包括但不局限于被告明知其行为构成侵权仍继续实施侵权行为、被告与权利人之间存在商业委托关系同时实施侵权行为、被告经权利人警告或相关行政机关处分后仍继续实施侵权行为、侵犯的商标权利是明显具有较强的显著性和知名度的权利、假冒情形是显而易见的等。[2]

该案中，广州知识产权法院认定原告的涉案商标知名度较高，作为同类商品的经营者，各被告在实施被诉侵权行为前应当知道原告的商标，却仍然在宣传、生产、销售等环节中使用被诉侵权商标，主观上存在共同的意思联络，客观上存在分工合作，且导致被诉侵权产品销售涉及全国数省市，因此满足认定侵权行为达到“恶意”的标准。

（二）适用惩罚性赔偿的客观要件——侵权行为情节严重

“情节严重”往往涉及公法领域的法律概念，一般指侵权行为导致严重的损害后果或危险，以及侵权行为手段明显超出为实施该行为所需的合理范围等因素，司法实践中也存在参照公法规范判断侵权行为是否满足“情节严重”构成要件的案例。《最高人民法院关于审理侵害知识产权民事案件适用惩罚性赔偿的解释》明确要求，在商标侵权纠纷中认定侵权行为情节严重时，应当综合考虑侵权手段、次数，侵权行为的持续时间、地域范围、规模、后果，侵权人在诉讼中的行为等因素。该解释列举了以下七种满足“情节严重”的具体情形：（1）因侵权被行政处罚或者法院裁判承担责任后，再次实施相同或者类似侵权行为；（2）以侵害知识产权为业；（3）伪造、毁坏或者隐匿侵权证

---

[1] 《最高人民法院关于审理侵害知识产权民事案件适用惩罚性赔偿的解释》第一条规定：“原告主张被告故意侵害其依法享有的知识产权且情节严重，请求判令被告承担惩罚性赔偿责任的，人民法院应当依法审查处理。本解释所称故意，包括商标法第六十三条第一款和反不正当竞争法第十七条第三款规定的恶意。”

[2] 广东省深圳市福田区人民法院课题组，王欣美．商标侵权惩罚性赔偿的制度构建［J］．知识产权，2020（5）：40－54.

据；(4) 拒不履行保全裁定；(5) 侵权获利或者权利人受损巨大；(6) 侵权行为可能危害国家安全、公共利益或者人身健康；其他可以认定为情节严重的情形。

该案原告范斯公司主张各被告的侵权行为时间长，被诉侵权产品销售涉及范围广泛，各被告还存在构成以侵权为业的行为，侵权情节严重。针对原告的主张，被告认为2019年11月被告名扬公司停止涉案WOOVANS品牌的开发、生产、销售、微信公众号运营等工作，案外人晋江市新万体育用品有限公司也于2019年12月19日注销，2020年宣传和销售均属于清理库存的行为，故即使构成侵权，侵权时间较短，不存在主观恶意和情节严重的情形。综合上述因素，法院认为原告提供的证据事实不足以证明各被告构成“情节严重”的条件，对于原告的惩罚性赔偿诉讼请求不予支持。

二、商标侵权法定赔偿的适用条件

在商标侵权纠纷案件中，我国关于侵权损害赔偿数额计算标准可概括为实际损失、侵权获利、许可使用费的合理倍数、法定赔偿四种类型。在无法确定因侵权行为造成的实际损失和侵权获利，且无法明确被侵权商标的许可使用费的情况下，得适用法定赔偿。其中，法定赔偿又包含酌定赔偿、综合赔偿两种计算方法。酌定赔偿是指法院在适用法定赔偿标准计算损害赔偿数额时，必须全面考虑案件的各种因素，以斟酌确定损害赔偿数额。[1]《商标法》第六十三条第二款规定：“人民法院为确定赔偿数额，在权利人已经尽力举证，而与侵权行为相关的账簿、资料主要由侵权人掌握的情况下，可以责令侵权人提供与侵权行为相关的账簿、资料；侵权人不提供或者提供虚假的账簿、资料的，人民法院可以参考权利人的主张和提供的证据判定赔偿数额。”第三款规定：“权利人因被侵权所受到的实际损失、侵权人因侵权所获得的利益、注册商标许可使用费难以确定的，由人民法院根据侵权行为的情节判决给予五百万元以下的赔偿。”

---

[1] 曹新明．我国知识产权侵权损害赔偿计算标准新设计［J］．现代法学，2019（1）：110－124.

如前所述，该案原告主张以各被告的侵权获利为标准计算赔偿损失金额，但法院认为原告主张中几项关键数据均存在明显依据不足、难以采信的情况，因此法院未能采纳原告相应的计算结论。同时考虑到各被告拒绝提交足以证明其销售金额及销售获利的证据等因素，法院最终酌定各被告承担赔偿原告经济损失及合理支出120万元的共同连带责任。

三、侵害商标权与不正当竞争之间的关系

商标侵权行为往往与不正当竞争商业行为存在千丝万缕的关系，在处理商标侵权纠纷过程中，如何准确适用法律条文定纷止争，维护当事人合法权利是处理该类案件的重点。在《反不正当竞争法》与《商标法》的相互关系方面，学界存在“冰山”与“海水”之说，认为《商标法》是浮在《反不正当竞争法》之“海水”上的一座“冰山”，二者各司其职，《商标法》侧重于保护个体利益，而《反不正当竞争法》侧重于保护市场经济经营环境。[1] 从《商标法》第五十八条“将他人注册商标、未注册的驰名商标作为企业名称中的字号使用，误导公众，构成不正当竞争行为的，依照《中华人民共和国反不正当竞争法》处理”可以看出，在《商标法》未能保护或在其调整范围之外的，由《反不正当竞争法》予以规范。但由于《商标法》和《反不正当竞争法》之间存在法条竞合关系，往往会发生法律适用的选择问题。对此情形，《最高人民法院关于当前经济形势下知识产权审判服务大局若干问题的意见》明确要求：“反不正当竞争法补充性保护不能抵触专门法的立法政策，凡专门法已作穷尽规定的，原则上不再以反不正当竞争法作扩展保护。”故在处理商标侵权纠纷案件时，应当注意《反不正当竞争法》的补充性。广州知识产权法院在该案裁判中对此作出了较充分的说理。

该案原告主张，原告运动鞋侧面的“ ”标志属于《反不正当竞争法》第六条第（一）项所保护的具有一定影响的商品装潢，请求给予《反不正当竞争法》保护。范斯公司第8606383号“ ”商标于2010年8月

[1] 钱玉文．论商标法与反不正当竞争法的适用选择［J］．知识产权，2015（9）：32－36．

25 日申请，于 2011 年 9 月 14 日核准注册，核定使用商品包括第 25 类鞋、运动鞋；第 10347758 号“”商标于 2011 年 12 月 26 日申请，于 2013 年 5 月 28 日核准注册，核定使用商品包括第 25 类鞋和运动衫等。该两枚商标，特别是第 8606383 号注册商标与原告主张的装潢基本一致，但案涉侵权行为发生在 2018 年之后，远远晚于以上两枚商标的核准注册时间。现原告范斯公司未主张商标侵权，而是主张《反不正当竞争法》第六条第（一）项的保护，该诉求有违《反不正当竞争法》第六条第（一）项主要给予未注册的但有一定影响的商品名称、包装装潢补充保护和扩展保护的立法宗旨，故原告关于不正当竞争的诉讼请求均未获法院支持。

3

第三部分 涉外著作权及其他纠纷

14　游戏换皮抄袭在著作权法上的定性

——娱美德有限公司等与广州三七互娱科技有限公司等著作权侵权及不正当竞争纠纷案

裁判要旨

游戏玩法的具体设计不同于抽象的游戏规则，后者是不能获得《著作权法》保护的思想。玩法的具体设计是网络游戏的核心与灵魂，亦是此游戏区别于彼游戏之所在。在对游戏画面难以逐帧进行比对的情况下，可以将游戏玩法具体设计作为游戏的基本表达和是否构成实质性相似的判断方法。

入选理由

该案是广州互联网法院受理的首例确认不侵权之诉，涉及业界高度关注的传奇游戏版权之争，其中牵涉许多历史案件的背景，权属关系复杂，案件的办理难度极高。该案一审判决生效，广州互联网法院及多家媒体报道该案，该案入选国际保护知识产权协会（AIPPI）中国分会 2021 年度版权十大热点案件，对游戏行业有重要借鉴意义。这一案例明晰了两款游戏是否构成实质性相似的比对内容和比对方法，厘清类电作品（以类似摄制电影的方法创作的作品）与可单独利用的作品之间的保护界限，明确了判断是否属于不正当竞争应当考量的因素，对于游戏行业中的抄袭与合理借鉴、类电作品的认定及侵权比对具有突出的指导性作用。

案例索引

一审案号：广州互联网法院（2019）粤0192民初38509号

基本案情

一审原告：娱美德有限公司（以下简称“娱美德公司”）、株式会社传奇IP（以下简称“传奇株式会社”）、亚拓士软件有限公司（以下简称“亚拓士公司”）

一审被告：广州三七互娱科技有限公司（以下简称“三七公司”）、上海冠航网络科技有限公司（以下简称“冠航公司”）

一审诉请

娱美德公司、传奇株式会社、亚拓士公司向一审法院起诉请求：（1）判令三七公司、冠航公司立即停止侵害原告著作权及不正当竞争的行为；（2）判令三七公司、冠航公司连带向原告赔偿经济损失包括合理费用支出暂计人民币1000万元；（3）判令三七公司、冠航公司在www.37.com网站上刊登声明以消除影响。

一审判决

一审法院认为，该案系著作权侵权及不正当竞争纠纷，原告娱美德公司、传奇株式会社、亚拓士公司均为韩国企业，被诉侵权行为发生在中国，故该案法律关系系涉外民事关系。根据《民事诉讼法》第二十八条“因侵权行为提起的诉讼，由侵权行为地或者被告住所地人民法院管辖”之规定，被告三七公司住所地在广州，故一审法院（广州互联网法院）对该案有管辖权。《涉外民事关系法律适用法》第五十条规定，知识产权的侵权责任适用被请求保护地法律。该案知识产权的被请求保护地在中国，且各方同意该案适用中国法律，因此应当适用中国法律解决该案争议。

该案存在以下焦点问题：（1）《传奇续章》与《热血传奇》是否为同一游戏；（2）《热血传奇》游戏整体是否构成类电作品；（3）原告娱美德公司、传奇株式会社、亚拓士公司是否有权提起该案诉讼；（4）被告三七公司、冠航公司是否侵犯了三原告关于《热血传奇》游戏享有的改编权、信息网络传播权；（5）被告三七公司、冠航公司的行为是否构成不正当竞争。

一、《传奇续章》与《热血传奇》是否为同一游戏

该案中，原告对《传奇续章》和《热血传奇》的内容都进行了公证，并主张《传奇续章》是《热血传奇》游戏的一部分，可作为权利作品获得保护。被告三七公司、冠航公司对此不予认可，抗辩《传奇续章》与《热血传奇》为不同游戏，原告娱美德公司无权对《传奇续章》主张权利，亦无权将《传奇续章》游戏内容作为比对依据。法院认为，《传奇续章》与《热血传奇》是同一个客户端内的游戏，游戏内容审批文号和出版审批号都相同，且不同历史时期的《热血传奇》游戏版本更新都是在原有游戏版本内容基础上进行适当增减，游戏核心内容没有实质变化。因此在两被告未提出相反证据的情况下，法院认为《传奇续章》并非独立的新游戏，仍属于《热血传奇》游戏的一种，故法院对两被告的抗辩不予支持，且除非特别情况，该案在论述时对两款游戏统称为《热血传奇》。

二、《热血传奇》游戏整体是否构成类电作品

（一）《热血传奇》游戏是否属于《著作权法》保护的作品

《著作权法实施条例》第二条规定：“著作权法所称作品，是指文学、艺术和科学领域内具有独创性并能以某种有形形式复制的智力成果。”法院认为，审查《热血传奇》游戏是否构成作品，一般考虑如下因素：（1）是否属于在文学、艺术和科学范围内的创作；（2）是否具有独创性；（3）是否具有

一定的表现形式。

该案中，《热血传奇》网络游戏属于大型多人在线角色扮演类游戏，玩家要扮演一个虚构角色，并控制该角色进行许多游戏任务和互动娱乐，融合动作游戏、角色扮演游戏与冒险游戏的素材，具有较高的角色带入感和多玩家交互性。从《热血传奇》的整体目的来看，主要用途是为玩家提供娱乐、休闲、交流等服务，具有文化艺术领域范畴的特性；从《热血传奇》的创作过程来看，需要耗费大量人力、物力、财力，创作过程非常复杂，且未有相反证据证明存在在先创作，故具有极高的独创性；从《热血传奇》的载体类型来看，《热血传奇》是客户端游戏，即玩家需要通过互联网在电脑上下载安装游戏客户端软件才能在线运行游戏，可以通过有形形式予以复制。据此，从游戏整体目的、文化领域、创作过程、表现形式等多个角度来看，《热血传奇》游戏属于我国《著作权法》意义上的作品。

（二）《热血传奇》游戏在我国《著作权法》下的作品类型

法院认为，从最终呈现效果来看，网络游戏最终显示在屏幕上的整体画面，是以其计算机程序为驱动，将文字、音乐、图片、音频、视频等多种素材，以体现和服务游戏玩法和游戏规则为目的形成的有机、连续、动态组合的呈现，是一种集合型作品。

三原告主张《热血传奇》游戏整体构成类电作品，根据《著作权法实施条例》第四条第（十一）项的规定，电影和类电作品是指摄制在一定介质上，由一系列有伴音或者无伴音的画面组成，并且借助适当装置放映或者以其他方式传播的作品。一般而言，电影和类电作品的连续活动画面事先已经形成并且固定在有形物质载体上。观众对于电影和类电作品的体验主要在于视听，无法亲自置身和实际参与电影和类电作品所建构的虚拟世界。显然，《热血传奇》游戏整体具有与传统电影作品不一样的特点，也没有被包含在《著作权法》第三条规定的其他法定作品类型中。虽然《著作权法》（2010 年修正）第三条第（九）项规定有“其他作品”，但因这一规定中的“其他作品”需要符合“法律、行政法规规定”这一前提，故法院在《著作权法》第三条规定的法定作品类型之外，无权设定其他作品类型。对于《热血传奇》游戏整体是否应该被归为类电作品，法院认为，随着科学技术的发展，新的创作方法和传播利用方式会不断出现。当新的作品表达与法定作品类型都不相符时，应当根据知识产权法激励理论的视角，允许司法按照知识产权法的立法本意，遵循诚实信用和公平正义的原则，选择相对合适的法定作品类型予以保护。《热血传奇》游戏虽然不是通过摄制方法固定在一定介质上，但是《保护文学和艺术作品伯尔尼公约》第二条第（一）项将类电作品描述为“assimilated works expressed by a process analogous to cinematography”，即以类似摄制电影的方法表现的作品，强调的是表现形式而非创作方法。因此，在符合一系列有伴音或者无伴音的画面组成的特征，并且可以由用户通过游戏引擎调动游戏资源库呈现出相关画面时，《热血传奇》游戏整体宜被认定为类电作品。对此，三七公司、冠航公司亦无异议，法院予以确认。

三、《热血传奇》游戏著作权权属以及诉讼主体资格问题

《著作权法》第二条第二款规定：“外国人、无国籍人的作品根据其作者所属国或者经常居住地国同中国签订的协议或者共同参加的国际条约享有的著作权，受本法保护。”

该案原告娱美德公司、亚拓士公司为韩国公司，在案证据足以证明其在韩国共同享有《热血传奇》著作权。因中、韩两国同为《保护文学和艺术伯尔尼公约》成员国，故我国《著作权法》对于娱美德公司、亚拓士公司在其本国享有著作权的作品同样提供保护。此外，娱美德公司、亚拓士公司也已于2003年在中国取得了计算机软件著作权登记证书。同时，游戏作为类电作品系由计算机软件作品及其生成的画面组合而成的集合型作品，在没有相反证据的情况下，其相关权利亦应归属于软件开发者。在该案中，各方当事人均认可娱美德公司与亚拓士公司原是《热血传奇》游戏的共有著作权人。

2017年，娱美德公司在韩国分立并成立传奇株式会社承继《热血传奇》著作权，并在韩国完成了著作权变更登记。虽然亚拓士公司对娱美德公司在韩国分立，并由传奇株式会社承继《热血传奇》著作权的行为持有异议，但是因各方当事人对娱美德公司原享有《热血传奇》的著作权这一事实均予以

确认，故无论娱美德公司和传奇株式会社之间的分立承继行为是否发生法律效力，两者之间至少有一主体享有相应权利，并不影响该案对《王城英雄》游戏是否侵犯《热血传奇》著作权的判断，亦不影响原告娱美德公司、传奇株式会社作为共同诉讼主体提起该案诉讼。

综上，原告娱美德公司、传奇株式会社、亚拓士公司有权针对《热血传奇》游戏主张著作权保护。

四、被告三七公司、冠航公司是否侵犯了原告关于《热血传奇》游戏享有的改编权、信息网络传播权

存在接触可能性和实质性相似是判断著作权侵权成立的构成要件。关于接触可能性，该案中三原告主张保护的《热血传奇》是在中国连续运营约20年的网络游戏，知名度高，而被控侵权游戏《王城英雄》于2019年9月上线公测，发表时间晚于《热血传奇》游戏。正如被告三七公司自己所述其为国内第三大游戏公司，因此两被告作为游戏行业的从业主体，可以推定应当知道《热血传奇》游戏的内容，具有较高的接触可能性。关于实质性相似，法院围绕以下几方面的内容进行分析。

（一）关于涉案两款游戏在整体上是否构成实质性相似的比对内容

《热血传奇》与《王城英雄》均为角色扮演类游戏，此类游戏与电影、电视剧等单向直线叙事方式不同，需要不断打怪升级且游戏数据不断更新，其特点是人物等级由低不断升高。原告在该案中举证《热血传奇》游戏前60级以及《王城英雄》游戏前250级的游戏内容，从人物角色角度展现了角色设定、装备（包括武器、服装等）以及技能，从游戏场景角度展现了游戏主要城镇布局以及其中出现的非玩家角色（NPC）、副本地图以及对应出现的怪物，从游戏基础玩法角度展现了攻击、行会、攻城战等设定，以及一些特殊细节设计，等等。对于熟练玩家来说，升级至两款游戏的前述等级均需要2小时左右，时长并不短。游戏的这些低等级内容基本涵盖了两款游戏的方方面面，两款游戏已得到充分展现，而且低等级是所有玩家必须体验的过程，亦是游戏开发商吸引玩家持续体验游戏的核心内容，因此，在各方均认可以两款游戏的低等级内容作为比对基础的情况下，法院确定《热血传奇》游戏前60级以及《王城英雄》游戏前250级的游戏可作为两款游戏整体上是否构成实质性相似的比对内容。

（二）关于判断涉案两款游戏是否构成实质性相似的比对方法

原告主张，法院亦认可在《著作权法》体系下，《热血传奇》游戏整体应当被认定为类电作品。实践中，对于类电作品的比对一般都是直接比对整体画面，但是对于《热血传奇》这类多人在线的网络游戏而言，在非挂机状态下，因用户选择和调用不同的游戏资源，将再现不同的丰富多彩的连续活动画面，包括不同的画面细节、人物外形、动作姿态、技能释放效果等，且伴随着游戏进程的推进，玩家之间的互动不断，游戏整体画面在某种意义上讲难以穷尽，因此涉案两款游戏无法像传统电影作品一样对画面进行逐帧比对，必须结合游戏自身的特点找到判断两款游戏是否构成实质性相似的比对方法。

游戏的重要特征是其互动性，如果没有玩家的参与，游戏无法像其他电影或类电作品一样直接呈现。玩家参与游戏的过程就是展现游戏画面的过程，而玩家如何参与游戏是由游戏玩法的具体设计决定。游戏玩法的具体设计是指游戏开发者开发创设供玩家共同遵守的一套细化的游戏方法、制度或规则，需要开发者通过计算机编程，并添加文字、音乐、美术等素材最终形成可视听的网络游戏作品。在玩家操作游戏的过程中，游戏的诸多美术、音乐素材通过玩法设计串联、衔接、组合形成连续的动态画面，玩家可以在特定的玩法设计框架内实现各种互动。游戏玩法的具体设计不同于抽象的游戏规则，后者是不能获得《著作权法》保护的思想。以足球游戏为例，足球比赛中"进球更多的一方获胜""越位""得红牌就罚下"等规则本身不能构成独创性的表达，只有抽象规则之外的内容，比如对于不同类型球员的配备、球员的进攻防守技能等极具个性化的设计，才有可能脱离思想范畴，成为受《著作权法》保护的内容。需要指出的是，虽然开发者在设计时会尽量增加游戏的趣味性，但这种趣味性的设计不同于功能性表达，因为让游戏更"好玩"与小说作者在创作时追求小说更"好读"，词曲作者希望音乐作品的旋律更

“动听”一样，其目的是相似的，故不能以游戏设计是为了更具有趣味性就认为是一种功能性表达而不能获得《著作权法》保护。对于网络游戏而言，玩法的具体设计是网络游戏的核心与灵魂，亦是此游戏区别于彼游戏之所在。玩家进入游戏后，为了获得胜利，会努力学习不同的角色技能、了解熟悉各类人物属性。这些具体设计是玩家沉浸于游戏之中的重要因素。尽管玩家的交互行为会带来游戏画面的难以穷尽，但是游戏的具体玩法设计是恒定的，不同游戏之间是否会给玩家带来相似的操作体验，关键在于玩法的具体设计是否相似。因此，在对游戏画面难以逐帧进行比对的情况下，可以将游戏玩法具体设计作为游戏的基本表达和是否构成实质性相似的判断方法。

（三）《王城英雄》与《热血传奇》是否构成实质性相似

针对涉案两款游戏，双方从场景、角色设计、战斗模式等五个方面进行了比对。法院结合前述分析确定的比对方法，在进一步剔除公有领域的设计、他人在先设计、有限表达设计后，认为两款游戏在整体上不构成实质性相似，理由如下。

关于场景比对。原告针对《热血传奇》游戏的两个城镇（银杏山谷、比奇城）与五个副本（矿洞、死亡山谷、沃玛寺庙、魔龙岭、静之雪原），均与被控侵权游戏《王城英雄》从“场景、怪物、NPC”三个角度进行比对。第一，原告进行的比对主要是美术与名称意义上的，而非对游戏玩法具体设计的比对，比如两款游戏中“药店”美术形象的相似。《热血传奇》游戏比奇城中的药店是一处很有特色的建筑。从屋顶可以看出，这是一座折角 90°的钩形建筑，且左侧建筑明显比右侧建筑要长。虽然《王城英雄》在 NPC 处没有实际买药的功能，但其 NPC 设定为药店老板，明显是抄袭了《热血传奇》药店这一经典设计。再比如《热血传奇》游戏中的一个 NPC 叫“比奇新手引导员”，《王城英雄》游戏中的同类 NPC 叫“接待员”，属于名称上的相似。虽然两游戏对于药店的美术设计是相似的，但是被控侵权游戏中的“药店”仅仅具有装饰性作用，在整个游戏过程中并不会为游戏玩家操作带来体验，如同在两部小说中，虽然都出现了“寺庙”这一情境，但一部小说中主角人物在“寺庙”发生了激烈的打斗并进而推动了人物关系发展，而另一部小说中主角人物仅仅在“寺庙”借宿一宿，故不能仅因为两部小说中均出现了“寺庙”即认为构成侵权的判断因素。第二，正如原告在庭审中陈述的，被告使用原告游戏中多个“装饰性作用”的素材设计，是为了保留游戏玩家对《热血传奇》的情怀，进而吸引游戏玩家。但是，我国《著作权法》的立法目的是为保护文学、艺术和科学作品作者的著作权，进而促进社会主义文化和科学事业的发展与繁荣，并非为了保护一种情怀。如果利用“情怀”不为著作权各项专有权利所禁止，则不受《著作权法》的保护。第三，对于一款角色扮演类的战斗游戏，玩家操控的角色在打怪升级过程中受到一定伤害是必然的，因此，即使在“城镇”这一场景中出现可以疗伤的“药店”，亦属于此类游戏的常规设计和通用表达，不能为任何人所垄断。综上，两款游戏在场景方面不构成基本表达上的实质性相似。

关于角色设计方面。在角色扮演类游戏中，游戏角色如同电影电视故事中的主角一样，需要有成长发展过程。游戏中对角色成长有影响的主要是各项属性的加成，包括升级、装备、技能以及其他辅助性功能。

第一，针对职业的设置。《热血传奇》游戏主要设置了战士、法师、道士三种职业，按男女性别区分后共计六个角色。虽然《王城英雄》只设置了男战士一个职业，但无论是《热血传奇》中的三职业设置还是《王城英雄》中的单职业设置，本质上都属于不能获得《著作权法》保护的思想，因此不能因为《王城英雄》的单职业设置即认为被控游戏不构成侵权。但是应当看到，《热血传奇》游戏存在三种不同职业的主角，各个职业都有自己特殊的技能装备法术体系，表现为每个职业具有不同的能力和角色特性，战斗中强调各个职业之间的相互配合，由此形成了相互交织的复杂人物关系。相反，《王城英雄》是单职业游戏，仅有战士一个职业，不具备相似于《热血传奇》的人物关系，因此两款游戏在思想层面已经存在一定的区别，表达自然也不相同。

第二，针对角色的属性，原告认为《热血传奇》游戏角色包含攻击、防御等属性，《王城英雄》游戏角色包含物理攻击、物理防御等类似属性，因此两者存在实质性相似。法院认为，如果对某一种思想的表达空间有限，则表达不能获得《著作权法》保护。因两款游戏均为战斗类游戏，而在此类游戏的战士角色中，体力值、攻击、防御、内力值等角色属性均应属于有限表达的范围，就如同在一款拳击游戏中，一般会对拳击手有“身高、体重、体力、灵敏度”等类似属性的设计，在一款赛车游戏中，亦会对赛车有“重量、风阻、最高速度、加速度、刹车”等属性的设计。因此，原告主张的角色属性不具有独创性，不能获得《著作权法》的保护。

第三，针对角色的技能。其中对于技能的学习和界面，基于游戏的一般空间布局习惯，原告主张的两款游戏相似之处主要在于美术图案或者属于游戏领域的常规设计，即便属于作品也不属于游戏玩法的具体设计，不构成游戏的基本表达，故法院对技能的学习和界面是否实质性相似不作认定。此外，角色技能的效果如同武侠小说中人物的武功招数及其特点，与剧情的展开密不可分，可以构成游戏的基本表达，在具有独创性的情形下可以获得保护。而在该案中，经与原告游戏中的八项技能“刺杀剑术、半月弯刀、施毒术、烈火剑法、逐日剑法、野蛮冲撞、隐身术、魔法盾”比对，《王城英雄》游戏的对应技能难以构成实质性相似，理由如下：“如同在电视剧中，对于少林和尚而言，武功必然包括棍法，对于剑客而言，武器一定是一把剑，招数也肯定是各路剑法，说明针对不同角色，其武功或者技能一定受到类似‘场景原则’的限制。”因此，在《王城英雄》游戏中，对于战士这一角色，存在“破击剑法”“灼伤剑法”“火岩剑法”等各路剑法本身是一种合理设计。同时，《热血传奇》游戏中“刺杀剑术”造成的伤害量取决于对方的物理防御值，是攻击力减去对方的防御力，而《王城英雄》游戏中的“破击剑法”强调的是破坏防御盾，伤害量就是攻击力数值，两种剑法的玩法与效果存在较大不同。《热血传奇》游戏中的“半月弯刀”为横向挥刀砍向敌人，伴有白光，它能够使用劲气和快速移动的宝剑同时攻击环绕英雄的所有敌人。而《王城英雄》游戏中“横扫千军”为角色从右边向左边进行挥砍，刀光效果为散开的金黄色光晕，由一道道离散的小弧光组成，华丽酷炫且层次分明，仅能对一侧的目标造成伤害，两者范围不同。《热血传奇》游戏中的“烈火剑法”能够召唤火精灵附在剑上，从而造成额外伤害，而《王城英雄》游戏“灼伤剑术”强调的是在下次攻击的时候要造成巨大伤害，两者造成伤害的方式显然不同；“逐日剑法”与“火岩剑法”之间亦存在类似区别。再如《热血传奇》游戏中的技能“野蛮冲撞”，效果为能够用肩膀把敌人撞开，如果撞到障碍物将会对自己造成伤害，而《王城英雄》游戏中的技能“暗影步”效果为移动到目标位置并造成伤害。两技能效果明显存在较大区别，不构成实质性相似。此外，部分技能属于有限表达，不具有独创性，如《热血传奇》游戏中的“隐身术”技能效果为在自身周围释放精神之力使怪物无法察觉存在，“施毒术”技能效果为通过施展毒药使目标持续中毒受伤害，“魔法盾”可以抵御物理攻击和伤害。事实上，无论是“隐身术”“施毒术”还是“魔法盾”，其技能名称就已经限定了表达的内容，而原告的表达又均属于常规设计，不具有独创性。综上，涉案两款游戏中的角色设计不构成实质性相似。

关于战斗模式方面。原告针对战斗模式比对总共分为两部分，第一部分是基本操作及角色动态的比对。《王城英雄》游戏中玩家扮演的游戏角色可以在游戏地图中跑动，跑动方向为八个，跑动动作与正常真人的动作相似，手臂在奔跑时挥动，武器也会随着手臂挥动而上下起伏，在进行攻击时，普通攻击均是从上到下劈砍，即使不拿武器，也是从上到下挥动拳头做劈砍的动作，等等。这些与《热血传奇》的角色设定都是基本相同。原告认为《热血传奇》这种操作方式是受限于当年的技术，但到今天被告仍然利用了原告相对简单的操作玩法，实质上就是为了通过借用《热血传奇》这一经典设计，向玩家传达《王城英雄》就是一款和《热血传奇》相似的游戏，进而吸引玩家，故可以证明被告抄袭了原告的表达。法院认为，正如原告自己所述，原告的操作方式“跑动方向为八个”“从上往下劈砍”等都属于简单的基础玩法，独创性并不高，而且对于角色扮演类游戏，此种操作方式事实上均属于较为基本和常见的表达，本应属于公有领域而不能为任何人所垄断。尽管可能如原告所言，被告三七公司、冠航公司是为了借用经典设计吸引玩家，但借鉴不代表侵权，并非属于《著作权法》的禁止行为。原告针对战斗模式比对的第二部分是交互玩法，两款游戏均有野战对决（PK）和攻城战两种设计。首先，所谓野战，是在野外进行 PK 的一种玩法，当玩家达到一定等级时，一旦出现在危险区，即有可能被其他玩家 PK 打击。同时，为了避免恶意被其他玩家追杀，游戏中也设置了安全区域，在安全区内，玩家不会受到任何攻击。野战 PK 即使为原告首创，因“野战”这种攻击玩法和安全区的设置本身属于一种思想，不能获得保护，而游戏中关于攻击模式的具体设计如果具有独创性则可以构成表达。该案中，《热血传奇》游戏攻击模式包括和平攻击模式、编组攻击模式、公会攻击模式、全体攻击模式、善恶对攻模式、师门攻击模式六种。《王城英雄》游戏与之类似的仅为前四种。原告当庭认可前四种均属于公有领域的部分，但对于这四种的选择与编排可以体现原告的独创性。对于后两种，各方均认可属于原告独创性较高的表达。法院认为，关于“野战 PK”类玩法的游戏而言，必然涉及对何种玩家可以进行攻击，而在一款游戏中，是否可以对全体、对队友、对盟友进行攻击是一种普遍存在的设计，因此无论是和平攻击模式、编组攻击模式、公会攻击模式、全体攻击模式，抑或是对四种模式的选择，均属于常规设计，缺乏独创性。而《王城英雄》中并没有《热血传奇》游戏中独创性较高的后两种攻击模式，故该部分设计难以构成实质性相似。其次，所谓攻城战，即参加攻城战需要先进行公会的创建或入会，入会后可以根据游戏规则参加攻城战。因此，攻城战本身属于一种思想，且多数战斗类游戏都有“攻城”或者“打 BOSS”[1] 的设计，因此只有对攻城战的具体表达才能获得保护。该案中，原告游戏中的“攻占沙巴克”是游戏的核心内容之一，具体设计体现在：玩家需要申请加入公会才能攻打沙巴克，之后公会会长向比奇城国王选择攻城选项，提交一个祖玛头像申请攻城。此后，公会全员集聚沙巴克城池，攻城全阶段在沙巴克内进行，最终全员站在沙巴克皇宫即为胜利并占领沙巴克，胜利一方的盟主可以获得“屠龙刀”。《王城英雄》游戏中攻城是指攻占王城，当角色等于或大于 250 级后，主界面会出现攻城战图标，点击即可查看攻城战情况。但《王城英雄》游戏的攻城设计具体体现在：玩家各自占领几个旗帜，在旗帜下面玩家要待一定的时长，时间越长得到的积分就多，最后综合积分最多的公会占领王城。因此，《热血传奇》的攻城体现在玩家之间的战斗 PK，存在交

[1] “打 BOSS”为游戏用语，指伤害、击败怪物，以通关获得奖励。

互性。正如很多玩家听到“攻沙”就热血沸腾一样，原告游戏的攻城战战况激烈，且需要战士、法师、道士三职业的默契配合。而《王城英雄》为单职业游戏，不存在角色之间相互配合的操作体验，所谓的占领王城仅仅看玩家在旗帜下的时长，激烈程度远远不及《热血传奇》，且获胜一方的盟主也不能获得“屠龙刀”一样类似的宝物，整个过程相比较为平淡。因此两款游戏攻城战的具体设计区别较大。综上，两款游戏的战斗模式不构成实质性相似。

关于任务主线方面。两被告认为涉案两款游戏任务主线不同，故不构成实质性相似。法院认为，在不同的游戏中，任务主线所占据的重要程度会有所区别，被控《王城英雄》游戏任务介绍主要是一些“村子里最近发生了很多稀奇古怪的事情，需要调查一下。”“击杀 1 只野鸡。”“这几只野鸡看起来肉质鲜美，我这有件上乘衣服，与你交换如何？”“击杀 1 只羊驼。”等相对比较简单的表达，其目的是引导新手玩家“尽快升级”，而并非使游戏玩家沉浸在故事剧情之中，进而提高游戏本身“好玩”的体验感，因此不属于游戏玩法的具体设计，不构成游戏的基本表达。进一步而言，如果被控游戏《王城英雄》没有该任务主线，只要游戏玩家在两款游戏中能获得相对近似的体验，则被控侵权游戏在整体上仍然可能构成侵权，故游戏任务主线是否相似不影响涉案两款游戏构成实质性相似的判断，法院对被告的抗辩不予采纳。

关于游戏其他特殊设计方面。两款游戏在球状血量图、部分 UI 界面、角色死亡界面等方面从外观上看存在一定的相似。事实上，无论是红色球显示血量，画面地图的设计，还是怪物和角色死亡之后灰黑色的画面，基于游戏一般空间布局习惯、功能设计需要、玩家操作习惯等原因，这些设计均属于此类游戏的常规设计。比如因为血本身即是红色，故通常都是以红色的球形或者条形来代表血量；角色或怪物死亡后，意味着其暂时游戏结束，而日常生活中都是通过灰黑色来渲染烘托死亡的氛围。所以《热血传奇》游戏的此类设计不具有独创性，不能获得《著作权法》保护。综上，两款游戏的其他特殊设计亦不构成实质性相似。

在该案中，原告另认为游戏角色和游戏场景相关素材之间的系统关联性仍属于游戏的独创性内容。比如两款游戏中，均有美术形象较为类似的角色可以身着较为相似的服装，持有图案较为相似的武器，进入相似的城镇或副本，击杀图案相似的怪物。这多种素材组合后的相似已不仅是游戏素材上的相似，可以构成游戏的基本表达。对此，法院不予认可：比如两部动画片都具有相似的角色形象，身着相似的服装在相似的环境场景中击杀相似的怪物，但这两部动画片因为情节的不同进而导致画面组合、衔接递进上的不同，给人带来不同的视听感受，仍属于两部不同的动画片，在后的动画片并非在先动画片的一种演绎作品，如果构成侵权，在后动画片也仅仅是侵犯了在先动画片中美术作品的权利。此外，即使《热血传奇》游戏对素材的选择与编排能够体现一定的独创性，但因原告指控的相似服装、场景等在《王城英雄》游戏中占比极低，因此双方对素材的选择与编排方式并不相同，亦不构成实质性相似。

需要强调的是，即便原告《热血传奇》游戏的部分设计存在一定独创性，但离公有领域较近，显然独创性不高，此时法院在侵权比对中，对实质性相似的程度应当要求更严，否则将不利于新作品的创作，亦容易吞噬公有领域，损害公共利益。综上所述，涉案两款游戏在玩法的具体设计上不构成实质性相似，虽然部分美术素材存在一定程度上的形似，但此种形似尚不足以证明《王城英雄》游戏侵犯了《热血传奇》游戏作为类电作品的权利。故三原告主张两被告侵犯《热血传奇》游戏作品的改编权、信息网络传播权于法无据，法院不予支持。

至于三原告所认为的部分场景、NPC、角色、怪物、武器在美术形象上构成实质性相似。法院认为，该案的审理范围不包括判断游戏中的诸多素材作为各类作品是否构成侵权。理由如下：首先，原告娱美德公司、传奇株式会社在（2017）京73民初1237号案中主张保护《热血传奇》游戏整体著作权的同时，亦对美术作品、文字作品等游戏素材主张保护，而在该案中仅主张对《热血传奇》游戏整体作为类电作品进行保护，并且当庭明确其并不主张对游戏素材作为美术作品等单独进行保护。其次，在（2019）粤0192民初35374号判决中，即该案被告三七公司、冠航公司起诉娱美德公司、传奇株式会社确认不侵权案中，三七公司、冠航公司明确此案与该案针对著作权纠纷的审理范围一致，即诉讼请求为确认《王城英雄》游戏整体不侵犯《热血传奇》的著作权，而并非确认包括游戏中每一素材在内均不侵权，该案三原告对此并未提出异议。最后，既然《热血传奇》游戏被认定为类电作品，就应当与电影作品权利人主张权利的方式保持一致。因电影作品常是由小说、剧本演绎而成的集合型作品，而电影作品权利人与小说、剧本权利人往往并不相同，为避免产权分割不利于电影作品的传播利用，所以《著作权法》规定，如果是对电影作品的利用，一般只需要获得电影作品权利人的许可，不再需要获得电影作品中编剧、演员等人的许可，如果侵权人仅是单独利用了电影中的美术作品，则应由美术作品权利人而非电影作品权利人主张侵权。

据此，在两款游戏经比对不构成实质性相似的情况下，根据《著作权法》规定，美术等可以单独使用的作品的权利人有权另行主张保护，故《王城英雄》游戏中的诸多素材作为各类作品是否构成侵权不属于该案审理范围。

五、被告三七公司、冠航公司的行为是否构成不正当竞争

在该案中，三原告主张两被告实施的不正当竞争行为与两被告实施的侵犯作品改编权和信息网络传播权系同一侵权行为。该行为违背商业道德和诚实信用原则，违反了《反不正当竞争法》第二条的规定。据此，该案仅围绕《王城英雄》游戏整体被控侵犯《热血传奇》类电作品改编权和信息网络传播权的行为是否违背商业道德和诚实信用原则进行审理。

法院认为，第一，关于知识产权法和《反不正当竞争法》的基本政策是，自由竞争、模仿自由和公有领域是原则，纳入著作权等专有权及反不正当竞争保护的属于例外，专有权及反不正当竞争设定的具体条件构成了其保护权益的边界。同时，通过《反不正当竞争法》进行保护不能抵触《著作权法》等专门法的立法政策，否则将架空专门法，影响整个法律体系的平衡。就该案而言，《王城英雄》与《热血传奇》在整体上作为类电作品是否构成实质性相似、是否侵犯原告对《热血传奇》享有的改编权等问题，都已经在《著作权法》的框架下进行审理并作出否定评价，此时，原告享有的改编权和信

息网络传播权的控制范围在该案中已经有了清晰的边界，这种专有权利的控制范围本身体现了《著作权法》的公共政策考量，在专有权利控制范围外的行为原则上应纳入公有领域，不应再针对同一行为进行重复判断。

第二，在《著作权法》之外通过《反不正当竞争法》补充保护，必须有不足以正常保护的其他因素与依据。该案中，原告主张《王城英雄》游戏在苹果应用商店介绍“经典王城争霸战、帮会战一触即发，千人同屏攻城……传承游戏经典设置，实时约战 PK，激战 BOSS”属于自认抄袭。法院认为“经典”一词在日常生活中极为常见，即使在游戏行业，也存在大量的“经典游戏”，比如大家熟知的《俄罗斯方块》《超级玛丽》等，当然或许也包括《热血传奇》，但是毕竟“经典”并非《热血传奇》游戏所专属，仅凭上述宣传语中的“经典”难以直接或者间接地指向原告的权利游戏，尚不足以让游戏玩家认为“经典”与《热血传奇》存在关联性；《王城英雄》游戏在苹果应用商店所使用的“传承经典”“传承游戏经典设置”等宣传语并不具有不正当性。

据此，三原告主张被告三七公司、冠航公司扰乱竞争秩序，违反诚实信用原则和商业道德无事实和法律依据，两被告的行为不构成不正当竞争。

综上所述，原告娱美德公司、传奇株式会社、亚拓士公司的诉讼请求无事实与法律依据，法院不予支持。依照《涉外民事关系法律适用法》第五十条，《著作权法》第一条、第二条第二款、第三条、第十条第一款第（十四）项、第十五条，《反不正当竞争法》第二条，《民事诉讼法》第二十八条、第六十四条，《著作权法实施条例》第二条、第四条第（十一）项，《最高人民法院关于审理著作权民事纠纷案件适用法律若干问题的解释》第七条的规定，判决如下：

驳回原告娱美德公司、传奇株式会社、亚拓士公司的全部诉讼请求。

案例解析

该案是一起有关游戏换皮抄袭的著作权侵权及不正当竞争纠纷。该案的争议焦点为：（1）《热血传奇》游戏整体是否构成类电作品；（2）被告是否侵犯三原告关于《热血传奇》游戏的改编权、信息网络传播权；（3）被告的行为是否构成不正当竞争。现结合该案，对游戏换皮抄袭在《著作权法》上的定性再作简要的分析。

随着我国网络游戏产业的迅猛发展，因抄袭网络游戏而生的纠纷也在增多，换皮抄袭便是时下最新的一种纠纷表现形式。在“太极熊猫诉花千骨”一案的二审判决[1]中，江苏省高级人民法院认为：“‘换皮’抄袭一般是指在后游戏使用与在先游戏不同的IP形象、音乐等元素，而在玩法规则、数值策划、技能体系、操作界面等方面完全与在先游戏相同或者实质性相似。”任何一款游戏都是由游戏引擎与素材两部分构成的。游戏引擎即计算机程序，而素材则是游戏引擎根据玩家的操作所调取的文字、图片、音乐、视频等。在游戏换皮抄袭纠纷中，被控侵权游戏抄袭了权利人游戏中的一些东西。但它所抄袭的，既非权利人游戏具体的计算机程序，亦非权利人游戏的素材。而且，被控侵权游戏非但没有抄袭权利人游戏的素材，反而自己创作了有别于权利人游戏的素材。在这类纠纷中，有关被控侵权游戏所抄袭的对象的称呼尚未统一。该案法官使用“游戏玩法具体设计”这一概念来指称被控侵权游戏的抄袭对象，较为妥帖。玩任何游戏的根本目的都是“通关”。对于怎样玩才能通关，不同游戏有不同的设定。这些有关如何游玩才能通关的设定便是游戏玩法的设计，而游戏引擎则是对游戏玩法设计的具体落实。游戏换皮抄袭与文字作品改头换面的抄袭在本质上并无不同。例如，被控侵权小说可以在采用不同遣词造句的情况下抄袭权利人小说的具体情节安排。游戏换皮抄袭则是在最终表现形式不同的情况下抄袭权利人游戏的玩法设计。如果套用德国著作权法学者雷炳德对内在与外在表达的界分，游戏换皮抄袭的实质便是抄袭权利人游戏的内在表达，而自己创作新的外在表达。

游戏换皮抄袭在《著作权法》上定性的关键在于被控侵权游戏是否侵害改编权。由于侵害改编权的成立同样要求对独创性表达的复制达到实质性相

[1] 参见江苏省高级人民法院（2018）苏民终1054号民事判决书。

似的程度，因此，游戏换皮抄袭在《著作权法》上定性的关键就转换为以下两个要点：一是游戏换皮抄袭中被控侵权游戏所抄袭的游戏玩法设计受著作权保护，二是在第一个要点成立的前提下，被控侵权游戏对权利人游戏中游戏玩法设计的复制达到实质性相似的程度。学界与实务界有关游戏换皮抄袭定性的争议最初集中在前述第一个要点上，但第二个要点也在近来开始受到关注。

就第一个要点而言，有关游戏换皮抄袭中被控侵权游戏所抄袭的游戏玩法设计是否受著作权保护，或者说是否构成作品，知识产权法学界争议的焦点在于游戏玩法设计是否为思想。《著作权法》意义上的作品是表达，而且是具体的表达，亦即充分展开的表达。思想表达二分法的这一概念似乎表明，思想是与表达不同的事物。可实际上，思想亦为表达，只不过思想是抽象的、没有展开的表达。针对游戏玩法设计是否为思想这一问题，不能一概而论，必须结合具体的案情。个中理由在于，游戏玩法设计存在一个抽象度的梯级。对于任何一个游戏而言，它拥有抽象程度不同的游戏玩法设计：既有高度抽象的游戏玩法设计，也有足够具体的游戏玩法设计，较具体的游戏玩法设计是对较抽象的游戏玩法设计的展开。例如，对于任何种类的角色扮演游戏而言，最抽象的游戏玩法设计都是打败最终 BOSS 通关。各款角色扮演游戏都会对这共通的最抽象游戏玩法设计作进一步的限定，形成自身在游戏玩法具体设计上的特色与差异。游戏玩法设计如果足够具体，在满足其他构成要件的情况下，是有构成作品的可能的。并非所有的游戏玩法设计都是思想。至于在待决案件中，被控侵权游戏所抄袭的游戏玩法设计是过于抽象而沦为思想，抑或是足够具体而可成为作品，则需要进行价值判断。所抄袭的对象是否为思想，这是《著作权法》体系下绕不开的难题，而被抄袭的游戏玩法设计不过是这一难题的最新体现罢了。最根本的，法官需要结合行业特点判断被控侵权游戏所抄袭的玩法设计是否为同行业开展正常竞争所必需。

就第二个要点而言，知识产权法学界争议的焦点在于权利人游戏与被控侵权游戏该如何比对以认定是否构成实质性相似。这一问题的答案以对另一个问题的解答为前提，即网络游戏属于《著作权法》第三条下的何种作品类型。目前，法院普遍从网络游戏的最终呈现效果出发，将网络游戏归类为2010年修正的《著作权法》下的“类电作品”或者2020年修正的《著作权法》下的视听作品，而非归类为计算机程序。既然网络游戏被归类为类电作品，且类电作品的表现形式亦为画面，那么权利人游戏与被控侵权游戏之间的比对就应该是二者画面的比对。法院要关注的是被控侵权游戏是否复制了权利人游戏的画面且对画面的复制已达实质性相似程度。这一结论引发了以下两个难点：第一个难点在于游戏画面该如何比对；第二个难点则在于，游戏换皮抄袭纠纷的争议焦点是抄袭他人游戏玩法具体设计是否侵害著作权，可被抄袭的游戏玩法具体设计并非画面，比对权利人游戏与被控侵权游戏的画面与解决这一争议有何关系。就第一个难点而言，虽然网络游戏的最终呈现效果确实是一段影像，或者说有伴音或无伴音的连续画面，但与电影、电视剧等相比也有显著的差异。对于电影、电视剧等而言，单幅画面之间的排列顺序是固定的。一幅画面的上一帧与下一帧的画面是不变的。然而，对于网络游戏而言，连续画面之间的排列并非一成不变。玩家的选择不同，最终呈现的画面序列也就不同。网络游戏整体画面有无数种画面组合的可能。因此，如该案法官所言：“两款游戏无法像传统电影作品一样对画面进行逐帧比对。”这是将网络游戏归类为类电作品或视听作品必须面临的难题。该案法官为了解决这一比对难题，所采取的办法是将游戏玩法具体设计作为游戏的基本表达，并通过比对权利人游戏与被控侵权游戏的游戏玩法具体设计来认定是否构成实质性相似。这样一种进路就引发了上述第二个难点。有学者认为，游戏玩法具体设计的表现形式与其说是画面，不如说是文字。法院这样的做法是以保护视听作品之名，行保护文字作品之实。[1] 争议双方的根本分歧在于对以下问题的不同回答，即各种类型的作品中，是否只有文字作品才同时拥有外在与内在表达。众所周知，文字作品如小说，不仅有外在的表达，即文

[1] 谢晓尧．网络游戏通往视听作品的“画面”关，微信公众号《知产财经》2022年6月17日；苏志甫，邹晓晨．“换皮抄袭”规制视角下网络游戏规则可版权性探析，微信公众号《知产财经》，2022年6月30日。

字的组合，也有内在的表达，即足够具体的情节。支持将游戏玩法具体设计作为网络游戏表达的一方认为，同文字作品一样，网络游戏也不仅有外在的表达，即连续画面，而且有内在的表达，即游戏玩法具体设计。因此，在类电作品或视听作品的作品类型下保护游戏玩法具体设计并无问题。但反对将游戏玩法具体设计作为网络游戏表达的一方则预设仅文字作品才同时拥有外在与内在表达。视听作品只有画面这一表达，超出画面的便与视听作品无关。抛开是否只有文字作品才同时拥有外在与内在表达这一大哉问不论，这一争议可通过将网络游戏归类为计算机程序而得以避免。计算机程序本质上亦为文字作品，也就毫无疑问地同时拥有外在与内在表达。

15 共同侵害信息网络传播权相关要件的认定问题

——深圳市梦之舵信息技术有限公司与艾斯利贝克戴维斯有限公司、娱乐壹英国有限公司、上海似颜绘科技有限公司侵害作品信息网络传播权纠纷案

裁判要旨

网络服务平台通过信息网络向公众提供美术作品的图形交换格式（GIF）动图表情，使公众能够在个人选定的时间和地点获得该美术作品，构成信息网络传播行为。如该行为未获相关美术作品合法权利人的授权许可，则构成侵害作品权利人的信息网络传播权。网络表情包制作者与软件开发者、运营者及搜索服务提供者等主体基于合作目的，在共同意思联络的基础上，通过不同分工共同提供美术作品的，属于网络服务提供者与他人以分工合作的方式共同提供作品的情形。上述主体若共同侵犯合法权利人的信息网络传播权，依法应承担连带责任。

入选理由

在现今的即时通信时代，以图片、文字及动画等为素材的网络表情包已经逐渐成为人们线上沟通交流的一种重要工具和流行文化，深受大众的认同

与喜爱。然而，在网络表情包影响力日益增强的同时，涉及著作权侵权的行为也频频发生。一些平台公司在未经许可的情况下，通过信息网络擅自向公众提供大量权利人享有完整著作权作品的表情包，并通过与网络公司合作，使公众可以在其个人选定的时间和地点获得该作品的行为，侵害了相关文字作品、美术作品、摄影作品、视听作品的信息网络传播权。

根据相关法律规定，该案将表情包平台公司与网络服务公司的行为认定为通过分工合作方式共同提供美术作品，并将两者的共同侵权行为作为一个整体认定其法律性质，以追究其法律责任。这不仅能够为类似案件的审理提供裁判思路，也有助于促使网络服务行业积极调整业务模式，加强著作权保护意识，推动网络服务行业良性发展。

案例索引

一审案号：广东省深圳市南山区人民法院（2019）粤0305民初26709号

二审案号：广东省深圳市中级人民法院（2020）粤03民终27075号

基本案情

上诉人（一审被告）：深圳市梦之舵信息技术有限公司（以下简称“梦之舵公司”）

被上诉人（一审原告）：艾斯利贝克戴维斯有限公司（以下简称“艾斯利公司”）

被上诉人（一审原告）：娱乐壹英国有限公司（以下简称“娱乐壹公司”）

被上诉人（一审被告）：上海似颜绘科技有限公司（以下简称“似颜绘公司”）

一审诉请

艾斯利公司、娱乐壹公司向广东省深圳市南山区人民法院提出诉讼请求：

（1）判令梦之舵公司、似颜绘公司立即停止提供涉案美术作品的信息网络传播行为；（2）判令梦之舵公司、似颜绘公司赔偿原告的经济损失及其为调查、起诉梦之舵公司、似颜绘公司侵权行为所支出的合理费用，合计 448000 元；（3）判令梦之舵公司、似颜绘公司承担该案全部诉讼费用。

一审判决

一审法院认为，艾斯利公司、娱乐壹公司系位于英国的公司，该案为涉外民商事案件。根据我国《涉外民事关系法律适用法》第五十条规定："知识产权的侵权责任，适用被请求保护地法律，当事人也可以在侵权行为发生后协议选择适用法院地法律。"艾斯利公司、娱乐壹公司在中国境内提出知识产权保护请求，但双方当事人未就法律适用作出选择，故该案适用中华人民共和国法律。艾斯利公司、娱乐壹公司主张权利的《*Peppa Pig*，*George Pig*，*Daddy Pig*，*Mommy Pig*》以小猪为原型，在此基础上通过独特的五官和身体线条，赋予形象生动的形态，使之具有独特的个性。上述作品具备独创性，同时也体现了一定的艺术美感，构成我国《著作权法实施条例》第四条第一款第（八）项规定的美术作品。艾斯利公司、娱乐壹公司向一审法院提交了涉案美术作品的作品登记证书，载明了著作权人为艾斯利公司、娱乐壹公司，结合动画片《*Peppa Pig*》片尾署名的著作权人亦为艾斯利公司、娱乐壹公司的事实，在无相反证明的情况下，可以认定艾斯利公司、娱乐壹公司为涉案美术作品的著作权人。根据（2019）深版协电证固字第 F2035 号深圳市版权协会电子证据固化报告，可以认定梦之舵公司运营的小恩爱 App 中蜜语场景下的表情来自似颜绘公司的服务器。似颜绘公司主办的网站显示，似颜绘公司系专业提供表情的内容提供商，且与使用其表情云服务的商家具有合作分成关系。庭审中，梦之舵公司、似颜绘公司对双方存在事实上的合作关系均予以确认。因此，一审法院认定，梦之舵公司运营的小恩爱 App 中蜜语场景下提供的 GIF 表情系由梦之舵公司和似颜绘公司共同提供。经比对，梦之舵公司运营的小恩爱 APP 中蜜语场景下提供的 GIF 表情使用了美术作品《*Peppa Pig*，*George Pig*，*Daddy Pig*，*Mommy Pig*》中四只小猪的动漫形象，因此，梦之舵公司和似颜绘公司未经许可，通过梦之舵公司运营的小恩爱 App 向公众提供涉案美术作品，使公众可以在其个人选定的时间和地点获得该美术作品行为，侵犯了艾斯利公司、娱乐壹公司享有的信息网络传播权，依法应当承担相应的停止侵权和赔偿损失的法律责任。庭审中，艾斯利公司、娱乐壹公司确认小恩爱 App 中已经停止提供涉案含有小猪形象的动图表情，故梦之舵公司和似颜绘公司的侵权行为已经停止，因此，对艾斯利公司、娱乐壹公司要求梦之舵公司和似颜绘公司立即停止提供涉案美术作品的信息网络传播行为的诉讼请求，一审法院不再予以支持。关于赔偿数额，鉴于艾斯利公司、娱乐壹公司未提交证据证明其在此期间因侵权所受到的损失，或梦之舵公司和似颜绘公司在侵权期间因侵权所获得的利益，故一审法院综合考虑涉案作品的类型，作品的知名度，二被告侵权行为的性质、期间、后果，以及艾斯利公司和娱乐壹公司实际聘请律师出庭参加诉讼并为维权支付了公证费等因素，酌定原告损失为 6 万元。鉴于艾斯利公司、娱乐壹公司在庭审中明确表示不需要一审法院对艾斯利公司、娱乐壹公司各自应当获得的赔偿进行区分，一审法院不再进行区分。综上，依据《著作权法》第二条第二款、第九条、第十条第一款第（六）项、第四十八条第（一）项、第四十九条，《涉外民事关系法律适用法》第五十条之规定，判决：（1）梦之舵公司、似颜绘公司应于判决生效之日起十日内连带赔偿艾斯利公司、娱乐壹公司经济损失及维权合理支出共计 6 万元；（2）驳回艾斯利公司、娱乐壹公司的其他诉讼请求。案件受理费 8020 元，由梦之舵公司、似颜绘公司共同负担。梦之舵公司、似颜绘公司应于判决生效之日起十日内径付艾斯利公司、娱乐壹公司。

二审判决

二审法院认为，该案系侵害作品信息网络传播权纠纷。根据双方的诉辩意见，二审争议焦点为上诉人梦之舵公司与似颜绘公司是否存在共同侵权行为。根据查明的事实，其一，小恩爱 App 系上诉人梦之舵公司运营，该 App 中蜜语场景下提供的 GIF 动图表情未经许可使用了涉案四只小猪的美术作品，前述 GIF 动图表情来自似颜绘公司的服务器。其二，上诉人梦之舵公司与似颜绘公司确认双方之间存在事实上的合作关系，至少从2019年年初开始合作，合作内容为似颜绘公司为上诉人梦之舵公司提供GIF动图表情的接入服务。上诉人梦之舵公司一方面可为其运营的小恩爱App吸引更多的流量或用户，另一方面可分享GIF动图表情广告业务带来的相关收益。其三，似颜绘公司主办的网站显示，似颜绘公司系专业提供表情的内容提供商，且与使用其表情云服务的商家具有合作分成关系。该网站的营销案例展示页面中，上诉人梦之舵公司运营的小恩爱App的图标在主要合作伙伴一栏中。其四，涉案美术作品具有较高的知名度，上诉人梦之舵公司运营的小恩爱App中蜜语场景下共计87个小猪GIF动图表情，使用了涉案四只小猪的美术作品，上诉人梦之舵公司显然未尽到合理注意义务。综上，上诉人梦之舵公司与似颜绘公司未经许可向用户提供涉案美术作品，使公众可以在其个人选定的时间和地点获得该美术作品的行为，侵犯了艾斯利公司、娱乐壹公司享有的信息网络传播权，依法应当承担相应的停止侵权和赔偿损失的法律责任。一审法院综合考虑涉案作品的类型、知名度、侵权行为性质、维权费用等因素酌情确定的判赔金额并无不当，二审法院予以维持。

综上，上诉人的上诉请求不能成立，应予驳回。一审判决认定事实清楚，适用法律正确，应予维持。依照《民事诉讼法》第一百七十条第一款第（一）项的规定，判决驳回上诉，维持原判。

案例解析

该案属于典型的侵害作品信息网络传播权纠纷。共同侵权行为是否存在系该案的争议焦点，主要涉及信息网络传播权侵权行为的识别和共同侵权的认定标准问题。以下将结合该案对该问题作简要分析。

一、信息网络传播权侵权的识别问题

该案中，艾斯利公司、娱乐壹公司依法享有涉案美术作品的信息网络传播权。要判定梦之舵公司与似颜绘公司的行为是否侵害了前者享有的该项权

利，必须先明确“信息网络传播行为”和“信息网络传播权”的内涵。

信息网络传播权是著作权人在网络环境下所享有的一项重要著作财产权。根据我国《著作权法》第十条第一款第（十二）项规定，信息网络传播权即以有线或者无线方式向公众提供，使公众可以在其个人选定的时间和地点获得作品的权利。从该定义可知，“信息网络传播行为”是指受“信息网络传播权”调控的行为，即“以有线或者无线方式向公众提供，使公众可以在其个人选定的时间和地点获得作品”的行为。该案梦之舵公司和似颜绘公司通过互联网将涉案的四只小猪 GIF 动图表情上传至向公众开放的服务器上，使互联网用户在其个人选定的时间和地点登录该服务器，从而在线欣赏或下载复制该作品，此行为即属于“信息网络传播行为”。

在司法实践中，判断特定行为是否属于信息网络传播行为主要存在两种判断标准，即“服务器标准”和“用户感知标准”。所谓“服务器标准”是指只有将作品上传到向公众开放的服务器上的行为才是网络传播行为。所谓用户感知标准是指以用户为判断主体，只要网络服务商提供的网络技术行为比如深度链接行为，使用户感觉到是该网络服务商提供的作品上传行为，就可以认定提供该深度链接的网络服务商从事了信息网络传播行为。“服务器标准”和“用户感知标准”分别确立了网络深度链接构成信息网络传播权间接侵权与直接侵权两种不同的认定标准。[1] 此外，实践中还存在“实质呈现标准”[2]“实质替代标准”[3]“新用户感知标准”[4] 等不同判断标准。可见，在司法实务中，我国法院裁判并未统一适用某一判断标准，理论界亦对侵害信息网络传播权的判断标准多有争论。对于侵害信息网络传播权的判断标准，既要历史地和动态地看待，更要依照法律要求进行确定。[5] 目前，我国司法界的主流观点为“服务器标准”。例如《最高人民法院关于审理侵害信息网络传播

---

[1] 洪莉鸥，蒋一可．论信息网络传播权服务器标准的正当性［J］．现代出版，2019（4）：56－59.

[2] 崔国斌．得形忘意的服务器标准［J］．知识产权，2016（8）：3－19.

[3] 参见北京市海淀区人民法院（2015）海民（知）初字第40920号民事判决书。

[4] 刘银良．信息网络传播权的侵权判定：从“用户感知标准”到“提供标准”［J］．法学，2017（10）：100－114.

[5] 王艳芳．论侵害信息网络传播权行为的认定标准［J］．中外法学，2017（2）：456－479.

权民事纠纷案件适用法律若干问题的规定》（2020 年修正）（该案例中简称《规定》）第三条第二款被认为体现了服务器标准原则，而《北京市高级人民法院关于审理涉及网络环境下著作权纠纷案件若干问题的指导意见（一）（试行）》第二条第一款、第四条第一款则明确采取服务器标准。❶

根据《规定》第三条第二款，通过上传到网络服务器、设置共享文件或者利用文件分享软件等方式，将作品、表演、录音录像制品置于信息网络中，使公众能够在个人选定的时间和地点以下载、浏览或者其他方式获得的，人民法院应当认定其实施了前款规定的提供行为。有学者认为，一个完整的信息网络传播侵权行为判定应当考虑三个要件，分别是“特定行为方式”“作品具备侵权属性”和“未经权利人许可”。❷ 该案中，小恩爱 App 系上诉人梦之舵公司运营，该 App 中蜜语场景下提供的 GIF 动图表情，未经许可使用了涉案四只小猪的美术作品。前述 GIF 动图表情来自似颜绘公司的服务器。梦之舵公司和似颜绘公司未经许可，通过梦之舵公司运营的小恩爱 App 向公众提供涉案美术作品，使公众可以在其个人选定的时间和地点获得该美术作品的行为，侵犯了艾斯利公司、娱乐壹公司享有的信息网络传播权，属于侵害信息网络传播权的行为。

二、共同侵害信息网络传播权的认定标准问题

根据《规定》第四条，有证据证明网络服务提供者与他人以分工合作等方式共同提供作品、表演、录音录像制品，构成共同侵权行为的，人民法院应当判令其承担连带责任。《北京市高级人民法院关于涉及网络知识产权案件的审理指南》指出，各行为人具有共同提供涉案作品的主观意思联络且基于

❶ 该意见第二条第一款规定：“信息网络传播行为是指将作品、表演、录音录像制品上传至或以其他方式将其置于向公众开放的网络服务器中，使公众可以在选定的时间和地点获得作品、表演、录音录像制品的行为。”第四条第一款规定：“网络服务提供者的行为是否构成信息网络传播行为，通常应以传播的作品、表演、录音录像制品是否由网络服务提供者上传或以其他方式置于向公众开放的网络服务器上为标准。”

❷ 初萌．智能时代信息网络传播权的边界及其治理［J］．知识产权，2022（2）：108－126.

该主观意思联络实施了相应行为的，是对信息网络传播权的直接侵权。[1] 在互联网时代，网络服务提供者之间的合作行为五花八门，分工共同侵权的条款的出现正是适应了合作模式多样化的情形。

对于信息网络传播行为分工合作的认定，需综合考量当事人的主观、客观方面，即客观上，各行为人的各自行为是否对侵权内容的传播起到了不可或缺的作用；主观上，各行为人是否对共同传播侵权内容达成了合意。[2] 这一认定标准在司法实践中得到广泛应用。例如，在2020年度深圳法院知识产权十大典型案例之一的阿里巴巴文化传媒有限公司诉腾讯音乐娱乐（深圳）有限公司等侵害作品信息网络传播权纠纷案中，法院认为，腾讯叮当智能视听屏的制造方为腾讯科技公司，从公证取证显示的域名 qq. com 来看，腾讯叮当软件服务的提供者为腾讯计算机公司，腾讯科技公司、腾讯计算机公司基于共同合作的目的，在共同意思联络的基础上，通过不同分工，共同直接侵犯了阿里巴巴文化传媒有限公司对涉案录音制品享有的信息网络传播权，应当共同承担相应的侵权责任。[3] 而在运城市阳光文化传媒有限公司（以下简称“阳光文化公司”）与深圳市腾讯计算机系统有限公司、广州优视网络科技有限公司侵害作品信息网络传播权纠纷上诉案中，二审法院认为虽然阳光文化公司不是视频上传者，但是阳光文化公司与游戏用户签订游戏类视频节目合作协议，双方约定，由一方负责制作视频，一方负责商业运营，双方共享收益。显然，阳光文化公司与上传视频的游戏用户属于以分工合作的方式共同提供涉案视频。[4] 同样，在未来电视有限公司、北京爱奇艺科技有限公司等侵害作品信息网络传播权纠纷案中，法院认为涉案设备需连接辽宁有线的机顶盒才能正常使用，开机画面显示“北方广电辽宁有线”字样，且设备信息显

---

[1] 《北京市高级人民法院关于涉及网络知识产权案件的审理指南》第八条规定：“未经许可以分工合作方式共同提供作品、表演、录音录像制品的行为，属于直接侵害信息网络传播权的行为。各被告之间或者被告与他人之间具有共同提供涉案作品、表演、录音录像制品的主观意思联络，且为实现前述主观意思联络客观上实施了相应行为的，可以认定构成前款所规定情形。”

[2] 高翡. 定向链接服务提供者侵权的认定［J］. 人民司法，2019（29）：84－86.

[3] 广东省深圳市前海合作区人民法院（2020）粤0391民初6371－6400、6402号民事判决书。

[4] 参见广州知识产权法院（2020）粤73民终574－589号民事判决书。

示运营商为“北方联合广播电视网络股份有限公司”，即被告辽宁广电公司。即便如辽宁广电公司所述，涉案节目内容由爱奇艺公司提供，但这是其与爱奇艺公司对运营“北方广电辽宁有线”平台进行的分工合作。辽宁广电公司既没有提供证据证明其仅提供自动接入或者自动传输服务，也未提供双方的合作协议，故在无相反证据的前提下，法院认定两被告系分工合作的侵权行为。[1] 成都颂佳科技有限公司（以下简称“颂佳公司”）与北京晨钟科技有限公司侵害作品信息网络传播权纠纷案与上述案件如出一辙，二审法院认定颂佳公司与北京德锐科信技术有限公司、咪咕音乐有限公司在内容合作、利益分享等方面紧密相连，各方具有共同提供涉案歌曲的主观意思联络，构成分工合作提供涉案作品。[2]

回归该案，该案同样属于合作条件下共同侵害信息网络传播权的案件。梦之舵公司与似颜绘公司确认双方之间存在事实上的合作关系，至少从 2019 年年初开始合作，合作内容为似颜绘公司为上诉人梦之舵公司提供 GIF 动图表情的接入服务。其中，梦之舵公司一方面可为其运营的小恩爱 App 吸引更多的流量或用户，另一方面可分享 GIF 动图表情广告业务带来的相关收益。而似颜绘公司主办的网站显示，似颜绘公司系专业提供表情的内容提供商，且与使用其表情云服务的商家具有合作分成关系。该网站的营销案例展示页面中，梦之舵公司运营的小恩爱 App 的图标在主要合作伙伴一栏中。由此可以认定，梦之舵公司与似颜绘公司在内容合作、利益分享等方面紧密相连，具有共同提供涉案美术作品的主观意思联络，构成分工合作提供涉案美术作品。

此外，如果网络服务提供者系根据内容提供者的指令，仅通过网络自动提供作品的存储、链接或搜索等服务，网络服务提供者对侵权信息如果存在选择、编辑、修改、分类列表及推荐等行为，则应对存储、链接、搜索内容的合法性承担相对较高的注意义务。该案中，涉案美术作品具有较高的知名

---

[1] 参见天津市滨海新区人民法院（天津自由贸易试验区人民法院）（2021）津0319民初6072号民事判决书。

[2] 参见北京知识产权法院（2022）京73民终346号民事判决书。

度，梦之舵公司运营的小恩爱 App 中蜜语场景下共计有 87 个小猪 GIF 动图表情，未经许可使用了涉案四只小猪的美术作品，对此，梦之舵公司显然未尽到合理注意义务。梦之舵公司与似颜绘公司作为涉案美术作品的共同提供者，构成共同侵权，应承担相应的停止侵权和赔偿损失的法律责任。

16　未经许可发行外国立体美术作品的刑事责任

——王某某与希赛恩博有限责任公司（CCA and B LLC）著作权纠纷案

裁判要旨

外国人、无国籍人的作品根据其作者所属国或者经常居住地国同中国签订的协议或者共同参加的国际条约享有的著作权，受我国法律保护。对于侵犯知识产权犯罪的，人民法院应当综合考虑犯罪的违法所得、非法经营数额、给权利人造成的损失、社会危害性等情节，依法判处罚金。

入选理由

该案克服了对立体美术作品进行司法保护的实务难题，成功以侵犯著作权罪保护权利人的玩偶作品，作为开创性案例，意义重大，影响深远。该案系广东省深圳市龙岗区人民法院受理的首宗涉玩偶作品著作权犯罪案件。2020 年 4 月 22 日，广东省深圳市龙岗区人民法院举行了一场知识产权刑事案件院庭长示范庭审直播活动，让法院副院长和检察院副检察长同时出庭，亦警告经营网店有风险，情节严重可能会被追究刑事责任。

案例索引

一审案号：广东省深圳市龙岗区人民法院（2020）粤0307刑初881号
二审案号：广东省深圳市中级人民法院（2020）粤03刑终2385号

基本案情

一审公诉机关：广东省深圳市龙岗区人民检察院
被害单位：希赛恩博有限责任公司（CCA and B LLC）
上诉人（一审被告人）：王某某

一审判决

一审法院认为，被告人王某某无视国家法律，以营利为目的，未经著作权人许可复制发行其美术作品，已销售金额为557285.18元，未销售部分货值金额266848.4元，情节特别严重，其行为已构成侵犯著作权罪。《最高人民法院、最高人民检察院关于办理侵犯知识产权刑事案件具体应用法律若干问题的解释（二）》第二条第一款规定："刑法第二百一十七条侵犯著作权罪中的'复制发行'，包括复制、发行或者既复制又发行的行为。"第三款规定："非法出版、复制、发行他人作品，侵犯著作权构成犯罪的，按照侵犯著作权罪定罪处罚。"《最高人民法院、最高人民检察院、公安部关于办理侵犯知识产权刑事案件适用法律若干问题的意见》第十二条规定："'发行'包括总发行、批发、零售、通过信息网络传播以及出租、展销等活动。非法出版、复制、发行他人作品，侵犯著作权构成犯罪的，按照侵犯著作权罪定罪处罚，不认定为非法经营罪等其他犯罪。"《著作权法》第十条第（六）项规定："发行权，即以出售或者赠与方式向公众提供作品的原件或者复制件的权利。"依据上述法律及司法解释的规定，"销售"即为"发行"行为的一种，该案被告人王某某销售涉案侵权产品的行为构成侵犯著作权罪，被告人王某某及其辩护人关于该案应认定为销售侵权复制品罪的辩解及辩护意见与法律规定不符，法院不予采纳。关于阿里巴巴店铺销售数额中含有刷单部分的辩解，因王某某无法对刷单的部分予以区分，亦无法提供刷单线索供公安机关进一步核实，故一审法院对该点辩解不予采纳。现场查获的侵权圣诞精灵玩偶能够查清其实际销售价格，故按实际销售价格的平均价格计算。对于侵权驯鹿玩偶产品，因未上架销售，按被侵权产品的市场中间价计算，王某某关于现场查获的上述侵权产品计算不合理的辩解于法无据，一审法院亦不予采纳。关于该案是否构成单位犯罪的问题，一审法院认为，被告人王某某以其公司的名义以及利用他人公司的名义在网络平台上开设店铺销售涉案侵权产品，实际经营者及控制人均为被告人王某某，并未体现单位意志，不应认定为单位犯罪，辩护人关于该案为单位犯罪的辩护意见与事实及法律规定不符，不予采纳。现场查获的侵权产品因尚未销售，属于犯罪未遂；被告人王某某归案后在公安机关能够供述主要犯罪事实，可酌情对其从轻处罚。一审根据被告人犯罪的事实、性质、情节和对社会的危害程度，结合其认罪态度，依照《中华人民共和国刑法》（以下简称《刑法》）第二百一十七条、第六十七条第一款、第五十二条、第五十三条、第六十四条，《最高人民法院、最高人民检察院关于办理侵犯知识产权刑事案件具体应用法律若干问题的解释》第五条第二款第（一）项及《最高人民法院、最高人民检察院关于办理侵犯知识产权刑事案件具体应用法律若干问题的解释（二）》第四条之规定，判决：（1）被告人王某某犯侵犯著作权罪，判处有期徒刑三年八个月，并处罚金人民币 41 万元（刑期从判决执行之日起计算。判决执行以前先行羁押的，羁押一日折抵刑期一日，即自 2019 年 8 月 1 日起至 2023 年 3 月 31 日止。罚金应于判决生效之日起三个月内缴纳）；（2）随案移送的侵权玩偶产品一批，予以没收并销毁处理。

二审判决

广东省深圳市中级人民法院认为，《著作权法》第二条第二款规定：“外国人、无国籍人的作品根据其作者所属国或者经常居住地国同中国签订的协议或者共同参加的国际条约享有的著作权，受本法保护。”《保护文学和艺术作品伯尔尼公约》第二条规定：“本条所提到的作品在本同盟所有成员国内享受保护。”第五条规定：“就享有本公约保护的作品而论，作者在作品起源国以外的本同盟成员国中享有各该国法律现在给予和今后可能给予其国民的权利，以及本公约特别授予的权利。享有和行使这些权利，不需要履行任何手续，也不论作品起源国是否存在保护。”中国、美国均系《保护文学和艺术作品伯尔尼公约》成员国，因此，尽管《*The Elf on the Shelf – Original Boy Doll*》《*The Elf on the Shelf – New Girl*（*Light*）*Doll*》《*The Elf on the Shelf – New Girl*（*Dark*）*Doll*》《*Elf Pets*：*A Reindeer Tradition – Plush Doll*》作者及著作权人系美国希赛恩博有限责任公司，上述作品分别于2005年、2013年、2014年创作完成并在美国首次发表，希赛恩博有限责任公司对上述美术作品享有的著作权在我国依法应受我国法律保护，任何人未经许可，不得复制、发行或实施其他针对希赛恩博有限责任公司上述美术作品的侵权及犯罪行为。根据我国《著作权法》《著作权法实施条例》的规定，美术作品，是指绘画、书法、雕塑等以线条、色彩或者其他方式构成的有审美意义的平面或者立体的造型艺术作品。发行，是指以出售或者赠与方式向公众提供作品的原件或者复制件。上诉人王某某所销售的圣诞玩偶与希赛恩博有限责任公司请求保护的美术作品无实质差异，系未经希赛恩博有限责任公司许可而复制，上诉人王某某的行为属于侵犯希赛恩博有限责任公司涉案美术作品发行权的行为。2009年修正的《刑法》第二百一十七条第（一）项规定，以营利为目的，未经著作权人许可，复制发行其文字作品、音乐、电影、电视、录像作品、计算机软件及其他作品，违法所得数额巨大或者有其他特别严重情节的，处三年以上七年以下有期徒刑，并处罚金。《最高人民法院、最高人民检察院关于办理侵犯知识产权刑事案件具体应用法律若干问题的解释》第五条第二款第（一）项规定，非法经营数额在二十五万元以上的，属于“有其他特别严重情节”。《最高人民法院、最高人民检察院关于办理侵犯知识产权刑事案件具体应用法律若干问题的解释（二）》第四条规定，对于侵犯知识产权犯罪的，人民法院应当综合考虑犯罪的违法所得、非法经营数额、给权利人造成的损失、社会危害性等情节，依法判处罚金。罚金数额一般在违法所得的一倍以上五倍以下，或者按照非法经营数额的50%以上一倍以下确定。上诉人王某某无视国家法律，以营利为目的，未经希赛恩博有限责任公司许可发行其美术作品，已销售金额为557285.2元，未销售部分货值金额213922.2元，情节特别严重，其行为已构成侵犯著作权罪，应依法惩处。

关于上诉人王某某提出其不知道所销售商品系侵犯著作权商品，法院认为，首先，上诉人王某某系专业的玩具经营者，其对所销售玩具商品来源是否正当，是否系侵犯他人知识产权的侵权商品负有较高注意义务。其次，上诉人王某某供述其经营模式是通过阿里巴巴平台国内采购，通过亚马逊平台国外销售，低买高卖，其应知道所销售玩具商品与正版商品存在较大价差。最后，被害单位希赛恩博有限责任公司证实2018年6月5日至2018年12月20日，其针对“plush kids”“Dedadoll”“Verodoll”店铺销售涉案侵权商品行为7次向亚马逊公司投诉，在侵权产品被下架处理后，“plush kids”多次变更店铺名称进行重复侵权。证人韦某某证实，“plush kids”店铺因销售侵权圣诞精灵玩偶而被权利人投诉，产品被下架；上诉人王某某亦承认该事实。证人韦某某还证明亚马逊“plush kids”店铺变更店名，王某某知道“plush kids”店铺被投诉依然持续经营侵权商品。由此可见，上诉人王某某知道所销售商品涉嫌侵权，其开设多家网店，多次变更店名，目的是方便侵权商品营销，规避查处。上诉人王某某所谓其不知道所销售商品系侵犯著作权商品与事实不符。

关于上诉人王某某所提亚马逊店铺“plush kids”是否为上诉人公司所开设没有直接证据证明，销售金额没有达到人民币213885元，法院认为，王某某接受深圳市市场监督管理局龙岗监管局的询问调查时称，龙岗监管局在深圳市云启贸易有限公司查获的侵权圣诞精灵玩偶及驯鹿玩偶是其以名下的深圳市谟珂恩科技有限公司向阿里巴巴平台上的商家采购，然后通过深圳市云启贸易有限公司在亚马逊平台的“plush kids”店铺进行销售。其是深圳市谟珂恩科技有限公司、深圳市安客贸易有限公司和深圳市云启贸易有限公司的实际控制人，三家公司都是其管理的。证人韦某某、杨某某均证实，通过“plush kids”销售侵权玩偶，而“plush kids”店铺的管理者是王某某。美国亚马逊公司提供“plush kids”店铺账户的财务信息证实上诉人通过“plush kids”店铺销售侵权商品 30700.18 美元（按照案发日汇率折合人民币 213885 元）。王某某所提辩解与事实不符，法院不予采信。

王某某辩护人提出一审法院对于侵权圣诞精灵玩偶实际销售单价和扣押在案的 8340 个侵权圣诞精灵玩偶价值计算不准，以及 215 个侵权驯鹿玩偶价值重复计算的理由成立，法院予以采信。

上诉人王某某的辩护人还提出，希赛恩博有限责任公司涉案美术作品在中国版权保护中心进行著作权登记之前的销售金额部分应从非法经营数额中予以扣除。法院认为，作品自完成之日即受法律保护，是否进行著作权登记不影响上诉人王某某侵犯他人著作权构成犯罪行为性质的认定，辩护人的该辩护意见没有法律依据，法院不予采信。

另外，一审法院引用《刑法》第六十七条第一款有误，应为第六十七条第三款，二审法院予以纠正。

综合以上，希赛恩博有限责任公司涉案美术作品具有一定的知名度以及市场影响力，涉案美术作品虽最早产生于美国，但亦应受到我国法律的平等保护。上诉人王某某明知所销售圣诞精灵玩偶及驯鹿玩偶侵犯他人作品著作权，为营利，注册利用多家公司，并采用国内采购，利用亚马逊平台国外销售的方式非法获利，被著作权人投诉后，依然持续销售侵权商品，且非法经营数额达 771207.4 元，情节特别严重。一审法院根据上诉人王某某犯罪的事实、性质、情节和对社会的危害程度，结合其认罪态度，判处王某某有期徒刑三年八个月，并处罚金人民币 41 万元并无不妥。上诉人王某某犯罪主观故意明显，情节特别严重，不符合缓刑适用条件，王某某上诉理由以及王某某辩护人关于应对王某某适用缓刑的意见均不成立，法院不予采信。一审认定王某某未销售部分货值金额计算虽然有误，但对王某某定罪准确，量刑适当，二审法院应予维持。依照《刑法》第二百一十七条、第六十七条第三款、第五十二条、第五十三条、第六十四条，《最高人民法院、最高人民检察院关于办理侵犯知识产权刑事案件具体应用法律若干问题的解释》第五条第二款第（一）项及《最高人民法院、最高人民检察院关于办理侵犯知识产权刑事案件具体应用法律若干问题的解释（二）》第四条，《刑事诉讼法》第二百三十六条第一款第（一）项的规定，裁定驳回上诉，维持原判。

案例解析

该案是一起涉及外国立体美术作品著作权的刑事案件。该案的争议焦点为：被告是否应为其未经许可发行希赛恩博有限责任公司享有著作权的立体美术作品承担刑事责任。现结合该案，对外国著作权人的保护以及侵害著作权的刑事责任这两个问题再作简要的分析。

一、外国著作权人的保护问题

著作权具有地域性。“地域性意味着作者根据某一国家的著作权立法获得的著作权，在他国并不能得到当然的承认和保护。”[1] 换言之，一国对外国（无国籍）著作权人的保护并非一般情形，而是例外。根据我国《著作权法》（2020 年修正）第二条第二款、第三款、第四款的规定，外国人、无国籍人的作品根据其作者所属国或者经常居住地国同中国签订的协议或者共同参加的国际条约享有的著作权，受该法保护。外国人、无国籍人的作品首先在中国境内出版的，依照该法享有著作权。未与中国签订协议或者共同参加国际条约的国家的作者以及无国籍人的作品首次在中国参加的国际条约的成员国出版的，或者在成员国和非成员国同时出版的，受该法保护。

针对上述规定，以下几点值得强调：第一，对于《著作权法》（2020 年修正）第二条第三款、第四款中“出版”的含义，其并不等同于“发表”，亦即并不泛指任何公开传播作品的行为或方式。鉴于《著作权法》（2020 年修正）第二条的规定源于《保护文学和艺术作品伯尔尼公约》，因此可援引该公约对于“出版”的界定以明确该条中“出版”的含义。依该公约第三条第三款，出版实质上特指发行这一种作品传播方式，即以转移作品原件或者复

[1] 王迁．著作权法［M］．北京：中国人民大学出版社，2015：256.

制件所有权的方式传播作品的行为。对作品的表演、展览、放映、广播和网络传播都不属于该条所言的出版。第二，对于《著作权法》（2020 年修正）第二条第三款中“首先在中国境内出版”的理解，依《著作权法实施条例》第八条规定，外国人、无国籍人的作品在中国境外首先出版后，30 天内在中国境内出版的，视为该作品同时在中国境内的出版。第三，对于《著作权法》（2020 年修正）第二条第三款规定的首先在中国境内出版的外国人、无国籍人的作品保护起始时间，依《著作权法实施条例》第七条，其著作权自首次出版之日起受保护。第四，对于《著作权法》（2020 年修正）第二条第四款中“同时出版”的含义，其并非指同一天出版。依《保护文学和艺术作品伯尔尼公约》第三条第四款，同时出版指的是作品在首先出版后 30 天内，又在其他国家出版。第五，《著作权法》（2020 年修正）第二条第二款、第四款的“受本法保护”与第三款的“依照本法享有著作权”具有不同的规范意义。如果使用《保护文学和艺术作品伯尔尼公约》中的“起源国”概念来指称，该第二款、第四款针对的是“非以中国为起源国的作品”，而该第三款针对的是“以中国为起源国的作品”（尽管其作者为外国人、无国籍人）。因此，对于该第三款所调整的“以中国为起源国的作品”，保护的依据是我国《著作权法》。对于以中国为起源国的作品，我国有权自主决定是否给予保护以及给予多大程度的保护。所以该第三款采用的措辞是“依照本法享有著作权”。而对于该第二款、第四款所调整的“非以中国为起源国的作品”，保护的依据则是有关国际条约。相关国际条约的作用就是为成员国保护起源国为其他成员国的作品提供最低标准。当然，请求保护国的国内著作权法提供的保护水平与有关国际条约相同的情况下，保护依据是国内著作权法还是有关国际条约并无差别。因此，有关国际条约作为保护依据，不仅要求请求保护的是非以本国为起源国的作品，还要求请求保护国的国内著作权法提供的保护水平不及有关国际条约设定的标准。

对于外国、无国籍邻接权人的保护，《著作权法实施条例》第三十三条、第三十四条、第三十五条作了规定。外国人、无国籍人的表演仅在两种情况下受我国《著作权法》保护：一个是外国人、无国籍人的表演发生在中国境内，另一个是根据我国参加的国际条约的规定。外国人、无国籍人制作、发行的录音制品也仅在两种情况下受我国《著作权法》保护：一个是外国人、无国籍人制作、发行录音制品发生在我国境内，另一个是根据我国参加的国际条约的规定。外国的广播电台、电视台播放的广播、电视节目仅在根据我国参加的国际条约的规定这一情况下受我国《著作权法》保护。

二、侵害著作权的刑事责任问题

侵害著作权的，不仅要承担民事责任，而且在构成犯罪的情况下要承担刑事责任。与著作权相关的罪名有两个，分别是《刑法》（2009 年修正）第二百一十七条的侵犯著作权罪与第二百一十八条的销售侵权复制品罪。《刑法》（2009 年修正）第二百一十七条规定："以营利为目的，有下列侵犯著作权情形之一，违法所得数额较大或者有其他严重情节的，处三年以下有期徒刑或者拘役，并处或者单处罚金；违法所得数额巨大或者有其他特别严重情节的，处三年以上七年以下有期徒刑，并处罚金：（一）未经著作权人许可，复制发行其文字作品、音乐、电影、电视、录像作品、计算机软件及其他作品的；（二）出版他人享有专有出版权的图书的；（三）未经录音录像制作者许可，复制发行其制作的录音录像的；（四）制作、出售假冒他人署名的美术作品的。"《刑法》（2009 年修正）第二百一十八条规定："以营利为目的，销售明知是本法第二百一十七条规定的侵权复制品，违法所得数额巨大的，处三年以下有期徒刑或者拘役，并处或者单处罚金。"《最高人民法院、最高人民检察院关于办理侵犯知识产权刑事案件具体应用法律若干问题的解释》（2004 年）第十四条规定："实施《刑法》第二百一十七条规定的侵犯著作权犯罪，又销售该侵权复制品，构成犯罪的，应当依照《刑法》第二百一十七条的规定，以侵犯著作权罪定罪处罚。实施《刑法》第二百一十七条规定的侵犯著作权犯罪，又销售明知是他人的侵权复制品，构成犯罪的，应当实行数罪并罚。"

该案被告人王某某采取低买高卖的方式，通过其名下的公司在阿里巴巴多家网络商家处购进明知为侵犯希赛恩博有限责任公司享有美术作品著作权的圣诞精灵玩偶和驯鹿玩偶产品，在其经营的阿里巴巴和亚马逊平台上的店铺销售牟利。被告的这一行为显系《著作权法》意义上的发行行为。然则被告实施的这一发行行为应适用《刑法》第二百一十七条的侵犯著作权罪，还是应适用第二百一十八条的销售侵权复制品罪？问题的关键在于对《刑法》第二百一十七条第（一）项中“复制发行”的理解。根据《最高人民法院、最高人民检察院关于办理侵犯知识产权刑事案件具体应用法律若干问题的解释（二）》第二条第一款的规定，《刑法》第二百一十七条侵犯著作权罪中的“复制发行”，包括复制、发行或者既复制又发行的行为。换言之，依前述司法解释，以营利为目的，未经著作权人许可，仅实施发行其作品的行为亦可构成侵犯著作权罪。然而，若对《刑法》第二百一十七条第（一）项中的“复制发行”作上述解读，则将使《刑法》第二百一十八条的销售侵权复制品罪成为赘余，[1] 因为该条所调整的全部行为皆落入第二百一十七条的调整范围。为使销售侵权复制品罪保留其特有的调整对象，对《刑法》第二百一十七条第（一）项中的“复制发行”应解读为仅包括复制与既复制又发行两类行为。

《刑法》第二百一十七条第（一）项存在扩张适用的空间。可能的扩张方向有两个：一个是构成侵犯著作权罪的行为，另一个是著作权遭侵害的作品类型。第一个扩张方向已在司法解释中得到体现。司法解释近年来不断扩张“复制发行”的内涵：《最高人民法院、最高人民检察院关于办理侵犯知识产权刑事案件具体应用法律若干问题的解释》第十一条第三款规定，通过信息网络向公众传播他人文字作品、音乐、电影、电视、录像作品、计算机软件及其他作品的行为，应当视为《刑法》第二百一十七条规定的“复制发行”。简言之，《著作权法》上的信息网络传播行为也被当作本条的复制发行行为。《最高人民法院、最高人民检察院关于办理侵犯知识产权刑事案件具体应用法律若干问题的解释（二）》第二条第二款规定，侵权产品的持有人通过广告、征订等方式推销侵权产品的，属于《刑法》第二百一十七条规定的

[1] 王迁．著作权法［M］．北京：中国人民大学出版社，2015：181.

"发行"。换言之，许诺销售行为亦属"发行"。《最高人民法院、最高人民检察院、公安部关于办理侵犯知识产权刑事案件适用法律若干问题的意见》第十二条规定，"发行"，包括总发行、批发、零售、通过信息网络传播以及出租、展销等活动。依此，出租行为亦被当作"发行"。然而，在《著作权法》中，发行仅指以转移作品原件或者复制件所有权的方式传播作品的行为。如果《刑法》第二百一十七条第（一）项中的"复制发行"应与《著作权法》界定一致，则司法解释对于"复制发行"的上述扩张，违反了罪刑法定原则。鉴于2020年修正的《著作权法》放弃了作品类型法定主义，而改采用作品类型开放主义，《刑法》第二百一十七条第（一）项的第二个扩张方向将变得更具有现实可能性，因为第二百一十七条第（一）项中的"其他作品"将更具开放性。该案涉及的是立体美术作品，尽管没有被《刑法》第二百一十七条第（一）项明确列举，但尚在典型作品类型之列。如果待决案件涉及的是在《著作权法》上都还处在争议之中的新型表达，将之归入《刑法》第二百一十七条第（一）项中的"其他作品"，则势必影响该条的可预期性。《刑法》对于著作权的保护，仍应保持谦抑性。

17　合法授权、合法来源抗辩在著作权侵权纠纷案件中的适用

——娱乐壹英国有限公司、艾斯利贝克戴维斯有限公司与广州漫游引力文化科技有限公司等著作权侵权纠纷案

裁判要旨

现有证据足可证明涉案作品的著作权人对阿里巴巴授权宝（天津）文化传播有限公司与迪高公司即将签订涉案《快闪店合作协议》，乃至合同的具体内容，是知晓并许可的。迪高公司支付了合理对价，应认定其履行了必要的、审慎合理的签约注意义务，获得了开展涉案活动的合法授权。在既无证据也无法合理推定迪高公司知道或应该知道阿里巴巴授权宝（天津）文化传播有限公司对外授权利用小猪佩奇美术作品必须取得著作权人的书面同意或批准的情况下，著作权人拟以阿里巴巴影业（北京）有限公司未经其书面同意即授予阿里巴巴授权宝（天津）文化传播有限公司涉案合同的签约权，违反了双方合同约定为由，据以提出后者无权与迪高公司签订涉案合同，迪高公司未获得开展涉案活动的合法授权，迪高公司等后继实施的涉案行为没有权利基础的主张不能成立。

入选理由

该案是一个典型的著作权侵权纠纷案件。上诉人（一审原告）主张四被上诉人（一审被告）对涉案美术作品进行了复制并销售被控侵权产品，侵犯其著作权。而被上诉人则提出合法授权抗辩和合法来源抗辩。在该案中，一审法院主要对被上诉人提出的合法来源是否成立问题作出判断，二审法院则主要针对合法授权抗辩是否成立问题展开论述。该案对于正确理解合法授权抗辩和合法来源抗辩的审判规则具有一定的参考意义。

案例索引

一审案号：广东省广州市海珠区人民法院（2019）粤0105民初8173号

二审案号：广东省广州知识产权法院（2021）粤73民终2258号

基本案情

上诉人（一审原告）：娱乐壹英国有限公司（Entertainment One UK Limited，以下简称“娱乐壹公司”）

上诉人（一审原告）：艾斯利贝克戴维斯有限公司（Astley Baker Davies Limited，以下简称“艾斯利公司”）

被上诉人（一审被告）：广州漫游引力文化科技有限公司（以下简称“漫游公司”）

被上诉人（一审被告）：广州琶醍投资管理有限公司（以下简称“琶醍投资公司”）

被上诉人（一审被告）：上海迪高文化创意有限公司（以下简称“迪高公司”）

被上诉人（一审被告）：广州水一策划展览服务有限公司（以下简称“水一公司”）

一审诉请

娱乐壹公司、艾斯利公司向一审起诉请求：（1）漫游公司等停止侵犯“小猪佩奇”作品著作权的行为，即停止侵犯“小猪佩奇”美术作品、“小猪佩奇”动漫形象在线下复制的行为以及信息网络传播，以及销售被控侵权产品的行为，并销毁侵权物品；（2）漫游公司等赔偿其经济损失 2498700 元；（3）漫游公司等向其支付维权合理费用 24742 元；（4）漫游公司等承担该案诉讼费用。

一审判决

一审法院认为：结合双方诉辩意见，该案争议要点在于迪高公司等举办的活动以及销售被控侵权产品是否具有合法来源。《著作权法》第十条第一款第（六）项规定：“发行权，即以出售或者赠与方式向公众提供作品的原件或者复制件的权利。”第十条第一款第（十二）项规定：“信息网络传播权，即以有线或者无线方式向公众提供，使公众可以在其个人选定的时间和地点获得作品的权利。”在该案中，从现有证据（特别是娱乐壹公司、艾斯利公司提供的公证书）来看，漫游公司、水一公司在与迪高公司达成合作之后，租用琶醍投资公司的场地举办了“小猪佩奇过大年”快闪店活动，在向消费者收取门票的同时也销售“小猪佩奇”系列美术作品的衍生品（如毛绒玩具等商品）；同时，漫游公司也在“吃喝玩乐 IN 广州”微信公众号、大众网等多家网络媒体予以宣传。经当庭对娱乐壹公司、艾斯利公司购买的侵权商品进行比对，发现被控侵权商品与娱乐壹公司、艾斯利公司享有著作权的小猪佩奇系统美术作品在外形、颜色及结构等方面基本一致，总体形象与小猪佩奇系统美术作品基本相同，足以使相关公众产生混淆与误解。对此，迪高公司等抗辩称其商品来源均为合法，其已举证证实有关被控侵权产品均从娱乐壹公司、艾斯利公司授权生产商（如东莞市华旺实业有限公司等）处购买，且在洽谈合作时已与娱乐壹公司、艾斯利公司进行沟通协商，并在举办活动过程中已取得阿里巴巴影业（北京）有限公司的相关授权。对此，娱乐壹公司、艾斯利公司未能举证推翻该事实与抗辩意见。因此，根据《著作权法》（2010年修正）第五十三条[1]“复制品的出版者、制作者不能证明其出版、制作有合法授权的，复制品的发行者或者电影作品或者以类似摄制电影的方法创作的作品、计算机软件、录音录像制品的复制品的出租者不能证明其发行、出租的复制品有合法来源的，应当承担法律责任”，以及《最高人民法院关于审理著作权民事纠纷案件适用法律若干问题的解释》第十九条“出版者、制作者应当对其出版、制作有合法授权承担举证责任，发行者、出租者应当对其发行或者出租的复制品有合法来源承担举证责任……”的规定，基于迪高公司等已举证证明其举办的活动以及销售涉案侵权商品具有合法来源，且举证证实被控侵权商品并非假冒商品或侵犯娱乐壹公司、艾斯利公司著作权的商品，而是实实在在获得娱乐壹公司、艾斯利公司授权的商品，迪高公司等的商品来源不仅合法且是正当商品。因此，迪高公司等抗辩其合法来源依据充分，一审法院对此予以支持。同时，娱乐壹公司、艾斯利公司对此没有举证予以推翻主张，故娱乐壹公司、艾斯利公司要求迪高公司等停止侵权、赔偿损失与合理支出的诉请举证不充分，也缺乏理据，一审法院对该项诉讼请求不予支持。

值得一提的是，首先，就该案事实而言，娱乐壹公司、艾斯利公司在提起本案诉讼前，并没有对被控侵权行为做到较为完善的“尽职调查”，导致娱乐壹公司、艾斯利公司提起该案诉讼之后才发现迪高公司等所举办的活动及销售的侵权商品其实来源于娱乐壹公司、艾斯利公司，真是“大水冲了龙王庙”。这不仅浪费娱乐壹公司、艾斯利公司维权成本和诉讼成本，也导致了诉累。其次，从娱乐壹公司、艾斯利公司同时授权一家律师事务所和一家公司的过程（未区分主次），可知基于信息不对称的情况时，两家被授权方的维权过程难免产生“相互矛盾”的情形。特别在我国知识产权领域正处于“两个转变”的阶段，娱乐壹公司、艾斯利公司在此后的维权过程中理应分清责任，理顺脉络，避免再出现该案诉讼的情形。因此，一审法院在此向娱乐壹公司、

[1] 参见《著作权法》（2020年修正）第五十九条。

艾斯利公司予以提醒。

综上所述，一审法院判决驳回娱乐壹公司、艾斯利公司的全部诉讼请求。

二审判决

二审法院认为，梳理该案案情可知，漫游公司、琶醍投资公司、水一公司参与涉案活动源于与迪高公司直接或间接的合同关系。四被上诉人涉案行为的合法性皆以迪高公司组织、开展涉案活动在先获得合法授权为前提。迪高公司声称其权利基础来源于以阿里巴巴授权宝（天津）文化传播有限公司为代表的涉案作品著作权人的合法授权，具体载体是涉案《快闪店合作协议》等。根据双方诉辩意见，该案的焦点问题是：（1）迪高公司与阿里巴巴授权宝（天津）文化传播有限公司签订涉案《快闪店合作协议》，是否意味着其据此获得开展涉案活动的合法授权；（2）涉案《快闪店合作协议》是否已于2018年12月10日解除，四被上诉人是否因此并自此失去了实施涉案行为的权利基础；（3）迪高公司及后继授权主体（即其他被上诉人）的涉案行为有无超出《快闪店合作协议》授权范围。

关于第一个问题。该案中，迪高公司的代表自2018年9月起与涉案作品的权利人——娱乐壹公司的高管沟通、洽谈合作“小猪佩奇”电影宣传活动等事宜，提及要与阿里巴巴影业（北京）有限公司取得进一步合作。在之后约两个月的洽谈过程中，相关主体相互传送授权文件、证明材料、设计方案等资料。其中授权文件包括娱乐壹公司、阿里巴巴授权宝（天津）文化传播有限公司以及阿里巴巴影业（北京）有限公司所出具的授权证明等；设计方案中有涉及快闪店部分的设计方案，也有“小猪佩奇过大年”主题设计方案、有关衍生品（含毛绒玩具、玩偶手套）的图片展示等。上述签约过程，乃至之后有关衍生品（含毛绒玩具、玩偶手套）的采购等，足可证明涉案作品的著作权人对阿里巴巴授权宝（天津）文化传播有限公司与迪高公司即将签订涉案《快闪店合作协议》，乃至合同的具体内容，是知晓并许可的。迪高公司支付了合理对价，应认定其履行了必要的、审慎合理的签约注意义务，获得了开展涉案活动的合法授权。至于两上诉人二审提交的《阿里巴巴影业（北京）有限公司——关于小猪佩奇电影与相关权利》协议原文及译本，无证据显示相关主体在上述签约过程中曾向迪高公司出示或声明。该案既无证据，也无法合理推定迪高公司知道或应该知道阿里巴巴授权宝（天津）文化传播有限公司对外授权利用小猪佩奇美术作品必须取得著作权人的书面同意或批准。现两上诉人拟以阿里巴巴影业（北京）有限公司未经其书面同意即授予阿里巴巴授权宝（天津）文化传播有限公司涉案合同的签约权，违反了双方合同约定为由，据以证明后者无权与迪高公司签订涉案合同，迪高公司未获得开展涉案活动的合法授权，迪高公司及其他被上诉人后继实施的涉案行为没有权利基础不能成立。

关于第二个问题。首先，涉案《快闪店合作协议》为平等民事主体签订的合同。在未被宣告无效，缔约方自愿解约，或其他法定情形下，该合同对缔约方具有法律约束力。从合同条款看，缔结合同的任何一方不享有单方合同解除权。故阿里巴巴授权宝（天津）文化传播有限公司单方宣布解除合同，并不产生相应的法律效果。其次，涉案合同的生效不以备案登记为条件。故阿里巴巴授权宝（天津）文化传播有限公司向原广州市海珠区市场和质量监督管理局出具涉案证明函，该“知会”行为并不具有确认双方合同关系解除或终止的法律效力。换言之，该证据对该案争议事实没有证明力。再次，涉案合同的签订时间是2018年11月22日，约定的双方合作期间是2018年12月24日至2019年3月27日。从签约到合同开始履行的时间相隔不过一个月，涉及场地布置、广告宣传等诸多事宜。组织开展如此大型活动，根据一般交易常识，阿里巴巴授权宝（天津）文化传播有限公司理应清楚迪高公司在签约后必将立即筹措开展相应安排，租赁场地及资源调配等陆续签约行为在所难免。然而在2018年12月10日即双方签约后半月余，理论上迪高公司尚未及实施任何违约行为足以导致合同必须紧急终止的情况下，阿里巴巴授权宝（天津）文化传播有限公司所代表的涉案作品权利人即欲单方解除合同，全无契约精神，于法于理皆无据。综上，两上诉人上诉称涉案《快闪店合作协议》已于2018年12月10日解除，四被上诉人实施涉案行为没有合同依据不能成立。

关于第三个问题。该案中，涉案《快闪店合作协议》《广告资源采购协议》的合同相对方是阿里巴巴授权宝（天津）文化传播有限公司和迪高公司。故迪高公司组织、开展涉案活动时有无掺杂实施其他合同未约定或未明确授权的行为，有否超出双方合作范围，应由该合同缔结方进行主张并举证。另外，从表面证据看，迪高公司组织、开展涉案活动源于阿里巴巴授权宝（天津）文化传播有限公司的“委托”。故若两上诉人认为涉案活动中的全部或部分行为侵害其涉案作品线下复制权，自应审慎、合理选择适当的被诉主体。

综上，两上诉人以迪高公司组织实施的涉案活动不具合法性授权基础为切入点，指控四被上诉人共同侵害其涉案作品线下复制权证据不足。如两上诉人整理证据、厘清事实后认为确有必要，可另行起诉或另循其他合法途径寻求救济。

综上所述，二审法院判决驳回上诉，维持原判。

案例解析

该案是一个典型的著作权侵权纠纷案件。上诉人（一审原告）主张四被上诉人（一审被告）对涉案美术作品进行了复制并销售被控侵权产品，侵犯其著作权。而被上诉人则提出合法授权抗辩和合法来源抗辩。在该案中，一审法院主要对被上诉人提出的合法来源是否成立问题作出判断，二审法院则主要针对合法授权抗辩是否成立问题展开论述。该案对于正确理解合法授权抗辩和合法来源抗辩的审判规则具有一定的参考意义。现结合该案，对著作权纠纷案件中合法授权抗辩和合法来源抗辩的相关问题作简要分析。

一、合法授权、合法来源抗辩及其举证责任的承担

对于合法授权和合法来源抗辩，我国《著作权法》和相应司法解释作出了具体的规定。《著作权法》第五十九条规定：“复制品的出版者、制作者不能证明其出版、制作有合法授权的，复制品的发行者或者视听作品、计算机软件、录音录像制品的复制品的出租者不能证明其发行、出租的复制品有合

法来源的，应当承担法律责任。在诉讼程序中，被诉侵权人主张其不承担侵权责任的，应当提供证据证明已经取得权利人的许可，或者具有本法规定的不经权利人许可而可以使用的情形。”《最高人民法院关于审理著作权民事纠纷案件适用法律若干问题的解释》第十九条规定：“出版者、制作者应当对其出版、制作有合法授权承担举证责任，发行者、出租者应当对其发行或者出租的复制品有合法来源承担举证责任。举证不能的，依据著作权法的相应规定承担法律责任。”对于上述规定的理解，需要注意以下几个方面的问题。

（一）合法授权抗辩与合法来源抗辩之区分

虽然合法授权抗辩和合法来源抗辩同时被规定于《著作权法》第五十九条第一款，但两者是两种不同的抗辩，区别非常明显。

（1）性质不同。著作权侵权以未经权利人许可为前提，故在合法授权抗辩成立的情况下，被诉侵权人的行为不构成侵权。换言之，合法授权抗辩是一种不侵权抗辩。合理来源抗辩事由是被诉侵权人的行为构成侵权的前提下，享有免除侵权损害赔偿责任的抗辩权。换言之，合法来源抗辩并非不侵权抗辩，而是免除赔偿责任抗辩。

（2）适用的主体和行为不同。合法授权抗辩适用的主体是出版者、制作者，适用的对象是出版、制作行为。而合法来源抗辩适用的主体是发行者、出租者，适用的行为是发行或者出租复制品的行为。

（3）法律后果不同。在存在合法授权的情况下，被授权人的行为并不构成侵权，因此其不会承担任何民事责任。而即便是在合法来源抗辩成立的情况下，被诉侵权人的行为依然构成侵权，需要承担停止侵害等民事责任，只是无需承担损害赔偿责任。

（二）销售者是否为合法来源抗辩的主体

根据《著作权法》第五十九条第一款的规定，合法来源抗辩的主体是发行者、出租者。司法实践中，销售者依据《著作权法》第五十九条提出合法来源抗辩的情形屡见不鲜，各地法院对于销售者是否属于合法来源抗辩主体的意见并不一致。从理论上来说，销售者是否可以作为合法来源抗辩的主体，怎样的销售者才可以作为合法来源抗辩的主体，关键就在于销售行为与发行行为二者之间的关系如何界分。虽然我国《著作权法》的规定针对的是“发行者”，但应当认为侵权产品的销售者就属于“发行者”，可以适用合法来源抗辩。[1] 该案中，一审法院实际上也明确认可销售者可以提出合法来源抗辩。

（三）关于合法授权、合法来源抗辩的举证责任

根据《著作权法》第五十九条第二款的规定，提出合法授权和合法来源抗辩的一方应当对相应的抗辩事实承担举证责任，理论和实务界对此没有争议。但对于该举证分配规则的性质，理论上有不同的观点。有学者认为，上述规定引入了著作权侵权诉讼的举证责任倒置规则。[2] 另有学者则认为，举证责任倒置是指原本由一方承担的举证责任改由另一方承担。例如，《专利法》第六十六条第一款“专利侵权纠纷涉及新产品制造方法的发明专利的，制造同样产品的单位或者个人应当提供其产品制造方法不同于专利方法的证明”之规定才是举证责任倒置。《著作权法》第五十九条第二款则并没有改变“谁主张、谁举证”的基本规则。该条款并没有免除权利人对于被诉侵权人实施侵权行为的举证责任。权利人还是应当首先举证证明被诉侵权人实施了受专有权利规制的行为，然后再由被诉侵权人举证证明其没有实施受原告享有的专有权利规制的行为，或者其已经取得了许可，或者其行为有不构成侵权的其他正当理由。这并不是“举证责任倒置”，而且在民事诉讼中也一直采用相同的规则。[3] 笔者认为，后一种更加符合民事诉讼举证责任分配之法理，值得肯定。

二、合法授权抗辩的具体适用——授权合同的解释

司法实践中，被诉侵权人提出合法来源抗辩的情形较多，而提出合法授权抗辩的情形较少。该案中，一审法院着重对合法来源抗辩问题展开论述，认为各被告的合法来源抗辩成立，据此驳回了原告的诉讼请求。但从原告一

---

[1] 闫文军，李金潇．著作权法中合法来源抗辩规则的适用［J］．科技与法律（中英文），2021（4）：57－65．

[2] 杨利华．我国著作权制度的最新进展及其司法适用与完善［J］．中州学刊，2021（7）：56－66．

[3] 王迁．《著作权法》修改：关键条款的解读与分析：下［J］．知识产权，2021（2）：18－32．

审的诉讼请求及事实和理由来看，原告主张被告实施的侵权行为不仅限于销售被控侵权产品，还包括复制涉案美术作品等行为。被告提出的抗辩也不仅仅限于合法来源抗辩，而且包括合法授权抗辩。故一审法院仅以被告提出的合法来源抗辩成立为由驳回原告的诉讼请求，似有不妥。在原告就此提出上诉后，二审法院对该案的争议焦点问题——四被上诉人（一审被告）有无经过合法授权进行了充分的论述。根据双方的诉辩意见，正如二审法院所言，四被上诉人的合法抗辩是否成立，涉及三个方面的问题：

（1）关于授权协议和授权主体问题。该案中，迪高公司与阿里巴巴授权宝（天津）文化传播有限公司签订涉案《快闪店合作协议》，而并未与两上诉人直接签订授权协议，是否意味着其据此获得开展涉案活动的合法授权。二审法院结合双方签订《快闪店合作协议》的过程，以及之后有关衍生品（含毛绒玩具、玩偶手套）的采购等，认为涉案作品的著作权人对阿里巴巴授权宝（天津）文化传播有限公司与迪高公司即将签订涉案《快闪店合作协议》，乃至合同的具体内容，是知晓并许可的。迪高公司支付了合理对价，应认定其履行了必要的、审慎合理的签约注意义务，获得了开展涉案活动的合法授权。

（2）关于授权协议是否已解除的问题。从法律规定和合同约定两个方面，论述了阿里巴巴授权宝（天津）文化传播有限公司一方无权单方解除涉案《快闪店合作协议》的具体理由，对上诉人主张涉案《快闪店合作协议》已于2018年12月10日解除的主张未予采纳。

（3）关于迪高公司及后继授权主体（即其他被上诉人）涉案行为有无超出授权范围的问题。二审法院以上诉人一方没有举证证实四被上诉人的行为超出了授权范围为由，对上诉人主张四被上诉人的行为已经超出授权范围的主张未予支持。

三、关于该案的进一步思考

在著作权侵权纠纷的司法实践中，相对于合法来源抗辩，被诉侵权人提出合法授权抗辩的情形相对要少一些。该案中，二审法院对合法授权抗辩问题进行了详细论述，非常具有典型意义。通过该案，可以引发我们对合法授权抗辩判断标准的进一步思考。

如前所述，合法授权抗辩和合法来源抗辩虽然被规定于同一法律条文中，但两者的性质、法律后果应当有所不同。理论界和实务界的通说认为，对于合法来源抗辩的判断标准，应当考虑行为人的主观状态。例如，在北京创客互动与汕头市澄海区力玩具厂著作权权属、侵权纠纷案中，广东省高级人民法院认为合法来源抗辩的成立不仅需要具备客观要件，还应当具备主观要件。[1] 有的法院则认为，商品的销售者对其所销售的商品是否存在侵犯他人著作权的情形负有法定的注意义务，只有所提供的证据可以满足注意义务标准时，才认定其具有合法来源。[2] 那么，在判断合法授权抗辩是否成立时，是否应当考虑行为人的主观状体？换言之，在“授权人”实际没有权利的情况下，行为人能否以其基于善意或者已经尽到合理注意义务为由，主张其获得了合法授权？笔者认为，合法授权抗辩与合法来源抗辩有着本质的区别，因此，在判断合法授权抗辩与合法来源抗辩的具体标准时，应当采用不同的标准。

---

[1] 参见广东省高级人民法院（2020）粤民终 494 号民事判决书。

[2] 参见湖南省岳阳市中级人民法院（2021）湘 06 知民终 2 号民事判决书。

18　国际域名争议中对侵权要件和恶意情形的认定

——陈某某诉美国布鲁有限公司（Bulu Inc.）网络域名权属、侵权纠纷案

裁判要旨

原告请求确认涉案域名归其所有，实际上是请求法院认定其注册、使用涉案域名的行为并不构成对被告商标的侵权或不正当竞争。认定原告是否构成侵权的关键，在于判断原告的行为是否对该域名的注册、使用具有恶意。

入选理由

该案系广州互联网法院成立以来首例因域名持有人不服国际域名争议解决机构的裁决而提起网络域名权属、侵权诉讼的案件。审理法院在尊重国际域名争议解决机构的仲裁行为的基础上，遵循公平竞争原则和在先权利原则，对案件进行了严密的司法审查和分析，最终作出与国际域名争议解决机构的裁决相反的结果，最大限度地保护了域名持有人的合法权益。对于研究国际域名争议中对侵权要件和恶意情形的认定、处理域名保护和商标权保护的冲突具有一定的积极意义。

案例索引

一审案号：广州互联网法院（2019）粤0192民初69号

基本案情

原告：陈某某

被告：布鲁有限公司（Bulu Inc.，以下简称“布鲁公司”）

一审诉请

原告向法院提取诉讼，请求：（1）确认域名“bulu.com”为陈某某所有；（2）判令布鲁公司向陈某某赔偿经济损失60000元（含合理费用）；（3）判令布鲁公司承担该案诉讼费用。

一审判决

一审法院认为，布鲁公司为美国公司，该案为涉外民事纠纷。根据《涉外民事关系法律适用法》第八条的规定，涉外民事关系的定性，适用法院地法律。该案所涉民事法律关系的定性，适用中国法律。该案中，陈某某由于对美国国家仲裁院所作出的关于转移涉案域名“bulu.com”的裁决结果不服，故请求法院确认涉案域名的归属；同时，陈某某认为布鲁公司的投诉行为侵害其对涉案域名享有的合法权益，向法院提出要求布鲁公司赔偿损失的诉讼请求，故根据最高人民法院2019年颁布的《民事案件案由规定》第一百四十九条的规定，该案为网络域名权属、侵权纠纷。

关于该案的管辖依据。根据2017年修正的《民事诉讼法》第二百六十五条的规定，因合同纠纷或者其他财产权益纠纷，对在中国领域内没有住所的被告提起的诉讼，如果合同在中国领域内签订或履行，或者诉讼标的物在中国领域内，或者被告在中国领域内有可供扣押的财产，或者被告在中国领域内设有代表机构，可以由合同签订地、合同履行地、诉讼标的物所在地、可供扣押财产所在地、侵权行为地或者代表机构住所地人民法院管辖。该案为针对域名“bulu. com”的财产权益纠纷，被告布鲁公司在中国领域内没有住所，陈某某主张布鲁公司的投诉行为侵犯了其作为域名持有人对涉案域名享有的合法权益，故域名持有人陈某某的居住地应当被认定为侵权结果发生地。因上述地点在中国广东省广州市，故中华人民共和国广东省广州市应当被认定为该案侵权行为地。根据上述法律规定以及《最高人民法院关于互联网法院审理案件若干问题的规定》第二条关于广州互联网法院集中管辖广州市内的互联网域名权属、侵权纠纷的第一审案件的规定，该院对该案有管辖权。

关于该案的准据法。根据《涉外民事关系法律适用法》第四十八条规定，知识产权的归属和内容，适用被请求保护地法律；第五十条规定，知识产权的侵权责任，适用被请求保护地法律。该案中，陈某某请求确认涉案域名的归属，同时主张布鲁公司侵犯其对涉案域名的合法权益，被请求保护地均为中国广东省广州市，因此广州互联网法院适用中国法律处理该案纠纷。

该案的审理重点为：一是陈某某能否被确认为涉案域名合法持有人；二是布鲁公司应否赔偿陈某某经济损失。

一、陈某某能否被确认为涉案域名合法持有人

涉案域名“bulu. com”由陈某某在先注册并持有，审理时尚处于有效期内。按照网络域名注册的“先申请先注册”原则，一经注册，域名持有人即可在域名注册有效期内对域名享有合法、有效的权益，除非其注册、使用域名的行为侵犯他人的合法权益。因此，该案中，陈某某请求确认涉案域名归其所有，实际上是请求确认其以域名持有人的身份对涉案域名享有的合法权利。而认定陈某某是否享有合法权利的关键在于判断其行为是否侵犯布鲁公司的合法权益。

就域名纠纷案件侵权构成条件的认定，根据《最高人民法院关于审理涉及计算机网络域名民事纠纷案件适用法律若干问题的解释》第四条的规定，人民法院审理域名纠纷案件，对符合四项条件的，应当认定域名持有人注册、

使用域名等行为构成侵权或者不正当竞争，其中一项条件要求域名持有人“对该域名的注册、使用具有恶意”。该项条件与美国国家仲裁院裁决所依据的互联网名称与数字地址分配机构（ICANN）《统一域名争议解决政策》（UDRP）要求域名侵权必须满足的“域名持有人的域名已被注册并且正被恶意使用”的要件基本一致。

关于域名持有人对域名的注册、使用等行为是否具有恶意的判断，根据《最高人民法院关于审理涉及计算机网络域名民事纠纷案件适用法律若干问题的解释》第五条第一款的规定，域名持有人的行为被证明具有下列情形之一的，“人民法院应当认定其具有恶意：（一）为商业目的将他人驰名商标注册为域名的；（二）为商业目的注册、使用与他人的注册商标、域名等相同或近似的域名，故意造成与他人提供的产品、服务或者他人网站的混淆，误导网络用户访问其网站或其他在线站点的；（三）曾要约高价出售、出租或者以其他方式转让该域名获取不正当利益的；（四）注册域名后自己并不使用也未准备使用，而有意阻止权利人注册该域名的；（五）具有其他恶意情形的。”

该案中，尽管陈某某持有的域名与布鲁公司的注册商标的主要部分均为“bulu”，但陈某某注册和使用涉案域名的行为并不存在上述司法解释所规定的恶意情形，理由如下。

第一，陈某某注册涉案域名不具有恶意。陈某某于2002年注册涉案域名，而布鲁公司成立于2012年，取得涉案两商标的注册时间分别为2014年和2018年，商标的首次使用时间为2012年；无论布鲁公司的成立时间还是商标的注册、使用时间，均远远晚于陈某某注册涉案域名的时间。布鲁公司未举证证明其在陈某某注册涉案域名之时或之前就已经对“bulu”享有在先合法有效的权益，陈某某作为域名注册人在申请注册时也不能够预见他人尚未取得的权利；而即便陈某某在注册涉案域名后未使用，但因布鲁公司未享有在先合法有效的权益，陈某某的注册行为不属于有意阻止布鲁公司作为权利人注册该域名的情形。因此，陈某某注册涉案域名的行为不存在上述司法解释规定的第五条第（一）项、第（二）项、第（四）项的情形，即为商业目的将他人驰名商标注册为域名的，或为商业目的注册与他人的注册商标相同或近似的域名，或有意阻止权利人注册该域名的恶意情形。

第二，陈某某使用涉案域名时不存在故意造成与布鲁公司提供的产品、服务或网站混淆的恶意情形。布鲁公司向公众提供健康产品等的零售服务，服务对象是美国境内的用户。而陈某某在注册涉案域名后，没有将涉案域名投入商业使用，没有利用涉案域名向公众提供产品或服务，布鲁公司也未举证证明陈某某使用涉案域名的行为会导致网络用户的混淆、误认。故陈某某使用涉案域名的行为不存在上述司法解释规定的第五条第（二）项的情形，即为商业目的使用与他人的注册商标相同或近似的域名，故意造成与他人提供的产品、服务或者他人的网站的混淆，误导网络用户访问其网站或其他在线站点的。

第三，陈某某不存在要约高价出售或转让涉案域名以获取不正当利益的恶意情形。美国国家仲裁院的裁决书认定，布鲁公司与陈某某的电子邮件来往显示布鲁公司曾联系陈某某购买域名，陈某某最初回复要价 20 万美元，之后又涨至 50 万美元，陈某某具有恶意。庭审中，陈某某对该事实予以否认。但是，即便双方确实如裁决书载明的曾经就涉案域名的出售事宜进行沟通，也无法直接因陈某某回复邮件并给出报价的行为而认定陈某某具有恶意。在双方就涉案域名出售或转让的沟通过程中，布鲁公司主动联系陈某某要求购买域名，而非陈某某主动向布鲁公司要约高价出售。而陈某某对购买域名的报价回复是域名买卖中正常的磋商过程，该报价可能是其基于对自身域名投资价值所作出的判断，也有可能是表明其不愿出售域名。布鲁公司在该案中对此没有进一步举证，因此不能由此推断陈某某具有恶意。裁决书根据 ICANN《统一域名争议解决政策》第四条第 b 款所列举的第一种恶意的情形来认定陈某某的行为具有恶意，即域名持有人注册或获取域名的主要目的是用于向投诉人（商标或服务标记的所有者）或该投诉人的竞争对手销售、租赁或转让该域名注册，以获得比所记录的与域名直接相关之现款支付成本的等价回报还要高的收益。法院认为，从该条款的规定看，域名持有人以向投诉人或该投诉人的竞争对手销售、租赁或转让域名以获取额外收益作为注册或获取域名主要目的的，才能认定具有恶意。该案中，陈某某在注册获得涉案域名时，布鲁公司未享有在先权益；在域名使用过程中陈某某也未主动向布鲁公司提供域名出售服务，而仅仅是在布鲁公司联系购买域名时回复域名报价，该事实不能证明其注册或获取涉案域名的主要目的就是向布鲁公司或布鲁公司的竞争对手销售或转让以获取额外收益，更不能由此推断恶意，因此，根据现有证据不能认定陈某某存在上述司法解释规定第五条第（三）项“曾要约高价出售、出租或者以其他方式转让该域名获取不正当利益”的恶意情形。

第四，陈某某不存在其他恶意的情形。美国国家仲裁院的裁决书认定，涉案域名的 WHOIS 信息（用于查询域名信息的传输协议）表明用于域名注册的“名称服务器”（name server）拥有 7177 个域名，而且这些注册没有善意的证据，故陈某某注册涉案域名“bulu. com”系恶意。庭审中，陈某某否认其注册了 7177 个域名，认为这些域名可能系域名注册商名扬公司注册或为该网站服务器所拥有。法院认为，名称服务器是用于保存域名空间各部分的信息并响应域名解析请求的。涉案域名的名称服务器 NS1. DNPARKING. COM 与 NS2. DNPARKING. COM 是名扬公司为通过其注册的域名（包含涉案域名“bulu. com”）提供域名解析服务的，该信息不能表明陈某某注册了 7177 个域名，更不能由此推断陈某某具有恶意。布鲁公司未能举证证明陈某某具有其他恶意的情形，故根据现有证据，不能证明陈某某存在上述司法解释规定第五条第（五）项的“具有其他恶意情形”。

综上，陈某某对涉案域名注册、使用不具有恶意，不满足上述司法解释规定的构成侵权或者不正当竞争的条件，因此陈某某请求法院确认其以域名持有人的身份享有涉案域名“bulu. com”的合法权益，于法有据，法院予以支持。

二、布鲁公司应否赔偿陈某某经济损失

关于该项诉讼请求，陈某某认为，布鲁公司向美国国家仲裁院提出投诉后，美国国家仲裁院作出对其不利的裁决结果，从而引发该案诉讼而产生律师费、公证费等经济损失。法院认为，布鲁公司的投诉行为具有合法性、合理性基础。布鲁公司基于对自身合法权益的保护而向美国国家仲裁院提出投诉申请，并提交了符合 ICANN 的《统一域名争议解决政策》及《统一域名争议解决政策之规则》中要求投诉人提交的据以证明其投诉理由成立的证据材料，其投诉行为不属于《统一域名争议解决政策之规则》中规定的反向域名劫持（reverse domain name hijacking）或主要是为了骚扰域名持有者（brought primarily to harass the domain - name holder）等恶意投诉的情形，非侵权行为，而系维权的合法手段，故陈某某要求布鲁公司承担其经济损失的诉讼请求于法无据，法院不予支持。基于该项诉讼请求产生的诉讼费用，由陈某某自行承担。

综上所述，陈某某请求确认其享有对涉案域名"bulu. com"的合法权利，依法有据，应当予以支持；要求布鲁公司赔偿经济损失 60000 元，于法无据，法院不予支持。

根据 2017 年修正的《民事诉讼法》第二百五十九条的规定，在中国领域内进行涉外民事诉讼，诉讼程序适用中国法律。送达程序作为诉讼程序的重要部分，也应当适用中国法律。根据《最高人民法院关于互联网法院审理案件若干问题的规定》第十六条、第十七条的部分规定，互联网法院进行电子送达，应当向当事人确认电子送达的具体方式和地址；互联网法院向受送达人确认的电子地址进行送达的，送达信息到达受送达人特定系统时，即为送达。该案中，法院经向布鲁公司官网公布的其联合创始人（co - founder）及首席执行官（CEO）Paul Jarrett 的电子邮箱 paul@ bulugroup. com 发送邮件询问该邮箱是否可作为布鲁公司的送达地址并得到 Paul Jarrett 的肯定回复后，法院通过该邮箱送达了中英文起诉状、证据材料以及当事人权利义务告知书、开庭传票、合议庭组成人员告知书等诉讼文书，并均显示已到达对方邮件系统。法院认为相关诉讼文书及开庭传票已经送达成功。布鲁公司经法院依法传唤，无正当理由未到庭参加诉讼，视为其放弃相应的诉讼权利，法院依法进行缺席判决。

经法院审判委员会讨论决定，依照《涉外民事关系法律适用法》第八条、第四十八条、第五十条，《最高人民法院关于审理涉及计算机网络域名民事纠纷案件适用法律若干问题的解释》第四条、第五条，2017 年修正的《民事诉讼法》第六十四条第一款、第一百四十四条之规定，判决如下：

确认原告陈某某对域名“bulu. com”享有域名持有者的合法权利；驳回原告陈某某的其他诉讼请求。案件受理费 1300 元，由原告陈某某承担。

案例解析

一、关于国际域名争议解决机制与我国司法程序的衔接

ICANN 是一个负责互联网协议（IP）地址的空间分配和域名管理的非营利性的国际组织。该机构所采纳的《统一域名争议解决政策》是当前国际公认的专门性的国际域名争议解决机制。当涉及国际域名争议时，出于便捷性和成本的考虑，被侵权人一般会优先考虑从 ICANN 批准的服务机构里择一进行投诉。被选择的服务机构根据《统一域名争议解决政策》及配套的程序规则，为争议双方进行调解或裁决。最新的域名争议解决服务机构有 6 个，分别是：阿拉伯域名争议解决中心（ACDR）、亚洲域名争议解决中心（ADNDRC）、加拿大国际互联网争议解决中心（CIIDRC）、捷克仲裁法院互联网争议仲裁中心、美国国家仲裁院、世界知识产权组织（WIPO）。

《统一域名争议解决政策》第四条囊括了侵权的要件、恶意的认定、抗辩事由等条款。比如 a 款，规定了认定域名侵犯商标权必须同时具备的要件：“（i）争议域名与投诉人所持有的商标或服务标识相同或极其相似，容易引起混淆；（ii）被投诉人对争议域名并不享有合法的权益；（iii）被投诉人的域名已被注册并且正被恶意使用。”再如 b 款，规定了恶意注册和使用域名的认定标准：“（i）一些情况表明，被投诉人已注册域名或已获得域名，主要用于向投诉人（商标或服务标记的所有者）或该投诉人的竞争对手销售、租赁或转让该域名注册，以获得比被投诉人所记录的与域名直接相关的支付成本等价回报还要高的收益；（ii）被投诉人已注册该域名，其目的是防止商标或服务标记的所有者获得与标记相对应的域名；（iii）被投诉人已注册该域名，主要

用于破坏竞争对手的业务；（iv）被投诉人使用该域名的目的是吸引互联网用户访问其网站或其他在线网址，以获得商业利益，方法是使被投诉人网站或网址或者该网站或网址上的产品或服务的来源、赞助商、从属关系或认可与投诉人的标记具有相似性从而使人产生混淆。”

此外，《统一域名争议解决政策》第四条第k款对仲裁的效力和救济进行了说明：无论是在域名争议解决程序发起之前，还是在已经作出裁定之后，当事人均可以就同一域名争议提起司法诉讼，诉讼的结果具有独立的法律效力。也就是说，根据《统一域名争议解决政策》而作出的裁决本身并无法律效力，在当事人提起诉讼的情况下应当以司法裁判的结果为准。该案即是在ICANN认可的机构之一——美国国家仲裁院作出裁决后，当事人不服裁决而提起的司法诉讼。相同背景的还有2003年由上海市第二中级人民法院审理的蒋某新诉飞利浦公司计算机网络域名纠纷案[1]，同样是因为当事人不服国际域名争议解决机构（WIPO）的裁决而向国内法院提起诉讼。

（一）管辖依据和准据法

该案的判决中，广州互联网法院专门对管辖依据和准据法进行了说明。关于管辖依据，法院把2017年修正的《民事诉讼法》第二百六十五条和《最高人民法院关于互联网法院审理案件若干问题的规定》第二条的规定作为该案的管辖依据。2017年修正的《民事诉讼法》第二百六十五条规定：“因合同纠纷或者其他财产权益纠纷，对在中华人民共和国领域内没有住所的被告提起的诉讼，如果合同在中华人民共和国领域内签订或履行，或者诉讼标的物在中华人民共和国领域内，或者被告在中华人民共和国领域内有可供扣押的财产，或者被告在中华人民共和国领域内设有代表机构，可以由合同签订地、合同履行地、诉讼标的物所在地、可供扣押财产所在地、侵权行为地或者代表机构住所地人民法院管辖。”广州互联网法院认为：“本案为针对域名‘bulu. com’的财产权益纠纷，被告布鲁公司在中华人民共和国领域内没有住

[1] 参见（2002）沪二中民五（知）初字第214号民事判决书，载于《最高人民法院公报》2004年第9期（总第95期）。

所，陈某某主张布鲁公司的投诉行为侵犯了陈某某作为域名持有人对涉案域名享有的合法权益，故域名持有人陈某某的居住地广州市应当认定为侵权结果发生地。”由于侵权行为地包括了侵权行为实施地和侵权结果发生地，故中国广东省广州市应当被认定为该案侵权行为地。再根据《最高人民法院关于互联网法院审理案件若干问题的规定》第二条关于广州互联网法院集中管辖广州市内的互联网域名权属、侵权纠纷的第一审案件的规定，广州互联网法院对该案有管辖权。

关于准据法，依据《涉外民事关系法法律适用法》第四十八条、第五十条的规定，原告请求确认涉案域名的归属，同时主张被告侵犯了其对涉案域名的合法权益，被请求保护地均为广州市，故适用中国的法律处理该案。

但在蒋某新诉飞利浦公司计算机域名纠纷案中，尚存在法律适用的不同意见。此案是我国首例因域名持有人不服国际域名争议解决机构的裁决而提起的诉讼。当时有观点认为，《统一域名争议解决政策》是域名注册人认可并共同遵守的协议，其对双方都起到了约束作用，可以适用该协议的效力对案件进行裁判。也就是说，先通过我国的法律对当事人共同参与的协议进行合法性审查，在确认协议合法有效的前提下，根据协议的具体规则来解决争议。审理法院并未采用这种观点。审理法院认为该案是涉及侵权的涉外民事纠纷，根据规定应适用我国的相关法律，即《反不正当竞争法》《商标法》《最高人民法院关于审理涉及计算机网络域名民事纠纷案件适用法律若干问题的解释》等来调整。

（二）关于对裁决的审查

前面提到《统一域名争议解决政策》第四条第 k 款：无论是在域名争议解决程序发起之前，还是在已经作出裁定之后，当事人均可以就同一域名争议提起司法诉讼，诉讼的结果具有独立的法律效力。既然域名争议机构的裁决不具有法律效力，那么当事人提起诉讼时，如果另一方当事人以域名争议机构的裁决作为抗辩，裁决是否应成为法院审查的对象？

对此有两种意见。第一种意见认为，从裁决机构专家组裁决的性质及其与司法审判的关系来看，对该裁决进行审查除了耗费审判资源外没有任何实际意义，且该裁决既非仲裁，审查该裁决亦非我国民事或行政诉讼的收案范围，受理该类诉请缺乏法律依据，因此对该类诉请应裁定驳回。

第二种意见则认为，鉴于：（1）法院审理案件是独立的司法审查；（2）域名是否转移或注销只取决于法院的审判结果；（3）专家组裁决的程序不同于诉讼，其依据也不能直接用于国内司法审查，因此，在当事人未明确提出审查域名争议解决机构裁决的诉请时，法院无须审查该裁决，而只将该裁决作为案件中的一个事实予以叙述，在当事人明确提出上述诉请时，法院司法审查结果只须对裁决作出结论性意见，而不宜对其程序过程作出判断。

司法实践中倾向于第二种意见。从司法主权原则出发，人民法院对于域名争议解决机构所作的裁决无疑具有审查权，但是法院的判决结果并不必然与裁决结论相联系。法院审查事实和适用法律仍然是独立的过程，依据的是我国法律，而不是直接以 ICANN 的规则进行判断，故上述第二种意见是正确的。

二、关于我国域名保护的法律规定

《统一域名争议解决政策》第四条第 a 款规定了认定域名侵犯商标权的要件：“（i）争议域名与投诉人所持有的商标或服务标识相同或极其相似，容易引起混淆；（ii）被投诉人对争议域名并不享有合法的权益；（iii）被投诉人的域名已被注册并且正被恶意使用。”以上三个条件必须同时满足。

司法实践中，我国认定域名持有人注册、使用域名等行为构成侵权或者不正当竞争的法律依据，在于《最高人民法院关于审理涉及计算机网络域名民事纠纷案件适用法律若干问题的解释》第四条、《最高人民法院关于审理商标民事纠纷案件适用法律若干问题的解释》第一条第（三）项以及《反不正当竞争法》第六条第（三）项。此外，还有《商标法》第五十七条第（七）项这一兜底条款。

三、关于域名与其他民事权益的冲突的类型

从上述法律规定和现有的司法案例中可以发现，域名权利与其他民事权

利发生冲突的情形主要可以分为三类。一是域名与商标标识的冲突，二是域名与域名之间的冲突，三是域名与姓名权的冲突。

（一）域名与商标标识的冲突

现实中最常见的域名争议类型就是域名与商标标识之间的冲突。以往大多数企业是先在物理商品上使用商标，为适应互联网和电子商务的需要，才以商标名称注册其域名。正因如此，引发了大量因域名抢注而产生的争议。

域名抢注指的是在商标标识权利人注册域名之前，他人抢先注册域名的行为。抢先注册域名可能是基于保护自身商标标识和域名，而把与之相近似的域名也进行注册，避免他人的侵权，比如 Google 公司除了注册“google. com”这个域名外，还注册了如“gogle. com”这样相似的域名，使得用户通过输入相似的域名也可直达 Google 公司的网站，既方便了用户的访问，又起到了防止他人恶意注册、使用的作用；也可能是为了日后转让给他人而把大量常用的词汇抢先注册，待价而沽，比如将常用的词汇 beauty、beautiful 注册为域名，待有使用需要的经营者向其购买；还有可能是发现他人正在使用的商标标识还未注册为域名，于是抢先注册与商标相同或相似的域名，以期高价转让给商标标识权利人甚至是商标标识权利人的竞争对手，比如针对美国匡威公司的 CONVERSE 商标，抢先注册以“. cn”为后缀的域名“converse. com. cn”，致使匡威公司无法以其注册商标 CONVERSE 注册专门在中国境内使用的域名。[1]

（二）域名与域名的冲突

现实中存在这样的一种情形，即两个经营者的名称相同或相似，各自注册、使用的域名有很大可能也会存在相似的情况，此时往往会引起域名使用人之间的纠纷。北京趣拿信息技术有限公司（以下简称“趣拿公司”）诉广州市去哪信息技术有限公司（以下简称“去哪公司”）不正当竞争纠纷案[2]中，双方对域名部分的争议即属于这种情形。

---

[1] 参见（2003）京二中民初字第 6468 号民事判决书。

[2] 参见（2013）粤高法民三终字第 565 号民事判决书。

趣拿公司于2006年3月成立后，从第三人处取得“qunar. com”域名。经过多年使用，“去哪儿”“去哪儿网”“qunar. com”等服务标识成为知名服务的特有名称。去哪公司的前身成立于2003年12月，后于2009年5月变更为现名，经营范围与趣拿公司相近。2003年6月，“quna. com”域名被注册，去哪公司于2009年5月取得该域名。去哪公司使用“去哪”“去哪儿”“去哪网”“quna. com”名义对外宣传和经营。趣拿公司以去哪公司上述行为构成不正当竞争为由，请求判令去哪公司停止不正当竞争行为并赔偿损失300万元等。

法院认为，去哪公司使用“去哪”企业字号及“去哪”等标识的行为构成不正当竞争，但对域名“quna. com”享有合法权益，使用该域名有正当理由，不构成不正当竞争，允许去哪公司继续使用“quna. com”域名，但其有义务在与域名相关的搜索链接及网站上加注区别性标识，以使消费者将上述域名与趣拿公司“去哪儿”“去哪儿网”“qunar. com”等知名服务特有名称相区分。

（三）域名与姓名权的冲突

由于公众人物的肖像和姓名背后存在巨大的商业利益，将公众人物的姓名、译名、别名等抢注为商标、域名等商业标识的现象时有发生。如全红婵在奥运会获得跳水冠军一举成名后，立刻有人将其姓名申请注册为商标，引起社会关注。对域名来说，申请注册的门槛和审查远比不上申请注册商标，可以预见的是，域名与姓名、名称权益的冲突会越来越多。较早出现的岳某某诉周某某网络域名纠纷案即属于典型的将知名艺人周某某的姓名拼音抢注为域名的案件。[1]

2007年10月岳某某申请注册了域名“zhoulibo. com”，2011年5月在网站上公布转让信息，并表示更希望由海派清口表演者周某某来购买，售价不低于10万元人民币等。2011年9月，海派青口创始人、著名滑稽演员周某某向亚洲域名中心投诉，要求将涉案域名转移给周某某所有。亚洲域名中心随

[1] 参见（2011）沪高民三（知）终字第55号民事判决书。

后作出行政专家组裁决，将涉案域名转移给周某某。岳某某不服裁决向上海市第二中级人民法院提起诉讼。

法院根据查明的事实，认为原告岳某某对涉案域名或其主要部分既不享有合法权益，又无注册、使用涉案域名的正当理由。被告周某某自 1984 年以来一直使用其姓名“周某某”参加各类商业表演，在相关公众中具有较高的知名度，为相关公众所知悉。“zhoulibo”是被告周某某姓名拼音的表现形式，两者具有一一对应关系。根据相关公众所处的语言环境和一般语言习惯，相关公众一般会以汉语拼音的方式识别涉案域名的主要部分“zhoulibo”，此亦足以使相关公众产生涉案域名与被告周某某相关联的误认。涉案网站中关于周某某与涉案域名关系的相关表述，也加深了相关公众将被告周某某与涉案域名相关联的印象。原告不但将涉案域名与被告周某某相关联，而且以高价要约出售的方式转让涉案域名，以期获得不正当利益。可见，原告对涉案域名的注册、使用显然具有恶意，其注册、使用涉案域名的行为属于擅自使用他人姓名，足以造成相关公众误认的不正当竞争行为，故涉案域名应由被告周某某注册、使用，法院遂驳回原告岳某某的诉讼请求。[1]

四、关于是否具有恶意的判断

该案中，陈某某请求确认涉案域名归其所有，实际上是请求法院认定其注册、使用“bulu. com”域名的行为并不满足《最高人民法院关于审理涉及计算机网络域名民事纠纷案件适用法律若干问题的解释》第四条中规定的全部构成要件，不构成对布鲁公司商标“BULU”的侵权或不正当竞争。由于陈某某注册、使用的域名“bulu”与布鲁公司的商标“BULU”确无实质差异，客观上符合《最高人民法院关于审理涉及计算机网络域名民事纠纷案件适用法律若干问题的解释》第四条前三项规定的要件，因此认定陈某某是否构成侵权的关键，在于判断陈某某的行为是否符合第（四）项要件，即陈某某对该域名的注册、使用是否具有恶意。

---

[1] 参见上海市知识产权局“2012 年上海知识产权十大典型案件”。

《最高人民法院关于审理涉及计算机网络域名民事纠纷案件适用法律若干问题的解释》第五条第一款对“具有恶意”的行为模式进行了表述，被告的行为被证明具有下列情形之一的，“人民法院应当认定其具有恶意：（一）为商业目的将他人驰名商标注册为域名的；（二）为商业目的注册、使用与原告的注册商标、域名等相同或近似的域名，故意造成与原告提供的产品、服务或者原告网站的混淆，误导网络用户访问其网站或其他在线站点的；（三）曾要约高价出售、出租或者以其他方式转让该域名获取不正当利益的；（四）注册域名后自己并不使用也未准备使用，而有意阻止权利人注册该域名的；（五）具有其他恶意情形的。”该司法解释第二款规定了例外情况，即被告举证证明在纠纷发生前其所持有的域名已经获得一定的知名度，且能与原告的注册商标、域名等相区别，或者具有其他情形足以证明其不具有恶意的，人民法院可以不认定被告具有恶意。

上述第五条第一款第（一）项“为商业目的将他人驰名商标注册为域名的”，意在禁止借他人的驰名商标“搭便车”的行为。驰名商标指在中国境内为相关公众所熟知的商标，具有一定的可识别度和商业价值。为了商业目的而将他人的驰名商标注册为域名，是一种违反诚信原则的行为，禁止这种行为体现了对驰名商标的特殊保护。第（二）项体现了对注册商标、域名的保护。为商业目的注册、使用与他人已经注册的商标、域名相同或相似的域名，故意造成访问用户对二者的商品、服务、网站产生混淆，这样的行为违反诚信原则与公平竞争的精神，侵犯了在先注册、使用商标或域名的权利人的利益，明显反映出侵权人主观上的恶意。在美的集团股份有限公司诉严某某、福州优捷电器维修服务有限公司不正当竞争纠纷案[1]中，被告注册、使用的域名“midea022. cn”“midea0714. cn”“mideaktsz. cn”的主要部分包含原告的注册商标“midea”，与原告的注册商标近似，且被告利用上述域名从事家电维修业务，与原告从事的商业活动高度重合，容易造成访问用户对二者产生混淆，据此可判断被告的主观恶意性。第五条第一款第（三）项意在禁止恶

[1] 参见（2021）粤0604民初2334号民事判决书。

意抢注域名的行为。上文谈到抢注域名的几种常见情形，这里要禁止的是为了获取不正当利益而进行抢注的行为，尤其是将他人正在使用的商标标识抢先注册域名，以期从商标标识权利人甚至其竞争对手处获取不正当利益的行为。案例如上文谈到的岳某某诉周某某网络域名纠纷案。第五条第一款第（四）项本质上也是规制恶意抢注域名的行为。注册域名后自己并不使用也未准备使用，而有意阻止权利人注册该域名，这从另一个角度体现了行为人的主观恶意；当然这也有例外，比如基于保护自身商标标识和域名，而把与之相近似的域名抢先注册的行为。第（五）项是兜底条款，用来规制列举情形之外的其他恶意行为。

回到该案中，根据上述司法解释的规定，法院认为陈某某注册、使用涉案域名的行为并不存在恶意情形。理由在于：

（1）关于注册及阻止他人注册的恶意。从使用目的来看，陈某某注册涉案域名后并未投入商业使用，也并未利用涉案域名向公众提供产品或服务。从注册时间上看，布鲁公司成立的时间以及商标注册、使用的时间均远远晚于陈某某注册涉案域名的时间，陈某某作为域名注册人在申请注册时不能够预见他人尚未取得的权利；即便陈某某在注册涉案域名后并未使用，但因布鲁公司未享有在先合法有效的权益，陈某某的注册行为不属于有意阻止布鲁公司作为权利人注册该域名的情形。因此所述不符合上述司法解释第（一）、（四）项的情形。

（2）关于混淆的恶意。从服务范围来看，布鲁公司向美国公众提供健康产品的零售服务，服务对象是美国境内的用户，而陈某某在注册涉案域名后并未投入商业使用，更没有向公众提供产品和服务，不会误导布鲁公司的服务对象或造成美国公众对网站的混淆。因此所述不符合上述司法解释第（二）项的情形。

（3）关于获取不正当利益的恶意。从获利的角度看，现有证据表明布鲁公司曾主动联系陈某某要求购买域名，而非陈某某主动向布鲁公司要约高价出售，且庭审中陈某某对磋商的事实予以了否认。退一步说，即便双方确实如裁决书中记载的对涉案域名的出售事宜进行过磋商，陈某某报出高价的行为有可能是基于对涉案域名投资价值的判断，也有可能是表达不愿出售的意思表示，并不能推断陈某某具有恶意。因此所述不符合上述司法解释规定的第（三）项的情形。

（4）其他恶意情形。美国国家仲裁院的裁决书认定涉案域名的 WHOIS 信息表明用于域名注册的名称服务器拥有 7177 个域名，而且这些注册没有善意的证据，故陈某某注册涉案域名系恶意。据调查，名称服务器是用于保存域名空间各部分的信息并响应域名解析请求的。涉案域名的名称服务器 NS1. DNPARKING. COM 与 NS2. DNPARKING. COM 是域名注册商名扬公司为通过其注册的域名（包含涉案域名“bulu. com”）提供域名解析服务的，该信息不能表明陈某某注册了 7177 个域名，更不能由此推断陈某某具有恶意。因此所述不符合上述司法解释规定的第（五）项情形。

综上，陈某某注册、使用“bulu. com”域名的行为并不构成对布鲁公司商标“BULU”的侵权或不正当竞争，陈某某作为域名持有人对涉案域名享有合法的权利。

广州互联网法院紧紧围绕《最高人民法院关于审理涉及计算机网络域名民事纠纷案件适用法律若干问题的解释》第四条、第五条的规定来对该案进行审查，特别是对陈某某注册、使用涉案域名是否具有恶意进行了深入的分析，最后确认陈某某为涉案域名的合法持有人，最大限度地保护了域名持有人的合法权益。